Neue
Kleine Bibliothek 304

Glenn Jäger

Diego Maradona

In den Farben des Südens

PapyRossa Verlag

Luxemburger Str. 202, 50937 Köln
Tel.: +49 (0) 221 – 44 85 45
Fax: +49 (0) 221 – 44 43 05
E-Mail: mail@papyrossa.de
Internet: www.papyrossa.de

Umschlag: Verlag, unter Verwendung eines
Fotos von Wally Gobetz (CC BY-NC-ND 2.0)
Druck: CPI – Clausen & Bosse, Leck

Die Deutsche Nationalbibliothek verzeichnet diese Publikation in der Deutschen Nationalbibliografie; detaillierte bibliografische Daten sind im Internet über http://dnb.d-nb.de abrufbar

ISBN 978-3-89438-763-1

Inhalt

Für Deniz und Boran

1.
Aus dem Süden

Oder: Von einer Herkunft, die sie ihm »nie verziehen«

Sie haben ihn besungen. In Argentinien, in Neapel, in Mexiko, ja, auch in Barcelona. Eigentlich überall. Aber wohl nirgendwo so schön wie im Süden Italiens, in Napoli. »Oh Mamà, Mamà, Mamà, ho visto Maradona…«, sangen sie auf den Straßen und Plätzen, in der Kurve ohnehin, und selbst in der Kabine: »Oh Mamà, Mamà, Mamà / ich habe Maradona gesehen. / Weißt du, warum mein Herz so schlägt? / Ich habe Maradona gesehen. / Und Mamà, ich bin verliebt.« Ein Lied, das sie noch heute singen. »Die Liebe der Neapolitaner war so stark, fast erdrückend«, sagte Diego einmal. (MLiB: 55)

Sie haben ihn geliebt, fast überall, und am Ende haben sie ihn beweint. Drei Tage Staatstrauer in Argentinien, Hunderttausende zur letzten Ehre. Schockstarre in Neapel. Schweigeminuten weltweit. Die Nachricht hatte sich im Nu verbreitet, und viele werden für immer wissen, wo sie waren, als es hieß: »Hast du schon gehört…?« Hier könnte die Geschichte bald enden. Nur noch ein wenig den Jahrhundertfußballer feiern, der er war. Den Dribbler, den Regisseur, den Strategen. Und das Fest, als das er das Spiel verstand. Und noch einmal die großen Erfolge, Junioren-WM '79, Boca Juniors '81, WM '86, Neapel '87, '89 und '90. Zumal: mit den großen Bildbänden kommt so ein Buch ohnehin nicht mit, und selbst die sind kein Ersatz für die bewegten Bilder.

Warum die Geschichte hier nicht enden kann? Weil er nicht nur besungen wurde. Andere haben ihn geschmäht. Vor allem im

Norden Italiens, als sein Napoli gegen Mailand oder Turin spielte. »Willkommen in Italien«, empfing man sie. »Cholera-Neapel«- oder »Wascht euch«-Chöre, das war noch freundlich. Als »Schinken mit Locken« erniedrigten sie ihn dort, doch es kommt nicht darauf an, ob die Flüche ihm persönlich galten, denn Napoli und Diego: das war eins, das war der Süden. Das war schon in Argentinien so, als er für Boca Juniors spielte, bei dem »Lieblingsverein der armen Leute mit dem strähnigen Indiohaar«, verschrien als Hort von »Schwarzen«, »Schwulen«, »Bauerntrampeln« (Galeano 1997: 220). Im Grunde war es überall so, vielleicht gar im Weltmaßstab. Im Norden – oder sagen wir: im Westen – nahm man ihn irgendwann nicht mehr für voll, zumindest jene nicht, die den Ton angeben. Erst bedauerten sie ihn, wegen der Drogen. Und dann sahen sie auf ihn herab. Auch wegen Kuba. Und wegen Venezuela. Und wie er den US-Präsidenten anging: »Sie verachten uns«, rief er George W. Bush entgegen, als der 2005 auf Staatsbesuch in Argentinien war. Ein Aufschrei in Richtung Norden, politisch deutlicher als zuvor, und doch mit einer Grundhaltung, die nicht neu war. Er sei ein »cabecita negra«, sagte er zu einer Zeit, da er in Neapel spielte: Ein »Schwarzkopf« also, ein Begriff, aus dem auch die Kränkung des Südens spricht und den er stolz wendete. Seine Herkunft hätten sie ihm »nie verziehen«. Er hielt ihnen den Spiegel vor, sang ihnen ihre Melodie vor.

Wer Maradona halbwegs verstehen will, muss nicht in ihn hineingucken, sondern fragen, woher er kommt. »Villa Fiorito« heißt das Elendsviertel, das ihn prägen sollte und auf das er stets zurückkam. Die Wucht der sozialen Widersprüche schrieb sich ihm ein, zumal im Zeichen der Militärdiktatur auch die politischen Gegensätze im Argentinien der 70er Jahre heftig waren. In diesem »Fiorito« fing er an, den Ball zu streicheln. Zugegeben, die Kunstfertigkeit, die er dabei entwickelte, ist tatsächlich kaum zu verstehen, und es ist nachzusehen, dass dafür zunehmend Begrifflichkeiten aus dem Wortfeld »Gott« bemüht wurden. Doch waren es nicht allein seine vermeintlich überirdischen Ballkünste, für die sie ihn liebten.

Die Sehnsucht Maradona

Es muss auch zu tun haben mit etwas, was besonders mit Argentinien in Verbindung gebracht wird: die große Sehnsucht, für die auch Maradona immer stand. Genauer gesagt, waren es gleich mehrere Sehnsüchte, die sich in seiner Person verdichteten: *Erstens* die nach einem Fußball, der nicht von dieser Welt zu kommen scheint. *Zweitens* die nach Würde, nach Aufrichtigkeit, ja: nach Freude, bisweilen gar nach einem Freudenfeuer; und damit verbunden: nach Achtung, ganz gleich, wo du herkommst und wie es das Schicksal mit dir meint; kurz: danach, Mensch zu sein. Und *drittens*, daraus folgend: die nach einer anderen Welt, frei von Armut, Unterdrückung, Krieg.

Die Sache mit der Sehnsucht hat indes einen Haken, die Krux dabei ist: Allzu leicht nagt sie an dir, will dich verzehren, und am Ende bleibt ihr Inhalt unerreicht. Doch wie dem entgehen? Vielleicht mit einem Wort jenes »größten Argentiniers aller Zeiten«, so Maradona über Che Guevara: Man solle doch »realistisch sein und das Unmögliche versuchen«. Genau das schien Diego zu demonstrieren, damit verlieh er den genannten Sehnsüchten die Aura des Möglichen. *Erstens* brachte er einen für *unmöglich* gehaltenen Fußball, wie man heute sagt: auf den Platz. Zudem mit einem Erfolg, der ohne ihn wohl ebenfalls *unmöglich* gewesen wäre: In rund vier Jahren führte er Argentinien zum WM-Titel und Neapel zweimal zur italienischen Meisterschaft sowie zum Gewinn des Europapokals. *Zweitens:* Auf dem Platz legte er eine Spielfreude an den Tag wie kaum ein zweiter. Und auch neben dem Platz: hier ein leichtfüßiges Tänzchen, dort ein entwaffnendes Lächeln. Dass seine Lebenslust mitunter ins Exzessive, ins Destruktive umschlug: nun, das ist hinlänglich bekannt. Doch war es mehr als die reine Lebenslust, ein bisweilen oberflächlicher, vergänglicher Begriff, eigentlich nicht treffend. Es ist, als wäre kaum jemandem das Leben so nahegegangen wie ihm. Wer zeigte schon so viel Gefühl? Auch dafür haben sie ihn sehnsüchtig geliebt: Tränen der Freude, Tränen des Schmerzes. Auf dem Platz, neben dem Platz. Bei Siegen, bei Niederlagen, bei seiner Hochzeit, im Angesicht seiner Familie. Und vor allem: vor den Fans. Damit hing wiederum zusammen: Ungerechtigkeiten anzugehen, ob sie nun ihn oder andere betrafen, das war für ihn nicht bloß eine Frage von Bewusstsein. Es bedeutete auch, sich Verletzungen und Kränkungen zu widersetzen. Umgekehrt schien er Werte wie Freude, Achtung oder Mitmenschlichkeit nicht nur vorzuleben, sie schlugen sich auch in seiner ganzen Haltung nieder. Ob diese politisch oder auch religiös grundiert war, mag unerheblich sein, das war bei ihm kaum voneinander zu trennen: Er trug fast immer die Kette mit dem Kreuz und wusste stets auch ganz irdisch zwischen »oben« und »unten« zu unterscheiden. Was die Sache mit der Freude angeht, mit den Werten von Humanität: Da schien ihm mehr und mehr bewusst, dass an seine Grenzen stößt, wer – frei nach dem Brecht'schen »guten Menschen von Sezuan« – in diesen Verhältnissen einfach nur gut sein will. Und so kommt, an sich kein weiter Weg, die *Sehnsucht Nummer drei* ins Spiel, die nach einer freundlichen Welt für alle, nach einer frei von Elend für viele und Überfluss für wenige. Sein Einsatz für einen lateinamerikanischen Weg der Unabhängigkeit ist darin zu sehen. Ein Vorbild dafür sah er in Kuba, das für ihn trotz Unzulänglichkeiten auf der richtigen Seite der Geschichte stand, kein Hinterhof, kein Kasino. Und wenn das Land stets Schmähungen ausgesetzt war: damit kannte er sich aus. Seine beiden Tattoos – Che auf der Schulter, Fidel auf der Wade – versteckte er nicht.

Doch nicht bloß Kuba sollte für die *Möglichkeit* stehen, einen anderen Weg zu gehen. Maradonas Spiel *und* seine Haltung vermengten sich zu einer explosiven Symbolik, bei der die drei Sehnsüchte ineinandergriffen: Wenn Nummer eins möglich war, so musste es auch Nummer drei sein. Oder wie es Jorge Valdano, Mannschaftskollege von Diego bei der WM '86 und späterer Fußballkommentator, in einem Nachruf ausdrückte: »Infolge seiner Herkunft wuchs er mit Stolz auf seine Klasse auf. So groß war seine symbolische, ideelle Macht, dass mit Maradona die Armen die

Reichen besiegten und die bedingungslose Unterstützung, die von unten kam, proportional zum Misstrauen von oben war. Die Reichen hassen es zu verlieren. Aber am Ende waren selbst seine größten Feinde gezwungen, sich vor ihm zu verbeugen. Sie hatten keine andere Wahl.« (The Guardian, 26.11.2020) Der »Sieg der Armen über die Reichen«, das war Boca Juniors, das war der SSC Neapel. Das war der Sieg gegen England bei der WM '86, hochgeschrieben als Revanche für den Falklandkrieg, als Triumph über die Kolonialmacht.

Der Zusammenhang aus Sehnsucht, Leiden und, ja: Leidenschaft, er ist aus manchen, den wohl bleibenden Nachrufen herauszulesen: »Er konnte keine Ruhe finden in dieser Welt. Das ist vielleicht die heimliche Note, die ihn zum letzten Helden macht: Wir sehen in ihm nicht nur die Schönheit seines Spiels, sondern auch die Leiden dieser ungerechten Weltordnung, die wir alle, aber besonders die Armen und Verlorenen dieser Erde tagtäglich erfahren müssen.« (jacobin.de) Er habe mit »leidenschaftlicher, rebellischer Intensität« gelebt, so der Sportjournalist Dave Zirin. Er sei »immer für die Selbstbestimmung Lateinamerikas und des globalen Südens eingetreten« und habe »stets für die Kinder gesprochen, die unter Bedingungen aufwachsen wie einst er selbst« (thenation.com). Bemerkenswert auch dieser Blick: »Für viele ist es nicht nur die Erinnerung daran, ihn spielen zu sehen, sondern auch daran, wie es sich *anfühlte*, ihn spielen zu sehen. Oder wie es [der spanisch-irische Sportjournalist] Miguel Delaney ausdrückte: ›Es war die Art, wie man sich fühlte, wenn man ihm zusah. … Er hat die Vorstellungskraft beflügelt.‹ Die entfesselte Freiheit, mit der Maradona selbst spielte, spiegelte eine Flucht vor den inneren Dämonen und dem äußeren Chaos seines Lebens wider: ›Wenn du auf dem Platz stehst, verschwindet das wahre Leben‹, wie er selbst einmal sagte. Diese Freiheit – und die Kunstfertigkeit, die sie hervorbrachte – mitzuerleben, flößte uns ein Gefühl für die radikalen Möglichkeiten ein, die in unserer eigenen unerfüllten Freiheit liegen.« (Africa Is a Country, 2020)

Vom Loblied und der Frage nach dem Kompass

Ein Rudi Völler, ein Karl-Heinz Rummenigge, ein Franz Beckenbauer: Wer Rang und Namen hat, wurde mit Beileidsbekundungen zitiert. Auch wenn manches nach Pflichtübung klang, so sei die Aufrichtigkeit nicht in Abrede gestellt. Was einem jedoch ungleich mehr die Augen öffnete, das waren die Kommentare im eigenen Umfeld – von Bekannten, Kollegen oder Mitspielern. Sie waren dort verblüffend, wo zu einer Wortwahl gegriffen wurde, mit der nicht zu rechnen war. »Ich hab' ihn immer verehrt«, bekannte jemand, der sich sonst nicht von Autoritäten beeindrucken lässt. »Ich hab' ihn geliebt«, ein anderer, der sich gewöhnlich nicht in Sentimentalitäten ergeht. Und ein gestandener Ü60er, zumal Brasilianer, bekannte auf der Straße: »Maradona? Ganz ehrlich, ich hab' geweint.«

Sicher ist: Maradona ließ niemanden kalt. Weggefährten und nachfolgende Generationen riefen noch einmal die schiere Größe des Fußballers in Erinnerung. Bei den letzten Worten war die Rede von »dem begnadetsten Fußballer aller Zeiten« (Zlatan Ibrahimović), von einem, der »für immer bleiben wird« (Kylian Mbappé), von einer »historischen Legende« (Marta) wie auch von einem »großen Herz« (Falcão) oder Gefühlen »absoluter Traurigkeit« (Gabriela Sabatini). Das Verhältnis zu einem weiteren Jahrhundertfußballer, der indes kaum aneckte, war nicht immer herzlich gewesen. Maradona sei nur argentinischer Nationaltrainer geworden, »weil er einen Job und Geld brauchte«, meinte der eine. Pelé solle »ins Museum zurückgehen«, konterte der andere. (tz, 16.6.2010). Doch mit der Zeit hatte sich das Verhältnis entspannt, und in seinem Abschiedsbrief richtete sich Pelé an ein »Genie, das die Welt verzaubert hat. Ein Magier mit dem Ball an den Füßen. Eine echte Legende. Aber für mich wirst Du immer ein guter Freund sein, mit einem großen Herz. Wegen Deiner schnellen Abreise konnte ich es Dir nicht sagen, deshalb schreibe ich es einfach: Ich liebe Dich.« Er war sich sicher, ihn irgendwann *da oben* »noch einmal umarmen« zu können. (zit. n. Fg. 12/2020: 70) Manche mochten zwischen den Zeilen den Bedacht um die eigene Legendenbildung herauslesen, andere die Grußadresse kitschig finden und den knappen Kommentar von Wayne Rooney bevorzugen (»Der Beste. Ruhe in Frieden.«). Und doch sind es Worte, die bleiben werden.

Stundenlang könnte man sich in einer Hommage nach der anderen verlieren, sich noch einmal an den ganz großen Szenen erfreuen, abrufbar – auf welchem Gerät auch immer. Doch wo die Nachrufe über den bloßen Künstler hinausgehen, häufen sich zunächst die Zwischentöne der Wohlmeinenden. Da ist etwa der vordergründig kluge Kunstgriff, einfach *Diego* von *Maradona* zu trennen, gestützt auf das Bonmot seines einstigen Fitnesscoach Fernando Signorini, der einmal sagte: »Ich würde Diego bis ans Ende der Welt folgen, aber Maradona nicht bis an die nächste Ecke.« (zit. n. The Guardian, 26.11.2020) Diese Spaltung hat ihren Reiz, ob sie rein psychologisch sinnvoll ist, mögen andere beurteilen. Doch in der Gesamtschau wirkt sie schal, man ist allzu fein raus damit: So lässt sich ein *Diego* feiern, der auf dem Platz alles konnte und den die Welt ins Herz schloss, während man dem zum Mythos erhobenen *Maradona* die vermeintlich »dunklen Seiten« und die »Eskapaden« nachsieht, einschließlich seiner politischen »Irrwege« (NZZ, 26.11.2020). Nach Ursachen und Zusammenhängen braucht so nicht gefragt zu werden. Das gilt sowohl für die Zeit, als er sich bisweilen im Dunstkreis der Camorra verlor, als auch für politische Fragen: Geradezu großväterlich wird ihm seine Haltung nachgesehen, mit der er die Grundfesten einer Weltordnung in Frage stellte, in der die meisten nur auf dem Unterdeck Platz zu nehmen haben. *Diego* hier, *Maradona* dort: da klingen Dr. Jekyll und Mr. Hyde durch. Die akademische Variante davon, ihn einmal mit, einmal ohne Anführungsstriche zu schreiben, um dem »Mythos ›Maradona‹« nachzugehen: sie wirkt kaum überzeugender. Sie landet bei einem »abgetakelten Helden aus der Unterschicht« und einem Argentinien, das nach 1986 »über seine Verhältnisse lebte, ohne Vorsorge für die Zukunft zu treffen« (Fischer 2014: 200, 205).

Nach seinem Tod hatten es vor allem die großen Medien eilig, sich von dem politischen Maradona zu distanzieren. Kuba und Venezuela, das waren rote Linien. Und es fehlten auch nicht die weniger Wohlmeinenden, die ihm nichts nachsehen wollten, ja: die noch einmal nachtraten. Während sich britische Medien wegen der »Hand Gottes« noch immer nachtragend zeigten, kombinierte die *Neue Zürcher Zeitung* das Bild vom ungezogenen Süden mit politischer Verunglimpfung: »Mit ein wenig mehr Disziplin und Ernsthaftigkeit hätten Maradona und Argentinien mehr aus sich machen können. Er lief ohne ideologischen Kompass durch die Welt, suchte aber stets die Nähe zur Macht.« (NZZ, 26.11.2020) Wo war derlei Kritik eigentlich bei Sportempfängen des Weißen Hauses, bei einer Kanzlerin in der Kabine der »Jungs«, bei ungezählten Bildern aus den Ehrenlogen der westlichen Arenen? Eine derartige »Behauptung ist nachgerade grotesk«, kommentierte Gunda Wienke, Journalistin und Regionalwissenschaftlerin für Lateinamerika, den *NZZ*-Bericht. Denn »Maradonas ›Kompass‹ war klar gesetzt: Er unterstützte die Schwachen, die ohne Stimme.« (amerika21, 28.11.2020) Gerade deshalb hatte er »die Angewohnheit, Schläge nach oben auszuteilen«, wie es der uruguayische Schriftsteller Eduardo Galeano, eine Art Sänger und Chronist Lateinamerikas, einmal ausdrückte. Es war »einfach, ihn zu verdammen, doch nicht so einfach war es zu vergessen, dass Maradona seit Jahren die Sünde begangen hatte, der Beste zu sein, das Delikt, lauthals die Dinge beim Namen zu nennen, die die Macht verschwiegen haben möchte, und das Verbrechen, mit dem linken Fuß zu spielen, auf Spanisch *la zurda* genannt, was dem Lexikon von Larousse zufolge nicht nur ›mit links‹ bedeutet, sondern auch ›anders, als man eigentlich soll‹.« (Galeano 1997: 251, 255)

Politisches Delirium?

»Um die politische Haltung Maradonas ranken sich viele Spekulationen«, behauptete ein Sonderheft unter einem Bild, das Maradona mit Fidel Castro und Hugo Chávez zeigt. (bpa media 1/2021) Richtig ist: Seine politische Haltung war in vielerlei Hinsicht unzweideutig. Daran ändern auch mancherlei Unstimmigkeiten nichts, in denen sich die Widersprüchlichkeiten der Verhältnisse wie auch die seiner eigenen Person abbilden mochten. Zu einer Überhöhung, spiegelbildlich zur Ächtung, die andere für ihn übrighatten, besteht kein Anlass.

Es ist der genannte Kompass, mit dessen Nadel Maradonas Haltung einzuordnen ist, und mit dem sich auch Ereignisse neben dem Rasen erklären lassen. Der Stoff könnte interessanter kaum sein: ein Armenviertel am Rande von Buenos Aires; eine argentinische Militärdiktatur von Gnaden der westlichen Welt und bei der WM 1978 von der DFB-Auswahl gepriesen; ein Jugendlicher, den die Junta nach dem Gewinn der Junioren-WM 1979 zu vereinnahmen suchte; einer, der in Argentinien wie in Italien verrufene Mannschaften zu höchsten Triumphen führte, ihnen Würde zurückgab; einer, von dem es heißt, ihn habe die Mafia geholt, gefeiert und fallen gelassen; einer, auf den sich schon in Italien die Medien einschossen; einer, der auch zurückschießen konnte; einer, der sich mit der FIFA anlegte, der ihnen vorhielt, »den besten Schampus« zu trinken, während sie in der mexikanischen Mittagshitze spielen müssten – zur besten europäischen Sendezeit; einer, der mit Éric Cantona und anderen »Rebellen« eine Spielergewerkschaft gründete; einer, der sich bei den englischen Herrschaften nicht für ein Handtor entschuldigen wollte; einer, den sie bald auf »D10S« tauften – »Dios« für Gott und die 10; einer, dem das schmeicheln mochte und der doch die Heiligsprechung von sich wies, denn »Heilige«, das seien die Menschen aus dem Armenviertel, in dem er aufwuchs; einer, der mit dem einen Papst »noch nicht einmal einen Kaffee trinken« wollte und für den anderen größte Achtung hatte; einer, der sich an der Seite der Entrechteten sah; einer, der antrat, dem Norden die Stirn zu bieten; einer, der genau dafür ebenso verachtet wie verehrt wurde.

Ein wenig Demut befällt einen, über Maradona zu schreiben, ohne aus Argentinien oder Neapel oder überhaupt aus dem Süden zu kommen. Ohne ihn immerhin mal im Stadion gesehen zu haben, auch wenn alle, die mit seinen Ballkünsten aufwuchsen, doch irgendwie in seiner Nähe waren. Und ohne es wenigstens zum »Maradona von Schwarzrheindorf« geschafft zu haben, einem Stadtteil auf der Beueler Seite von Bonn. Und doch: Es gilt, ein Bild geradezurücken, das auf mancherlei Weise schief ist. Etwa wenn ein Porträt von jemandem gezeichnet wird, der »im politischen Delirium versank«, wie die *Frankfurter Allgemeine Zeitung* nachzurufen wusste. (FAZ, 28.11.2020) Wer will, möge die folgenden Seiten auch als Verteidigungsschrift lesen.

Wenn an deren Ende die Frage steht, welches Bild bleiben wird, so entscheidet darüber auch, wer über die Bilder verfügt. Und wer welchen Kompass mitbringt. Diego wusste um die Himmelsrichtungen – und darum, wo er stand: »Ja, ich bin links, ganz links, von Kopf bis Fuß, im Glauben. Aber nicht so, wie ihr in Europa das definiert. Ich will das Leben der Armen verbessern, dass wir alle Frieden und Freiheit haben.« (zit. n.: nd, 1.12.2020) »Links von Kopf bis Fuß«: Es gibt nur wenige Fußballer von Rang, die so etwas von sich gesagt haben. Es lohnt, genauer hinzuschauen.

2.
Der *pibe* aus Villa Fiorito

Der Aufstieg eines Goldjungen

»Immer wenn ich Angst hatte, dachte ich an Tota, meine Mutter«, so Diego in der Rückschau auf die für ihn triumphale WM 1986. »›Komm, Tota, hilf mir‹, sagte ich zu mir selbst, auch wenn ich wusste, dass sie nicht da war. Ich hatte sie gebeten, in Buenos Aires zu bleiben. Sie war die erste, die ich am Flughafen Ezeiza umarmte. Als ich sie dort warten sah, brach ich in Tränen aus.« (TbG, Bild 35) Seine Eltern wird Maradona Zeit seines Lebens immer wieder hervorheben. Was den jungen Diego prägte, waren die familiäre Zuneigung und das Armutsviertel, in dem er aufwuchs. Auf dessen Bolzplätzen war er zu Hause war, dort wuchs der *pibe de oro*, der Goldjunge, heran, dessen erster Verein die Argentinos Juniors sein werden und der mit gerade mal 16 Jahren in der Nationalelf debütieren wird.

Von »Magiern« aus Villa Fiorito

Die ganz feinen Manieren und der gewählte Ausdruck mögen es nicht sein, was man in einem Armutsviertel wie »Villa Fiorito« am Rande von Buenos Aires mit auf den Weg bekommt. Wohl aber, zumal bei einer Familie wie den Maradonas, ein soziales Bewusstsein und vielleicht ein Gespür dafür, was sich nicht gehört. Darin mag wurzeln, wie der große Diego später einmal auf eine fürstliche Begegnung zurückblicken wird. Während ihn in all den Jahren Fidel

Castro »am meisten beeindruckte, so Prinz Albert von Monaco am wenigsten«. Der habe in Monte Carlo »dafür gesorgt, dass ich die Rechnung für ein Essen zahlen musste, für das er uns eingeladen hatte. Er stand vor uns auf und sagte, er müsse früher gehen. Als [wir] nach der Rechnung fragten, machte es fünf Mille!« (Dg. 2005: 279)

Es gibt Bilder des späteren Maradona, auf denen er in feiner Gesellschaft und bei vornehmen Speisen etwas verloren wirkt. Das mag daran liegen, dass sie in Fiorito einst froh waren, wenn überhaupt die Versorgung stimmte. »Ich erinnere mich gern an meine Kindheit, auch wenn ich Villa Fiorito, das Viertel, in dem ich aufgewachsen bin, mit einem einzigen Wort beschreiben muss: Kampf. Wenn man in Villa Fiorito zu essen hatte, hat man gegessen, und wenn nicht, dann eben nicht. Ich weiß noch, dass es im Winter sehr kalt war und im Sommer sehr heiß. Wir hatten ein Haus mit drei Zimmern. … Die Wohnküche, wo gekocht und gegessen wurde, wo du die Hausaufgaben gemacht hast und alles andere, und die beiden Schlafzimmer. Rechts war das meiner Eltern; links, nur auf zwei mal zwei Metern, das … der acht Kinder. Wenn es regnete, tropfte es durchs Dach.« Er habe angefangen, »Gewichtheben zu machen, mit den Zwanzigliter-Blechkanistern für Olivenöl. Wir benutzten sie, um Wasser vom einzigen Wasserhahn zu holen, den es auf der Straße gab.« (MLiB: 9) Oder mit anderen Worten: »Ich bin auch in einem exklusiven Viertel in Buenos Aires aufgewachsen. Wir waren exklusiv weg von Strom, Wasser, Telefon.« (zit. n. Fg. 10/2020: 112)

Es sei »ja eigentlich ein ironischer Begriff, der das im Italienischen ganz anders konnotierte *Villa* (Prunkhaus) mit *miseria* (Elend) verbindet. Heutzutage ist *Villa* das Synonym für Elendsviertel«, so der argentinische Autor Ariel Magnus. (ila 7/2018) 14 *Villa miseria* gibt es in Buenos Aires, und Villa Fiorito gehört noch nicht zu deren ärmsten. Was sie unter anderem eint: Zumeist bekämpften die Regierungen nicht die Armut, sondern die Armen, etwa durch gewaltsame Umsiedlungen wie zur WM ’78. Und: Der Fußball- bzw. Bolzplatz »ist der wichtigste öffentliche Platz in der Villa« (DLF, 13.8.2013).

Diego sollte nicht vergessen, aus welchen Verhältnissen er stammte. Was er nicht nötig haben wird: Philanthropische Zuwendungen zur Gewissensberuhigung, Spenden auf Wohltätigkeitsbällen. Hier und da mal ein Benefizspiel zugunsten eines Erkrankten oder von Angehörigen eines Verstorbenen, das ja: »Wenn ich anderen half, half ich gleichzeitig mir selbst.« (Dg. 2002: 292) Und immer wieder Fiorito: Das »Gesundheitszentrum vor Ort hat Maradona bezahlt« (jW, 2.12.2020). Es ist ein »Viertel«, in dem 2001 rund 43.000 Menschen gezählt wurden, und diejenigen, die dort leben, wusste Diego immer wieder zu ehren, etwa indem er den Verdacht, er selbst könnte zaubern, schon früh weitergab. Seine Bemerkung über die »Magier von Fiorito« wurde vielfach angeführt, und sei es in Rückschauen wie »Leben in Zitaten« (sport.de, 6). Der Zusammenhang lässt sich in dem Buch »Maradona, Rebelde con causa« finden. (Levinsky 1996: 87; dort nach: Fernandez/Nagy 1994) Es war 1983, er spielte für Barcelona und musste nach einem brutalen Foul pausieren, was er teilweise in Buenos Aires tat. Mit dem Wortwechsel »¡Mago!« – »¿Me dice a mí?« entspann sich zu dieser Zeit folgender Dialog mit einem Journalisten: »Magier!« – »Sagen Sie das zu mir?« – »Ja, zu Ihnen, Sie sind ein Magier.« – »Nein, da irren Sie. Ich bin Diego.« – »Ja, der Magier Diego.« – »Nein: Diego, das ist der, der aus Villa Fiorito stammt. Die Magier leben dort, in Fiorito. Das sind die Magier.« – »Sind das Spieler?« – »Nein, hören Sie doch, sie sind Magier, weil sie von 1.000 Pesos im Monat leben.«

Diego wusste, wovon er sprach, seine Familie war geprägt von dem Viertel.

»An die Hand genommen«: Aus dem Hause Maradona

Doña Tota und Don Diego wuchsen in einem Weiler im Nordosten Argentiniens auf, in der Nähe von Paraguay, bevor es sie nach Buenos Aires verschlug. Die Herkunft, besonders des Vaters, ist von Belang: sie verweist auf seine indigenen Wurzeln und auf die verarmten Verhältnisse, aus denen er kam. »Cabecita negra« (Schwarzkopf) ist der Begriff, den die »vornehmen *porteños*« (Fischer 2014: 185), also die diejenigen aus den besseren Vierteln, für seinesgleichen übrighatten.

Die Spur der Mutter lässt sich nach Italien zurückverfolgen, das als Herkunftsland seit den 1860er Jahren den größten migrantischen Anteil an der Bevölkerung Argentiniens hatte. (vgl. u.a. Germani 1969: 314ff.) Besonders aus dem Süden Italiens, ja, auch aus Neapel, waren Menschen auf der Suche nach einem Auskommen in Übersee.

In Buenos Aires verdingte sich der Vater »bei einer örtlichen Transportfirma als Träger und musste Früchte, Reis und Holz auf kleine Lastkähne laden«. Es war »eine schwere Arbeit, für die er kaum Vergütung erhielt. ›Der *patrón* oder Boss zahlte dir, was er wollte und wann er wollte, und in der Regel war das so gut wie gar nichts‹, erzählt ›Cacho‹ Galvalis, der mit Maradonas Vater in der gleichen Schicht arbeitete.« (Burns 1998: 24) In der Nachbarschaft war er für seinen »ausgeprägten Solidaritätssinn« (ebd.) bekannt, als jemand, »der auch mit schwierigen Situationen fertigzuwerden wusste. Bald nach seiner Genesung nach einem Arbeitsunfall … bekam er den Spitznamen ›Chitoro‹, eine Zusammensetzung aus ›Freund‹ und ›Stier‹. Wenn es keine Arbeit gab, ging Chitoro in die nahegelegenen Plantagen und Berge, wo er nach kleinen Rehen, Gürteltieren und Schlangen jagte, oder er ging mit einem Holzkanu auf Hechtfang.« (ebd.)

Anderen beistehen, Rückschläge wegstecken, sich irgendwie weiterhelfen: das hatte Diego ebenso geprägt wie eine »frühe Kindheit«, die er »fast immer mit seinen Schwestern und zwei gleichgesinnten, willensstarken Frauen [verbrachte]: mit seiner Großmutter Salvadora und seiner Mutter Tota«. Diese »brachten ihm das Beten zur Heiligen Jungfrau und bestimmten Heiligen bei sowie die Bekreuzigungsgeste« (ebd.: 29), zu der er später so oft auf dem Rasen greifen wird. Acht Kinder waren sie zu Hause, und Diego wuchs mit einer Verantwortung auf, die ihm als erstgeborenem Sohn zugemessen wurde. »Für uns war er der beste Bruder«, wird eine seiner Schwestern einmal sagen. (JV)

Papa Chitoro spielte selbst gerne Fußball, wenn auch »nie besonders gut«, wie Zeugen berichten. Manchmal lief er sonntags für einen Verein auf, und nicht immer soll man dort bis nach dem Spiel gewartet haben, um sich an »gesalzenem Rindfleisch oder Fisch« und »literweise Wein« zu versuchen. (Burns 1998: 24f.) Dass es seine Söhne weiterbrachten, lag offenbar mehr an dem pausenlosen Zeitvertreib mit dem Ball. Auch Diegos kleinere Brüder, Lalo und Hugo, waren talentierte Fußballer, ja mehr als das: Hugo wird einmal für die argentinische Juniorenauswahl spielen. Von den beiden gibt es Aufnahmen, wie sie, vielleicht fünf und acht Jahre alt, nach dem großen Bruder befragt werden. Es sind bewegende Bilder: »Er ist der Größte. Mein bester Freund.« Oder: »Mein liebster Bruder. Mein Ein und Alles«, ist da zu hören. Ob er denn mal so spielen wird wie sein Bruder? Nein, daran habe er »nie gedacht«, so Hugo, auch »El Turco« genannt. Und auch auf Nachfrage: »Nein, mein Bruder, der kommt vom Mars.« Sehr viel später wird es zu einem Bruch kommen, dessen Gründe sich nur erahnen lassen. »Zuallererst« sei *Maradona* »der Name meines Vaters«, wird Hugo einmal zitiert, jeder sei »selbst dafür verantwortlich, wie er seinen Familiennamen hinausträgt« (zit. n. Vriesema 2011: 41) Es wird zu den bittersten Momenten in Diegos Leben gehören, »zwei Freunde verloren zu haben«. Nichts wünschte er sich da mehr, als Lalo und El Turco »wieder zu Freunden zu haben«. (Dg. 2005: 258) Doch offenbar wurden die Wunden irgendwann geheilt. In Anspielung auf Diegos alten Spitznamen »El Pelusa« (der Fussel) wird Lalo Anfang Dezember 2020 einen Abschiedsbrief mit diesen Worten verbreiten: »Lieber Bruder, Eroberer der Träume, Pelu! Du hast mich bei der Hand genommen, als ich klein war. Du hast mir beigebracht zu glauben, dass nichts unmöglich ist. Damals erzählte ich ihnen, dass Du von einem anderen Planeten kommst. Und im Laufe der Jahre hat sich das bestätigt. Ich durfte dabei zusehen, wie Du das ganze Land und die ganze Welt mit Deiner Magie verzaubert hast. Ich war so stolz, von Deinem Blut zu sein. Dieser Schmerz, den ich jetzt fühle, wird niemals verschwinden. Ich bitte Dich, Mama und Papa zu umarmen und nicht mehr loszulassen. Ich dachte eigentlich immer, dass es im Leben darum geht, im richtigen Moment loszulassen. Aber wenn es um Dich geht, kann ich das nicht. Ich liebe Dich heute und für immer.« (zit. n. Fg. 12/2020: 2-12)

Eine weitere Personalie sei hier vorweggenommen: Claudia Villafañe, Diegos Jugendliebe, mit 19 Jahren verlobt, mit 29 verheiratet, zwei gemeinsame Kinder, 2004 geschieden. »Erst« 2004, mögen manche sagen, bei dem Lebenswandel des Gatten. Nach der Jahrtausendwende wird sie ihn wieder mit aufbauen, nachdem er tief gefallen war, Bilder von gemeinsamen Laufeinheiten auf Kuba zeugen davon. Sie war ein »Mädchen aus der Nachbarschaft«, für ihn »Freundin, Vertraute, Komplizin und Schwester zugleich«. (arte) Eine ihrer beiden gemeinsamen Töchter, Dalma, werden sie nach Diegos Mutter benennen.

Es ist hier nicht der Ort, um Affären, Liebschaften und außerehelichen Kindern nachzugehen, geschweige denn späteren Rosenkriegen. Es sei denn, es tut etwas zur Sache. »Wie tief verankert er in seiner Herkunft bleibt«, so der Fußballjournalist und Argentinien-Kenner Hardy Grüne, »zeigt sich 2005 … Seine neue Partnerin Verónica Ojeda kommt nicht etwa aus dem Jet-Set von Buenos Aires oder überhaupt aus der Welt der Reichen und Schönen, sondern aus Villa Fiorito. Maradonas Wiege, deren Lebenswelt er selbst als Multimillionär nie untreu wurde. Das spiegelte seine fundamentale Überzeugung, die politisch, aber nicht parteipolitisch war: die Armen gegen alle zu verteidigen, die sie zu beleidigen wagen. Denn Maradona wusste von den Sorgen, den Schmerzen und auch den Freuden des Volkes.« (Grüne 2021: 26)

Am Ende sind es Doña Tota und Don Diego, an die er bis zuletzt erinnern wird. Als der Trainer Maradona sich 2018 mit den mexikanischen Dorados de Sinaloa im Halbfinale um den Aufstieg in die erste Liga überraschend gegen den FC Juárez durchsetzt, wird er sichtlich bewegt erklären: »Mein Mütterchen, mein Väterchen, sie sind beide im Himmel, ich weiß, sie schauen uns zu und wollen, dass wir das Finale gewinnen. Ich küsse euch, Papa, Mama.« (vgl. Doku zu Dorados)

Als Hafenarbeiter war der Vater Fan von Boca Juniors, Diegos späterem Verein, zu dessen Basis die Docks gehören. Es gilt das Wort »*Soy Boca* – ›Ich bin Boca, weil meine Familie Boca ist‹« (Grüne 2021: 12), Diego wird der Club in die Wiege gelegt. Als River Plate, der Krösus unter den Hauptstadtvereinen, im Hause Maradona anklopfen wird, ob der 14-jährige Filius nicht wechseln wollte, entgegnete der Vater: »Der kleine Diego ist sehr froh, bei den Argentinos zu spielen.« (zit. n. ebd.: 24)

Der Goldjunge: Der frühe *pibe de oro*

»Der Ball und er kamen zusammen auf die Welt«, wird die Trainerlegende César Luis Menotti einmal sagen. In Wahrheit nahm die Sache ihren Lauf, als ein dreijähriger Diego einen Lederball geschenkt bekam. Die Chronisten widersprechen einander (vgl. etwa Wilson 2017: 300; Fg. 10/2020: 24), doch es ist unerheblich, ob Diego den Ball von seinem Onkel Cirilo oder seinem Cousin Beto bekam – vielleicht überreichten sie ihn gemeinsam. Als sicher darf gelten: Er wird Diego alles bedeuteten, als wohnte ihm ein Zauber inne, und mit Mitte 40 wird er verkünden, welch knappe Worte einmal auf seinem Grabstein stehen sollten: »Gracias a la pelota.« Der Ball – ein Wort, von dem es sich im Zusammenhang mit Maradona verbietet, ihn als »Spielgerät« zu umschreiben – wies ihm den Weg vom Bolzplatz bis in die Stadien der Welt. Bald sprach sich in Buenos Aires und im ganzen Land herum, dass es da einen *pibe de oro* gebe, einen Goldjungen, von dem Erlösung zu erwarten ist.

Diego, der Junge vom Bolzplatz

Mama Tota hatte ihn oft genug gewarnt, bitte nicht schon in der glühenden Mittagssonne Fußball zu spielen. Nicht immer sollte er auf sie hören. Folgt man Papa Chitoro, so machte der Junge nach der Schule seine Hausaufgaben, »danach ist er immer aufs Feld«. Er »wollte einfach nur spielen«, wird sich sein späterer Jugendtrainer erinnern. (JV📹) Er war sechs Jahre alt, als sich »sein rares Talent auf einer staubigen Brachfläche hinter dem Elternhaus« zeigte. Diego »kickt, weil er Fußball liebt, er kickt aber auch, weil es nichts anderes gibt. Und weil das Leben im Barrio gefährlich ist. Denn ruckzuck landet man in den falschen Kreisen. In den rauen *Barrios* wird bis heute früh gestorben.« (Grüne 2021: 20) Ein Jugendfreund erinnerte sich an »ein Feld aus Dreck« mit Mulden und ohne Linien, »manchmal waren Schüsse zu hören«. (JV📹) Der Vater hatte nicht die Zeit und Muße, den Jungen richtig zu fördern. Diego habe ihn vergeblich angefleht, ihn mal zu einem richtigen Training zu bringen. Chitoro war zu müde von den Schichten, was sich auch zeigte, als der kleine Dieguito ihn irgendwann doch überredet hatte: »Sobald wir im Bus waren, schlief er meist ein.« (ebd.)

Diego war gerade neun, als er in den Halbzeitpausen der Erstligaspiele von Argentinos Juniors zur Attraktion wurde: Umjubelt führte er seine kleinen Kunststücke am Ball auf. Und es wird sich zeigen: Es musste nicht immer ein Ball sein. Noch in den 90er Jahren wird man ihm ab und an aus dem Publikum eine Apfelsine zuwerfen. Er wird sie dankbar aufnehmen und ein paar Kabinettstückchen darbieten, ein Ritual, das aus einem Spiel herrührte, bei dem ihn die gegnerischen Fans mit Zitrusfrüchten bewarfen. Eine davon nahm er aus der Luft mit Fuß auf, jonglierte damit ein wenig, um sie dann mit voller Wucht zurück auf die Ränge zu schießen.

Mit dem gereiften Fußballer Maradona wird sich auch die Tragweite dessen einordnen lassen, was er auf dem Bolzplatz so scheinbar sorglos und frech mit dem Ball anstellte. Es war, als spielte er in den folgenden Jahren und Jahrzehnten in den Arenen der Welt einfach dort weiter, wo er im Staub von Fiorito aufgehört hatte. Oft würde es so aussehen, als habe er sich über die Spielsysteme, die gelehrt wurden, einfach hinweggesetzt. Als gäbe es kein 4-4-2, kein

4-3-3, kein 5-3-2. Als habe er die Spiele an sich gerissen, sie dirigiert, die Mitspieler in Szene gesetzt und dann, immer wieder: die Partien einfach mal entschieden. Und so waren es die Kindesbeine eines Fußballers, in denen das Jahrhunderttor von 1986 bereits angelegt war. Den Sololauf gegen England wird deren Nationaltrainer, Sir Bobby Robson, einmal voller Hochachtung als »fantastisches Tor« bezeichnen. »Solche Tore sieht man manchmal, wenn Kinder im Park Fußball spielen, aber Maradona hat es in einem WM-Viertelfinale vollbracht.« (fifa.com, 22.6.2020) Noch etwas tiefer wird der argentinische Sozialanthropologe Eduardo »Lali« Archetti schürfen, um die Reifung dieses Spielzugs einzuordnen, der bei Diego so ähnlich auch in anderen Partien, wenn auch in weniger großen, aufblitzte. Dieses Tor zum 2:0 gegen England »war ein Beispiel für das Zusammenspiel zwischen dem improvisierten und nicht reglementierten Spiel in den Hinterhöfen und Plätzen von Buenos Aires (den *potreros*), das heißt der kreativen Freiheit, und dem Mut und der Frechheit im Naturell eines *pibe*. Um dieses Tor zu erzielen, hatte er fast die gesamte englische Verteidigung ausdribbeln müssen, den großen Tormann Peter Shilton inbegriffen. Es war ein außergewöhnliches Tor, fast romantisch, das nicht in unsere scheinbar so rationale und rationalisierte Zeit passt, sondern in eine Zeit des Fußballs, als der Dribbler noch eine äußerst lebendige Figur war. Maradona bedeutete den Triumph des Individuums gegen taktische Spielsysteme. Frische, Spontaneität und kreative Freiheit sind mit den Kinderjahren des argentinischen Fußballs assoziierte maskuline Werte, von daher stammt die Bedeutung des *potrero* und des *pibe*. Maradona hatte das Talent und das Glück, sich als wahrhafter *pibe* zu produzieren und zu reproduzieren, als der Beste von allen, als der *Goldjunge*. Sein Leben begann in einem Elendsviertel, er wuchs in den *potreros* von Villa Fiorito in Lanús auf, und ist nichts anderes als die perfekte Realisierung des argentinischen Mythos. Von klein an fühlte er, dass er sich ›mit dem Ball von den anderen unterschied, in jeder Situation einen Weg fand.‹« (Archetti 2006: 325f.; dort letzter Halbsatz nach: El Diego 2000)

»Ein paar Bolzplätze hatten ein Tor, andere nicht«, erinnerte sich Diego selbst an seine Kindheit in Fiorito. (Dg. 2002: 19) Von dort gibt es ein paar wenige, außergewöhnliche Filmaufnahmen, wie er den Ball jonglierte. Wovon er träume, wurde der Junge gefragt, und auch von seiner Antwort gibt es Aufnahmen: »Die WM zu spielen und zu gewinnen.« (arte)

Von den »Zwiebelchen« bis in die erste Liga: Diego bei Argentinos Juniors

Francisco Cornejo hieß Diegos Jugendtrainer und Mentor bei den *Cebollitas*, den »Zwiebelchen«, wie die Jugendmannschaft der Argentinos hieß. »Ok, dann bring ihn mal mit«, hatte er zuvor etwas desinteressiert zu Goyo, einem Freund des achtjährigen Diego, gesagt, denn große Talente wurden ihm laufend versprochen. Doch dann das, ein erstes Probetraining: »Er schien von einem anderen Planeten zu kommen. Von Beginn an schien er mit dem Ball machen zu können, was er wollte. Er dribbelte besser als die anderen, er zeigte gleichermaßen Kontrolle beim Stoppen wie beim Drehen. Für Ewigkeiten hielt er den Ball auf seinem Kopf oder seinem linken Fuß.« (Burns 2010: 19) Diese Mischung aus Fassungslosigkeit und Begeisterung würde noch viele ergreifen.

Bis 1981 wird er bei den Argentinos bleiben, einem Verein mit einer bemerkenswerten Gründungsgeschichte. Gerne wird erzählt, dass dieser 1904 in einem anarchistischen Buchladen ins Leben gerufen wurde (vgl. u. a. Grüne 2021: 23). Jonathan Wilson (2017: 301) verweist auf den ursprünglichen Vereinsnamen: *Mártires de Chicago* (Märtyrer von Chicago). Der Name sollte an den 1. Mai 1886 erinnern, als es bei einem Streik für den Acht-Stunden-Tag zu den »Haymarket Riots« kam. Bei einer Massendemonstration schoss die Polizei in die Menge, sieben Anarchisten wurden später zum Tode verurteilt, für eine Tat, die ihnen nie nachgewiesen wurde. Die Ereignisse begründeten den 1. Mai als Tag der Arbeiterbewegung, das sollte selbst im argentinischen Fußball nicht in Vergessenheit geraten, auch wenn der Verein schon im Jahr nach der Gründung umbenannt wurde. Ein wenig fügt sich diese Geschichte in die Gesamtentwicklung von Maradona, der selber, wenn nötig, schon in jungen Jahren aufsässig sein konnte. Und für dessen Leben voller Höhen und Tiefen es ein Glück sein mochte, dass er an diesem Ort und zu dieser Zeit aufwuchs. Denn »der Fußballer Maradona wäre nicht der Fußballer Maradona geworden ohne den Straßenschlag und ohne die Tragik seiner Lebensgeschichte. Die Jugendakademien der heutigen Zeit hätten Maradonas Ecken und Kanten abgeschliffen.« (Escher/Tank 2021: 81)

Der Goldjunge bei den Cebollitas | Aus seiner frühen Zeit bei den *Cebollitas* stammte auch der erste medizinische Cocktail, was noch einmal aufzugreifen bleibt. Diego galt als kleinwüchsig, das wollte behandelt werden. Sein Alter nahm man ihm nicht ab, auch wegen der ungewöhnlichen spielerischen Veranlagung, die nicht auf den Jahrgang 1960 schließen ließ. Im Herbst 1971 erhielt er den Decknamen »Montanya«, mit dem er an den Regularien vorbei auch bei älteren Teams eingesetzt wurde. Ein Versehen war es dagegen wohl, dass die Zeitung *Clarín* (28.9.1971) ihn in einem ersten Bericht als »Caradona« bezeichnete. (vgl. Fg. 10/2020: 24) Die 136 gewonnenen Spiele in Folge sprachen sich herum. Schon bei den »Zwiebelchen« lief Diego mit der Rückennummer zehn auf.

Aus dieser Zeit stammt ein rührendes Foto: Der kleine Diego ging tröstend auf einen sehr viel größeren Jungen aus einer anderen Mannschaft zu, einen gewissen Alberto Pacheco, der in einer Ecke saß und weinte. Er war mit den *Corrientes* aus dem Evita-Pokal ausgeschieden. (vgl. MLiB, 12f.) Das Evita-Turnier von 1973 gewannen die Jungs um Diego nach einem 5:4-Finalsieg. Bemerkenswert daran war auch: »Wenn ich nach einem Vorgänger für das berühmte Tor suche, das ich gegen die Engländer gemacht habe, dann war das hier; ich habe sieben Gegenspieler umspielt und ihnen das Ding reingesetzt.« (Dg. 2002: 27f.) Und ein weiterer Streich des frühen *pibe*: »Bei den *Cebollitas* gab es auch einen Vorgänger für das andere Tor, das mit der Hand Gottes: Im Saavedra-Park habe ich ein Tor mit der Hand gemacht, die Gegenspieler sahen das, gingen auf den Schiedsrichter los, und es gab einen fürchterlichen Streit. Ich weiß, das ist nicht korrekt, aber das ganz nüchtern zu sagen, ist eine Sache, und eine andere ist es, im Eifer des Gefechts die Entscheidung zu treffen: Du willst an den Ball kommen, und da geht die Hand von alleine mit.« (Dg 2002: 28) Eine vergleichbare Szene sei Jahre später gefolgt, aber noch lange vor Mexiko '86, in einem Spiel gegen Vélez. Der Schiedsrichter habe das Tor nicht gegeben und Diego geraten, »das nicht noch einmal zu tun. Ich dankte ihm, sagte ihm aber auch, ich könne nichts versprechen.« (ebd.)

Hier ist eine weitere Personalie dazwischenzuschieben. Der Spitzname »El Pelusa« in Anspielung auf den Lockenkopf hätte genauso gut zu einem Jugendfreund gepasst: zu Jorge Cyterszpiler, mit dem er einst herumtollte. Wer sich den Namen merken will: Seine jüdischen Eltern waren als »Zitherspieler« vor den Nazis geflohen. Wegen einer Gehbehinderung konnte Jorge selbst nicht Fußball spielen, und so wurde er der Manager eines aufstrebenden Stars, als der, so die Legende, »noch keine zehn« war (Der Spiegel, 24.5.1992). Die Regeln des Fußballbusiness wird er bald befolgen und in Liechtenstein das Unternehmen »Diego Armando Maradona Producciones S. A.« registrieren. Sportmarken, Brausehersteller, Zahnbürsten- und Hometrainerfirmen gehörten zu den Werbepartnern, für Zigaretten und Wein wurde der Name nicht hergegeben, das seien »Schadstoffe« (Wilson 2017: 317; vgl. auch: Deriu, 19.10.2015). Nach der Vermittlung nach Barcelona wird Jorges spektakulärster Coup ein Vertrag von 1984 sein, auf einem Boot im Golf von Neapel feierlich unterzeichnet. Cyterszpiler wird Autogrammstunden taxieren und Werbeauftritte kalkulieren, zu einer Zeit, als die Vermarktung im Business Fußball an Fahrt aufnahm. Lange blieben die beiden unzertrennlich, Jorge ein »väterlicher Freund«, aber es ging eben auch um Millionen, und 1985 kam es zum Bruch. Dass Maradona nach Neapel ging, wo er »unsterblich« werden konnte, anstatt Mailand oder Turin bloß ein paar mehr Meisterschaften von vielen zu schenken: das geht mit auf die Kappe von Cyterszpiler. Als man

Jorge 2017 in Buenos Aires nach dem Sturz aus dem Hotelfenster tot auffand, sprach alles für Selbstmord.

Mit 15 »den Himmel berührt«: Diego bei den Argentinos | »Ehrlich gesagt ging es mir beim Fußball zuallererst nur um ein Haus für meine Eltern. Und dass wir nie mehr zurück nach Fiorito mussten.« (zit. n. Fg. 10/2020: 112) Schon bald würde das möglich werden, Diego ist 15 Jahre alt, als sie in das besser gestellte Viertel La Paternal ziehen, das politisch »ein bisschen links« (Grüne 2021: 23) ist.

Sein erster offizieller Spielerpass von Argentinos datiert von Mai 1974, auf die B- folgt die A-Jugend-Meisterschaft. Am 20. Oktober 1976 war es so weit: Noch 15-jährig, gab Diego sein Erstligadebüt, für ihn war es, als hätte er »mit den Händen den Himmel berührt« (Dg. 2002: 33). Seine Mutter betete morgens für ihn, sein Vater nahm sich den Nachmittag für ihn frei, und sein Trainer fragte ihn kurz vor der Halbzeitpause, ob er sich traue. »Ich hielt seinem Blick stand und das, glaube ich, war meine Antwort. … Am Rand des Spielfelds sagte Montes zu mir: ›Los, Diego, spiel, wie du kannst, und wenn's geht, mach einen Beinschuss.‹ Ich hörte auf ihn.« Angetäuscht, getunnelt, »und gleich darauf hörte ich das ›Oooole‹ der Leute, wie einen Willkommensgruß. Es waren zwar nicht alle da, die sagten, sie seien dabei gewesen, aber die Tribünen waren bis oben hin besetzt.« (ebd.: 32f.) Wenige Wochen später machte er sein erstes Tor für die Elf und war schon bald nicht mehr aus der ersten Mannschaft wegzudenken. Bis 1981 bestritt er 166 Spiele und kam dabei auf 116 Tore.

Es ging Schlag auf Schlag: Anfang 1977 folgte das Debüt in der Nationalelf bei einem Freundschaftsspiel gegen Ungarn. Nach einem Übungsspiel gegen die Jugendnationalmannschaft war Trainer Menotti auf ihn zugegangen: »Wenn du hier fertig bist, geh mit den anderen ins Hotel. Das Einzige, worum ich dich bitte, ist, dass du mit niemandem darüber redest. Wenn du willst, sag es deinen Eltern, aber pass auf, dass die Journalisten nichts mitkriegen. Ich möchte nicht, dass du nervös wirst.« (zit. n. ebd.: 35) Menotti wollte behutsam mit dem Jahrhunderttalent umgehen, was bei der WM 1978 zum großen Thema würde. Beim Debüt gegen Ungarn wurde er Mitte der zweiten Halbzeit eingewechselt. »Mach, was du kannst, bleib ruhig und beweg dich übers ganze Spielfeld«, so Menotti. Von den Tribünen erschallte das »Maradoó! Maradoó!«. Ihm hätten die Beine gezittert, so Diego später, doch die Mitspieler machten ihm Mut, setzten ihn in Szene, und so meisterte er den Auftritt bravourös.

Es folgten weitere Einsätze, und es schien, als würde die WM '78 im eigenen Land nur auf ihn warten.

3.
Im Schatten der Junta

1978 und ’79: Zwei WM-Siege im Zeichen der Militärdiktatur

»Ich habe sehr geweint … Nicht einmal ’94 habe ich so viel geweint, als das mit dem Doping passiert ist.« César Luis Menotti, Nationaltrainer Argentiniens, hatte den 17-jährigen Diego für die WM ’78 aus dem Kader genommen, um das Jahrhunderttalent nicht zu früh zu verheizen: »Ich wollte ihn schützen. Im Grunde habe ich das immer versucht: ihn zu schützen und ihn nicht auszunutzen, so wie viele andere es getan haben.« (11freunde.de, 25.11.2020) Noch mehr als zwei Jahrzehnte später hatte das Maradona nicht verwunden. Trotzdem blieb sein »Bild von Flaco und seiner Weisheit bestehen« (Dg. 2002: 39). »El Flaco«, »der Dürre«, wie Menotti genannt wurde, stand für einen anderen Fußball – und für eine Distanz zu den Generälen. Nach dem WM-Sieg fuhr Maradona trotzdem auf einem Lieferwagen »zum Feiern durch ganz Buenos Aires« (ebd. 41). Die verpasste Nominierung stachelte die Ambitionen Diegos nur noch weiter an. Im Jahr darauf führte er sein Land zum Gewinn der Junioren-WM.

Beide Triumphe waren einer Militärjunta willkommen, die sich 1976, auch mit Unterstützung westlicher Staaten, an die Macht geputscht hatte. Das Wunderkind Diego versuchten sie für ihre Zwecke zu instrumentalisieren, doch der trat im Laufe der Zeit mehr und mehr für die Opfer ein, die Verschwundenen und Gefolterten. Die Hintergründe zur Junta, die sich an der WM ’78 aufzeigen lassen, sind insofern bedeutend, als sich Maradona auch später zu diesem

Abschnitt der Geschichte positionieren wird. Die damaligen lateinamerikanischen Militärregierungen samt deren Beziehungen zum Norden des Doppelkontinents einzuordnen, gibt auch Aufschluss über Diegos späteren Einsatz für einen lateinamerikanischen Weg der Unabhängigkeit. So auch der Fall Chile, wo unter General Pinochet (1973ff.) das Ausmaß an Gewalt vergleichbar mit Argentinien war. Gestürzt wurde dort eine fortschrittliche Volksfrontregierung unter Präsident Salvador Allende. Dessen Politik wird einmal mit der von Hugo Chávez, dem späteren Staatspräsidenten Venezuelas, verglichen, den Maradona unterstützen wird. Es wird sich zeigen: Die Frontlinien der 1970er und der Jahre 2000ff. sind ähnlich, auch deshalb die folgenden Schlaglichter.

Von Müttern und Großmüttern – oder: Die Militärdiktatur 1976ff.

»Wir, die Großmütter, verabschieden Diego Maradona. Der Diego des Volkes, der die Ungerechtigkeiten und die Schmerzen von so vielen wiedergutgemacht hat. Der solidarische Diego, der die Wahrheit aussprach, egal was die Konsequenzen waren.« (zit. n. jacobin.de) So hieß es in einem Nachruf der »Abuelas de Plaza de Mayo«, jener Vereinigung der »Großmütter des Platzes der Mairevolution«, die einfordern, ihre Enkelkinder, die während der Militärdiktatur »verschwunden« waren, wiederzufinden. Eigenständig organisiert, arbeiten sie eng mit den »Madres de Plaza de Mayo« zusammen, die schon während der Militärdiktatur wöchentlich vor dem Präsidentenpalast aufliefen – und in der Zeit danach gegen die Straffreiheit für die Generäle eintraten. Zu Beginn der Proteste war noch nicht allseits bekannt, dass das »Verschwindenlassen« von politischen Gegnern zu einem strategischen Mittel der Junta gehörte. In deren Ära kamen viele von ihnen nie zurück, in Argentinien wurden bis zu 30.000 Menschen ermordet. Zu den *Desaparecidos* zählte auch Azucena Villaflor, eine der Gründerinnen der »Madres« (Mütter).

Die »Operación Cóndor« und ein Altnazi im DFB-Quartier

»Ich habe keine Angst, dahin zu fahren. Das ist sicher gut abgesichert«, so Dieter Müller, Stürmer der DFB-Auswahl vor der WM in Argentinien. »Nein«, ergänzte Manfred Kaltz, »belasten tut mich das nicht, dass dort gefoltert wird.« (zit. n. taz.de, 9.7.2014) »Sicherheit« und »Folter« erscheinen als zwei Begriffe, die auf ihre Weise zusammenfinden. Den größeren Rahmen der Militärdiktatur bilden jene »Sicherheitsdienste«, die in den 1970er und 80er Jahren unter dem Decknamen »Operación Cóndor« agierten: Militär, Polizei und Geheimdienste aus Argentinien, Chile, Paraguay, Uruguay, Bolivien und Brasilien agierten mit Unterstützung der USA, um oppositionelle Kräfte auszuschalten. Zentral für die Koordination war der chilenische Geheimdienst DINA, koordiniert wurden Todesschwadronen und Staatsstreiche. Die argentinische Journalistin Stella Calloni wertete dazu Anfang der 1990er Jahre für die mexikanische Tageszeitung *La Jornada* massenhaft Dokumente aus. Mit ihrer Recherche deckte sie, so der Friedensnobelpreisträger Adolfo Pérez Esquivel, »durch genaue Fakten und Quellen die Ursprünge eines Todesabkommens auf, das die Diktaturen des *Cono Sur* in den 70er und 80er Jahren unter der Federführung der USA mittels der ›Theorie der nationalen Sicherheit‹ vereinte« (Vorwort in: Calloni 2010: 5).

»Die Repression der Diktatur kannte keine Grenzen«, so Pablo Alabarces, Autor des Buches »Fútbol y Patria«. »Keine Grenzen«, das ist wortwörtlich gemeint: So »unterstützte das argentinische Militär den Putsch, der 1980 die demokratische Regierung von Lidia Gueiler in Bolivien stürzte und die Drogenhändler-Diktatur des Generals García Meza errichtete, mit Waffen und gleichzeitig exportierten sie ihre Kenntnisse über geheime Kriegführung und trainierten die seit 1980 von [US-Präsident] Ronald Reagan finanzierten nicaraguanischen Contras, die die sandinistische Regierung von Managua entmachten wollten.« (2015: 140)

Wem die Hintergründe zu viel sind: bitte weiterblättern. Doch die '70er zu verstehen, ist ein Schlüssel dazu, auch die 2000er, die 2010er, die 2020er Jahre zu begreifen. Denn die Interessengeflechte und geopolitischen Voraussetzungen ähneln einander. Manches wird besser ausgehen – wenn das denn eine historische Kategorie ist –, wie etwa der gescheiterte Putschversuch in Venezuela 2002. Anderes bleibt umkämpft. Und Maradona wird Position beziehen, sagen, wo er steht. Auf dem Weg dorthin wird ihn auch der Kampf der Mütter und Großmütter prägen.

Steilpässe aus Vietnam und Indonesien | Es lohnt, für einen kurzen Moment Lateinamerika in Richtung zweier entfernter Schlachtfelder zu verlassen, mit denen die Ereignisse in Argentinien zusammenhingen. Die Bilder von der US-Bombardierung Vietnams samt Splitterbomben, Napalm und weißem Phosphor waren noch frisch. Weit über eine Million zivile Opfer forderte ein Krieg, zu dem auch die »Operation Phoenix« gehörte. Für das ab 1966 umgesetzte »Befriedigungsprogramm« war William Colby, damaliger Vize-Direktor der CIA, verantwortlich. 1971 im US-Kongress befragt, erklärte er: »Ich persönlich habe niemanden getötet (*Gelächter der Anwesenden*). … In mehr als zweieinhalb Jahren, in denen das Phoenix-Programm durchgeführt wurde, wurden 29.000 Personen festgenommen, 17.000 zur Kollaboration ›überredet‹ und 20.500 getötet. 87 Prozent der Toten sind den regulären und paramilitärischen Gruppen zuzuschreiben. … Das Phoenix-Programm sah menschenwürdige Haftbedingungen vor (*weiteres Gelächter*).« (zit. n. Calloni 2010: 32) Wer da lachte, wusste: »zur Kollaboration ›überredet‹« war zu übersetzen mit »so lange gefoltert bis…«. Die »Operation Phoenix« gilt als Vorläufer der »Operación Cóndor«, Calloni bezeichnet letzteres gar als »eine Kopie davon« (ebd.: 17).

Erfahrungen mit derlei verdeckten Operationen hatte man zudem in Indonesien sammeln können. Dort kam es 1965 zu einem *Regime Change*, der Ähnlichkeiten aufweist zu den Entwicklungen in Lateinamerika in den 1970er Jahren. Alle Kräfte, die einem prowestlichen Wirtschaftskurs im Wege standen, wurden zerschlagen« (Keller 2015: 8). Mit US-Hilfe kam es zu einem Putsch unter General Suharto und in der Folge zu schätzungsweise »500.000 bis zu drei

Millionen Todesopfern. Weitere hunderttausende Menschen wurden in Gefängnisse und Arbeitslager gesperrt« (ebd.: 7). Und »mit Vertretern der amerikanischen Eliten wurde das Rezept für Indonesien ersonnen: Eine Kombination aus kapitalistischer Wirtschaftsordnung und politischem Autoritarismus.« (Farid 2015: 76) Auch hier war auf die Bundesrepublik Verlass. Auf Grundlage des »Abs-Gutachtens« der Deutschen Bank, verantwortet von Hermann-Josef Abs, einem Mann mit einschlägiger Vergangenheit, »half« man Indonesien mit Krediten. (vgl. jW, 14.10.2015) Unter dem Schlagwort »Operation ›Föhrenwald‹« tauchten 2020 »bislang geheime Akten des Bundesnachrichtendienstes (BND)« auf. Diese »erhärten den Verdacht, dass die Bundesrepublik Deutschland die indonesischen Militärs beim Putsch 1965 unterstützte« (t-online.de, 13.7.2020). Noch vor dem Staatsstreich am Río de la Plata war es an López Rega, dem einstigen argentinischen Sozialminister (1973-75), gegenüber Militärs zu erklären: »In Argentinien brauchen wir keine Million Tote wie in Indonesien, das Problem lässt sich mit zehntausend lösen.« (zit. n. Calloni 2010: 111) López gründete die Todesschwadron »Alianza Anticomunista Argentina«, kurz »Triple A«. In Chile war ohnehin bereits von der »Jakarta-Methode« die Rede, und auch die Junta in Brasilien, die sich 1964 mit Hilfe der USA an die Macht putschte, bezog sich darauf. Derweil wurde die Methode des »Verschwindenlassens«, von Frankreich im Indochina- und Algerienkrieg erprobt, 1966 von Indonesien nach Guatemala exportiert. Wer dort wie und wann und mit wessen Hilfe an die Macht gelangt war, lässt sich auch in Online-Lexika nachschlagen. Entscheidender sind die Kontinuitätslinien bis in die Gegenwart. »Tragischerweise«, erklärte der große Autor Paulo Coelho (»Der Alchimist«) Anfang der 2020er Jahre auch mit Blick auf die Präsidentschaft Bolsonaros, »ist zurückgekehrt, wovon alle glaubten, wir hätten es hinter uns gelassen, um sich nun erneut in ganz Lateinamerika auszubreiten. Die ›Jakarta-Methode‹ erlaubt uns, den Moment zu verstehen, den Brasilien jetzt durchlebt, und seine Verbindung zu einem viel größeren, globalen System.« (zit. n. vincentbevins.com)

Und so interessieren derlei globale Zusammenhänge hier nicht nur, um die Zeit rund um die WM ’78 – samt Junioren-WM ’79 – einzuordnen. Denn schon bald wird unsere Titelfigur selbst mehr und mehr zum »globalen Phänomen«. Aber mehr noch: Maradona wird sich zunehmend zur Ordnung der Welt positionieren, und er wird sich auf die Seite derer stellen, gegen die sich die skizzierte Politik der »schmutzigen Kriege« wandte.

Von Standgerichten und einem einstigen NS-General im DFB-Quartier | Die internationalen Beziehungen der damaligen Militärjunta decken sich nicht zuletzt mit dem geographischen Weg, den Maradona gehen wird. So werden in späteren Prozessen Verbindungen nachgewiesen, etwa die des paramilitärischen Experten López Rega zu italienischen Faschisten.

Personen mit einschlägiger Vergangenheit verkehrten auch in Argentinien selbst. Unter den hochrangigen Nazis, die im Land Zuflucht gefunden hatten, war Adolf Eichmann der bekannteste. 2011 veröffentlichte Akten bewiesen: Der westdeutsche Geheimdienst wusste bereits 1952 vom Aufenthalt des 1960 gefassten Eichmanns, der unter dem Namen Ricardo Klement bei Daimler-Benz Argentinien angestellt war. Später wird der Konzernfiliale vorgeworfen, 1977 am »Verschwindenlassen« von 15 Gewerkschaftern beteiligt gewesen zu sein, Prozesse darum dauern noch in den 2020er Jahren an. (vgl. Weber 2001; ecchr.eu) Der zweitbekannteste war der KZ-Arzt Josef Mengele, der sich in Argentinien nicht zu verstecken brauchte: Er erhielt von der bundesdeutschen Botschaft in Buenos Aires »einen Reisepass auf seinen richtigen Namen« (Weber 2001: 63). Mengele wiederum wurde, so die Journalistin Gaby Weber, »protegiert« (2004: 63) von einem Mann, dessen Name nun wieder zur WM ’78 führt: Hans-Ulrich Rudel, kurz vor Kriegsende höchstdekorierter Nazi-General, der später »als ›Auslandsvertreter‹ u. a. den Siemens-Konzern in Argentinien und Paraguay« vertrat. (amerika21, 27.5.2012) Der einstige Wehrmachtsflieger wurde von DFB-Präsident Hermann Neuberger ins Quartier der westdeutschen Mannschaft eingeladen. Zu der Zeit war bekannt: Rudel hatte nie etwas zurückgenommen. Laut seiner Kriegsmemoiren hob er »sich weit über das Maß vor allen Offizieren und Soldaten hervor«, wie die Eltern im Vorwort mit Verweis auf eine von Hitler eigens ersonnene Tapferkeitsmedaille betonten. (Rudel 1950, 7) Bei der Bundestagswahl 1953 war Rudel Spitzenkandidat der rechtsextremen Deutschen Reichspartei. Kritik am Besuch im DFB-Quartier? Die wäre Neuberger »einer Beleidigung aller deutschen Soldaten« gleichgekommen (zit. n. spiegel.de, 6.7.2010).

Ein DFB mit Nähe zu Altnazis und zu einer Militärdiktatur bedeutete keinen Widerspruch dazu, ein bundesdeutsches Aushängeschild zu sein. Und weil in Bonn, wo man sich mit personellen Kontinuitäten auskannte, so mancher die (Wirtschafts-)Interessen in Argentinien unter einer neuen Führung besser gewahrt sah, durfte ein Neuberger sagen, was andere nur dachten: »Die Wende zum Besseren trat mit der Übernahme der Macht der Militärs ein.« Entsprechend verhielt man sich auch im Jahr vor der WM. Elisabeth Käsemann, eines der bekanntesten deutschen Opfer der Militärjunta, wurde entführt, gefoltert und schließlich am 24. Mai 1977 erschossen. Rund zwei Wochen später, am 5. Juni, kommt es zu einem Freundschaftsspiel der DFB-Auswahl gegen Argentinien. Um es nicht zu gefährden, hatte auch das Auswärtige Amt die Ermordung »geheim gehalten« (taz, 9.7.2014). »Ach, das Mädchen Käsemann«, soll Hans-Dietrich Genscher nur gesagt haben (spiegel.de, 5.6.2014). Gegen den damaligen Bundesaußenminister wurde der Vorwurf erhoben, er habe Möglichkeiten zur Rettung von Käsemann und anderer nicht ausgeschöpft. Für die Gesandten vor Ort galt das ohnehin. Doch wen mochte das verwundern? Der bundesdeutsche Botschafter Jörg Kastl war vier Wochen vor dem Staatsstreich »über den Putsch [informiert]« (Pantéon Militär 2010: 8). Dem Admiral Emilio Massera, einem der führenden Junta-Mitglieder, riet er: »Sie brauchen Standgerichte mit einem Ausnahmezustand, dann begreift das ihr Volk.« (zit. n. ebd.) Massera war im Übrigen in die italienische Freimaurerloge »Propaganda Due« (P2) involviert (independent.co.uk, 10.11.2010), zu der auch der »Triple A«-Mann Rega gute Kontakte pflegte. Es wird noch einmal kurz darauf zurückzukommen sein.

Und auch darauf: dass man Maradona später vorhalten wird, ein »widersprüchliches« Verhältnis zur Junta gehabt zu haben.

Ein Land, »in dem Ordnung herrscht« – oder: Proteste gegen die WM 1978

Der Staatsstreich vom März 1976 war »nicht der erste Putsch in der Geschichte Argentiniens, aber bestimmt der blutigste«, beginnt ein Beitrag des israelischen Historikers Raanan Rein über eine internationale Kampagne gegen die WM 1978. »Im Namen der ›nationalen Sicherheitsdoktrin‹ und dem ›Kampf gegen Subversion‹ wurden Zehntausende entführt, gefangen gehalten und ermordet. 1978, am Vorabend der WM, war das Ausmaß … des Staatsterrorismus nicht mehr geheim.« (Rein 2014: 240) Am Vorabend, da führte Udo Jürgens zusammen mit den *Jungs* das WM-Lied »Buenos Dias, Argentina« im ZDF-Sportstudio auf. Und Bundestrainer Helmut Schön wird einmal sagen, er habe »nichts gesehen, von dem man sagen könnte, es handle sich um eine ausgesprochene Diktatur.« (zit. n. taz, 9.7.2014) Ein »widersprüchliches« Verhältnis zur Junta ließ sich dem DFB nicht vorhalten.

Wie sehr die Tragweite der Ereignisse bereits im Vorfeld bekannt war, zeigt ein offener Brief an die Junta, verfasst vom argentinischen Schriftsteller und Autor Rodolfo Walsh im März 1977: »15.000 Verschwundene, 10.000 Gefangene, 4.000 Tote, Zehntausende, die aus dem Land vertrieben worden sind«, benannte er darin die »nackten Zahlen dieses Terrors«. Von »systematischen Erschießungen« schrieb er, »die immer im Morgengrauen und in entlegenen Gegenden durchgeführt werden unter dem Vorwand frei erfundener ›Kämpfe‹ und angeblicher ›Fluchtversuche‹«. Die »Erben von López Regas ›Triple A‹« seien die »drei Teilstreitkräfte«, die Militärjunta sei »die Quelle des Terrors selbst«. (Walsh 1977) Sehr viel später wird auch ein Sender wie die *Deutsche Welle* berichten, die Junta habe in einem Geheimgefängnis der Marineschule ESMA in Buenos Aires Gefangene »betäubt und danach aus Flugzeugen ins Meer oder in den Río de la Plata geworfen« (dw.com, 11.12.2009). In dem offenen Brief von 1977 war all das benannt, es habe sich um »Transportmaschinen der I. Brigade« gehandelt, so Walsh, der nicht einmal den Tag der Veröffentlichung seines Briefes überlebte.

Auch die Ziele der Diktatur waren bekannt, sie deckten sich in mehrfacher Hinsicht mit jenen der Pinochet-Diktatur in Chile, die als Labor einer neoliberalen Politik unter der Direktive der sogenannten Chicago-Boys gilt: »Diejenigen, die nicht ins Exil gingen«, so Alabarces, »hatten das zweifelhafte Vorrecht, die Militärregierung von einer weiteren Seite kennenzulernen: Sie kamen in den Genuss einer Wirtschafts-, Sozial- und Kulturpolitik, die sich der endgültigen Disziplinierung der argentinischen Gesellschaft und der systematischen Umstrukturierung ihres sozialökonomischen Gefüges verschrieben hatte.« Die »Therapie« bestand in einer »Kombination von monetaristischem Liberalismus, staatlicher Lenkung und Repression« (2015: 140f.).

Solcherlei Zusammenhänge machte auch eine internationale Kampagne auf, die ihren Schwerpunkt in Frankreich hatte und dort unter der Dachorganisation COBA (Comité de Boycott du Mondial de Football en Argentine) firmierte. Die Tageszeitung *Le Monde* veröffentlichte im Oktober 1977 einen ersten Boykottaufruf, und schon bald unterzeichneten rund 150.000 Personen einen entsprechenden Aufruf. Ähnliche Kampagnen gab es in gut einem Dutzend westlicher Länder, einschließlich den USA. (vgl. Rein 2014: 243f.)

Unter dem Motto »Fußball ja – Folter nein« gab es auch in der Bundesrepublik Proteste, die von der Informationsstelle Lateinamerika (ila) in Bonn koordiniert wurden und an denen sich zahlreiche Solidaritätsgruppen in einem Bündnis bis hin zur Evangelischen Studentengemeinde und den Jusos beteiligten. Mit Veranstaltungen, Broschüren oder Wanderausstellungen wurde das ganze Register an Aktionen gezogen. Anstatt zum Boykott aufzurufen, wurden konkrete Forderungen an die Bundesregierung gestellt, so die »Aufnahme von mindestens 500 argentinischen politischen Gefangenen« oder »freie Ausreisemöglichkeiten für alle in ausländische Botschaften geflüchteten Argentinier«, zudem die »Veröffentlichung einer vollständigen Liste aller politischer Gefangenen durch die argentinische Regierung.« (zit. n. Bolten 2020)

Die Gegenöffentlichkeit mochte bewirkt haben, dass es selbst aus dem DFB-Kader vereinzelt kritische Stimmen gab. So fand es Heinz Flohe, mit dem 1. FC Köln gerade Meister geworden, »kein gutes Gefühl, vom Militär begleitet zu werden, und die ham 'ne Kanone im Anschlag«. Zudem ist überliefert, dass der Torwart Sepp Maier eine Petition für Menschenrechte unterzeichnete (vgl. dfb.de) und sich mit den »Madres« auf einer Kundgebung anschließen wollte, wovor man ihn aber gewarnt haben soll (vgl. Wilson 2017, 282). Während andere auch später noch das Verhalten des DFB relativierten, äußerte Paul Breitner in einem Dokumentarfilm von 2014 über Elisabeth Käsemann (2014): »Es wäre ein Akt der Größe, jetzt zu sagen: Wir arbeiten in diesem Punkt unsere Geschichte auf. Wir wissen, dass wir versagt haben. Wir wissen, dass wir verantwortungslos gehandelt haben. Aber wir müssen uns dem stellen.« (zit. n. taz.de, 9.7.2014)

Freilich boykottierte keine der 15 Gastmannschaften die WM, doch zu notieren bleibt: Der französische Trainer Michel Hidalgo verlangte gemäß der Nachrichtenagentur AP, das Schicksal von elf Verschwundenen aufzuklären, die im Dezember 1977 entführt worden waren. (vgl. Rein 2014: 248) Laut Raanan Rein boykottierten zudem die niederländischen Stars Johan Cruyff und Willem van Hanegem infolge der Kampagne die WM. Für letzteren mag das stimmen, van Hanegem hatte 1974 nach dem verlorenen Endspiel gegen die DFB-Auswahl als einziger Spieler auch das Festbankett boykottiert, seine Begründung: »Ich mag keine Deutschen … Achtzig Prozent meiner Familie sind im Krieg gefallen. Mein Vater, meine Schwester, zwei Brüder.« (zit. n. Winner 2006: 109) Derweil erklärte der damalige Barça-Spieler Johan Cruyff 2008 gegenüber *Radio Ca-*

talunya, er habe wegen eines gescheiterten Entführungsversuchs in Spanien im selben Jahr nicht reisen wollen (vgl. sportingnews.com). Und doch: Die internationale Kampagne war insofern erfolgreich, als sie mit großer Reichweite über die politischen Verhältnisse in Argentinien und über die Unterstützung durch den Westen aufklären konnte. Auch die Junta sah sich gezwungen zu reagieren: Mithilfe der US-amerikanischen PR-Agentur *Burson-Marsteller* versuchte man, bei der Öffentlichkeitsarbeit gegenzusteuern. (vgl. Burns 2010: 48)

Einige Jahrzehnte später, am 15. Juni 2010, während der WM in Südafrika, wird der argentinische TV-Sender *Visión Siete* Bilder von der Tartanbahn eines Stadions zeigen, auf der Maradona einer würdevollen Frau mit Jahrgang 1930 begegnete: »Die Vorsitzende der Großmütter der Plaza de Mayo, Estela de Carlotto, besuchte die Nationalmannschaft in Pretoria, wo Trainer Diego Maradona deren Kandidatur für den Friedensnobelpreis bekräftigte.« (Visión Siete, 15.6.2010) Die hohe Auszeichnung sollte sie nicht bekommen, dafür traf sie 2014 nach 36-jähriger Suche auf ihren Enkel Guido, den ihre 1977 schwanger entführte Tochter Laura 1978 in einem Militärkrankenhaus zur Welt gebracht hatte. Fünf Stunden lang durfte diese nach der Geburt bei ihm bleiben, bevor man sie wieder in eine Haftanstalt in La Plata verbrachte und zwei Monate später erschoss. Den Körper durchsiebt, das Gesicht verunstaltet, übergab man den Leichnam an Estela de Carlotto, die Mutter und Großmutter (vgl. lanacion.com.ar, 5.8.2014), der der Nobelpreis verwehrt blieb.

»Argentinien ist ein Land, in dem Ordnung herrscht. Ich habe keinen einzigen politischen Gefangenen gesehen«, hatte der damalige Mannschaftskapitän Hans-Hubert »Berti« Vogts anlässlich der WM 1978 gesagt. Abzuheben davon ist sein Mönchengladbacher Mitspieler Ewald Lienen, der »auf eine weitere Teilnahme an der Nationalmannschaft verzichtete und sich gegen die Entscheidung des DFB wandte, keine Stellung zur Situation in Argentinien zu beziehen.« (Börsenblatt, 3.5.2019)

Ein Sieg gegen den »Terror der Systeme«: Die WM 1978

»Willkommen in diesem Land des Friedens, der Freiheit und Gerechtigkeit«, eröffnete General Videla die WM '78 im eigenen Land. Dem mochte die westdeutsche Auswahl zustimmen, Neuberger hielt »ihn für eine Taube. Ich bin also mit dem Begriff Diktatur sehr vorsichtig« (zit. n. taz.de, 9.7.2014). Und so sprach der DFB-Präsident mit Blick auf den Gastgeber lieber von einem »Partner mit Durchsetzungsvermögen« (zit. n. schulze-marmeling.com).

Das sahen im Land selbst viele anders, und zwar bis hinein in die argentinische Mannschaft. Kritisch sollte sich vor allem Trainer Menotti äußern. Ein kurzer Blick auf dessen Philosophie erscheint hier auch deshalb nötig, weil sich sein Weg noch öfter mit dem Maradonas kreuzen wird, nicht nur beim Gewinn der Junioren-WM im Folgejahr. Die Haltung Menottis sollte auch bei Diego Spuren hinterlassen. Auf die WM selbst reichen wenige Schlaglichter – Diego war ja nicht im Kader.

Fußball für »ein gerechtes Leben«: Die Philosophie von Trainer Menotti

Trainer Menotti wurde in der argentinischen Sportzeitung *El Gráfico* (3003/1977: 65) schon ein Jahr vor der WM mit den Worten zitiert, dass sie nicht spielten, »um unsere Grenze, das Vaterland oder die Fahne zu verteidigen. Die Mannschaft entscheidet nicht über Leben und Tod.« (zit. n. Archetti 2006: 322) Bei Menotti gingen eine aufgeklärte Weltanschauung und eine Philosophie des Fußballs zusammen, die er selbst als politisch verstand: »Beim Fußball der Linken spielen wir nicht einzig und allein, um zu gewinnen, sondern um besser zu werden, um Freude zu empfinden, um ein Fest zu erleben, um als Menschen zu wachsen.« Das Spielfeld verglich er mit »den Werkstätten der Renaissance, wo Künstler und Handwerker gemeinsam etwas geschaffen haben. Was im Fußball bedeutet, dass sich Spieler zusammentun, um zu sehen, was sie mittels Geschicklichkeit, Phantasie und Talent hervorbringen können, das die Leute aufregt.« Wie

»ein guter Film, ein gutes Lied, ein gutes Gedicht«, so bereite auch der Fußball »vor auf ein besseres, ein gerechtes und menschliches Leben.« (zit. n. Dunkhorst 2006: 90) Es waren Zeiten, da man für einen Film, ein Lied, ein Gedicht der Folter ausgesetzt sein konnte.

Menotti nutzte den politischen Spielraum, dem ihm sein unangefochtener Status bot. Damit konnte er auch dem Druck standhalten, der sich aufbaute, nachdem er eine Erklärung zu den Verschwundenen unterschrieben hatte. (vgl. Irnberger 2000: 27) 1986 sollte er erklären, warum er und die Mannschaft es richtig fanden, für Argentinien aufzulaufen: »Viele Leute mögen mir vorhalten, dass ich in der Zeit der Diktaturen Mannschaften trainiert habe ... Wir waren uns der Problematik bewusst, und uns allen war klar, dass wir für das Volk spielten. Ein Volk, das zu jener Zeit in Argentinien eine neue Orientierung brauchte, um etwas anderes zu machen.« Seinen Spielern gab er einen Auftrag, als diese beim Endspiel den Platz betraten, nämlich »auf die Leute auf der Tribüne zu sehen. ›Wir werden nicht auf die Logen der Obrigkeit schauen‹, sagte ich zu den Spielern, ›wir werden unsere Blicke auf die Ränge richten, auf die Menschen, unter denen vielleicht unsere Väter sitzen, denn dort werden wir die Metallarbeiter sehen, die Fleischer, die Bäcker, die Taxifahrer.‹« (Burns 1998: 66)

Zu welchem Ausmaß sich in diesen Worten auch oppositionelle Kräfte im Land bzw. im Exil wiederfanden, muss hier offenbleiben. Zwar führt Raanan Rein (2014) einige Stimmen an, wonach der Eindruck entsteht, die Hoffnung auf ein argentinisches Ausscheiden sei in progressiven Kreisen weit verbreitet gewesen. Doch erscheint fraglich, wie repräsentativ die Zitate sind. Denn nicht nur in Lateinamerika war es auch unter Linken tief verwurzelt, für das eigene Land zu sein – immer in der Hoffnung, es möge ein besseres, ein anderes werden.

»Wenn ich will, kann ich dich verschwinden lassen«: Schlaglichter auf die *Albiceleste*

Wenn ein Spieler aus Menottis Ensemble sportlich hervorzuheben war, dann der WM-Torschützenkönig Mario Kempes, die damalige Nummer 10. Mit vier Toren aus fünf Spielen konnte sich der Stürmer

Leopoldo Luque ebenfalls sehen lassen, der auch neben dem Platz für Furore sorgte. »Mit meinem Wissen von heute kann ich nicht sagen, dass ich stolz auf unseren Sieg wäre«, so Luque später einmal. Denn »im Nachhinein betrachtet hätten wir diese Weltmeisterschaft niemals austragen dürfen.« (spiegel.de, 28.5.2014) Die Aussage mag von Verstand sein, ans Herz geht dagegen eine Anekdote rund um das Gruppenspiel gegen Frankreich (2:1), die einem Nachruf des Journalisten Javier Cáceres zu verdanken ist. (SZ, 17.2.2021) Luque hatte in der Partie alles gegeben, den Elfmeter zum 1:0 herausgeholt, mit einem Sonntagsschuss das 2:1 markiert und schließlich verletzt mit Armbinde weitergespielt. Was ihm seine Familie bis nach dem Spiel verheimlicht hatte: Sein Bruder war am selben Tag bei einem Autounfall tödlich verunglückt. Kaum hatte er davon erfahren, verließ Luque das Quartier, um die WM abzubrechen. Doch als sie »mit dem Leichnam des Bruders im Auto auf dem Weg nach Santa Fe waren, hörten sie die Übertragung der Partie gegen Italien im Radio. Sie hörten, dass die Mannschaft eine Schweigeminute für den Bruder abgehalten hatte: Leopoldo, wir warten auf Dich! Also kehrte Luque doch zum Team zurück – und küsste nach dem Finale den Pokal.«

Auch solcherlei Geschichten mögen eine Idee davon geben, dass es zu einfach scheint, irgendwem vorzuhalten, für das Land aufgelaufen zu sein – ein Vorwurf, gegen den sich auch Maradona mit Blick auf die Junioren-WM ’79 richten wird. Doch die Geschichte des 2021 verstorbenen Luque geht noch weiter. Wie Diego, so traf auch er sich später mit den Müttern der Verschwundenen. »›Wir hatten keine Ahnung‹, sagte er mal der Zeitung *Clarín*. Erst viel später habe er erfahren, dass Menschen aus Militärflugzeugen ins Meer geworfen wurden.« Erst 2020 »offenbarte Luque, dass er 1979 selbst von Polizisten oder Militärs entführt worden war. Er habe auf offenem Feld nur auf das ›pum!‹ der Knarre gewartet, die auf ihn gerichtet war – er wurde letztlich aber nur beklaut. Vielleicht hatten sie ja doch erkannt, dass sie Luque erwischt hatten.« (ebd.)

Luque stand nicht allein. Maradona selbst erzählte eine Episode vom Nationaltorwart Ubaldo Matildo Fillol, genannt *El Pato* (Die Ente), der bei der WM '78 zwischen den Pfosten stand. Im Jahr darauf brüskierte er »Admiral Lacoste, der im argentinischen Fußball eine große Rolle spielte«. Carlos Alberto Lacoste war Vize-Admiral der Marine, im Dezember 1981 für zehn Tage Interimspräsident der Junta-Regierung, bei dem Verein River Plate in leitender Funktion, Vize-Chef des Organisationskomitees für die WM '78 und später Vertreter Südamerikas bei der FIFA. »Wir machten ein Spiel«, so Diego, »und bevor wir die Nationalhymne sangen, hatten wir uns alle in Position gestellt, und dieser Kerl, Lacoste, fing an, an uns allen vorbeizugehen und jeden Einzelnen mit Handschlag zu begrüßen. Als er zu Fillol kam, blieb Pato einfach so stehen, starr und unbeweglich, er gab ihm nicht die Hand. Echt genial!« (Dg. 2002: 46) Der Hintergrund zu der Geschichte: Fillol war langjähriger Torwart bei River Plate, und als er 1979 von dort wegwollte, bestellte ihn der Admiral ein. »Lacoste rief mich zu sich«, so *El Pato* später, »er zog eine Pistole heraus und legte sie auf den Tisch. Er sagte: ›Wenn ich will, kann ich dich verschwinden lassen und niemand wird es je erfahren.‹ Ich war noch ein Kind und verstand das nicht. Mit der Zeit sagst du dir: ›F***, er hätte mich umbringen können‹. Damals hatte ich es nicht begriffen. Es war sehr schmerzhaft.« (sportingnews.com)

Zu ergänzen bleiben zwei weitere Namen. 30 Jahre nach der WM wurde unter der Schirmherrschaft von Friedensnobelpreisträger Adolfo Pérez Esquivel »Das andere Finale«, ein Benefizspiel zugunsten von Diktaturopfern, ausgetragen. Daran »nahmen sogar drei Stars der Mannschaft von 1978 teil: René Houseman, Leopoldo Luque und Ricardo Villa. Auf der Tribüne, wo einst Videla und Massera saßen, wurde eine Fahne mit den Namen von Tausenden ihrer Opfer drapiert.« (11freunde.de, 10.1.2010)

Es bliebe genauer zu prüfen, ob es ähnliche Zeichen bei weiteren Spielern gab und ob sich damit das Bild einer Mannschaft verdichten würde, die für ihr Land brannte, aber beileibe nicht für die Junta.

Ein gemeinsamer Nenner könnte sich in der Haltung Menottis finden, die sich auch auf die Formel »Fußball ja – Folter nein« bringen ließe. Oder, wie Maradona später einmal in anderem Zusammenhang sagen würde: »Es ist nicht die Schuld des Balls.«

Über das Skandalspiel gegen Peru ins Finale zum Triumph

Während am Nachmittag des 21. Juni die DFB-Auswahl nach der »Schmach von Córdoba« ausgeschieden war, ging es am Abend in der Zwischenrunde um den Einzug ins Finale. Brasilien führte die Gruppe mit 5:1 Punkten und 6:1 Toten an, Argentinien brauchte gegen Peru einen Sieg mit vier Toren Differenz. Die Begegnung wurde zum Skandalspiel, in dem Buch »Wir waren Weltmeister« von Ricardo Gotta »berichteten peruanische Spieler von Anrufen ihrer Staatschefs sowie einem Besuch von Diktator Videla und US-Außenminister Henry Kissinger in der Kabine. ›Da wurde Druck ausgeübt‹, sagte Verteidiger José Velazquez später. Vor zwei Jahren erst bestätigte auch der peruanische Ex-Senator Genaro Ledesma illegale Absprachen zwischen Diktator Videla und seinem peruanischen Amtskollegen Francisco Morales Bermúdez« (spiegel.de, 28.5.2014). Nach 15 Minuten hörten die Peruaner »urplötzlich auf zu laufen, zu passen und zu grätschen«, so der Sportjournalist David Winner. »Die Enthüllungsjournalistin María Laura Avignolo«, rekonstruiert Winner die Gründe dafür, »veröffentlichte 1986 in der *Sunday Times* einen ersten detaillierten Bericht darüber und sah sich in der Folge mit ernst zu nehmenden Morddrohungen konfrontiert. Ihre Thesen wurden später von David Yallop in seinem Buch ›Wie das Spiel verloren ging‹ untermauert. Laut Yallop befahl General Videla Lacoste, das Ergebnis zu manipulieren. Daraufhin verhandelte Lacoste mit drei leitenden Funktionären der peruanischen Delegation. Man einigte sich auf den Preis: 35.000 Tonnen Getreide sollten nach Peru verschifft werden und eine Zahlung von 50 Millionen Dollar an Perus Machthaber gehen. Dazu bot ein führendes Mitglied der Junta drei peruanischen Spielern je 20.000 Dollar.« (11freunde.de, 10.1.2010) Es musste wahrlich viel auf dem

Spiel stehen, wenn ein US-Stratege wie Henry Kissinger, dessen unmittelbare Involvierung auch in den Militärputsch in Chile erwiesen ist (vgl. independent.co.uk, 23.10.2011), in der Kabine auftauchte.

Aus der Kabine stammte auch die Ansprache Menottis, die er vor dem Finale an seine Spieler richtete. In einem Interview mit der spanischen Tageszeitung *El País* (22.10.1995) erinnerte sich Valdano an die Worte des Trainers: »Wir sind das Volk, wir gehören zu den benachteiligten Klassen, wir sind die Opfer, und wir repräsentieren das einzig Echte in diesem Land – den Fußball. Wir spielen nicht für die Ehrentribüne voller Militärs, wir spielen für die Leute. Wir verteidigen nicht die Diktatur, sondern die Freiheit.« (zit. n. Irnberger 2000: 32) Diese Haltung konnte auch an Maradona, der noch länger unter Menotti spielen sollte, nicht spurlos vorbeigehen. Die Spannungen zwischen den beiden beruhten auf Gegenseitigkeit, doch wenn es darauf ankam, überwog das Vertrauen. In einer Zeit, das sei vorweggenommen, als Diego am Boden war – das Koks, die Verhaftung – wird sein alter Trainer ihn anrufen: »›Ich weiß, dass es in letzter Zeit zwischen uns nicht so gut lief, Kumpel‹, sagt Menotti zu seinem früheren Schützling. ›Aber ich bin immer für dich da, wenn du mich brauchst.‹ Maradona wird diese Geste der Großzügigkeit nie vergessen.« (Burns 1998: 232)

Nach dem Finalsieg gegen die Niederlande (3:1 n. V.) hätte es sich für einen Trainer geziemt, die Lorbeeren zu abzuholen. Doch er nutzte die Gelegenheit, sich von den Militärs zu distanzierten. Zum einen »verweigerte er bei der Siegerehrung dem amtierenden Staatsoberhaupt, Junta-General Jorge Rafael Videla, öffentlich den Handschlag« (fussball-kultur.org). Zum anderen verewigte er sich mit dem Satz: »Meine talentierten, klugen Spieler haben die Diktatur der Taktik und den Terror der Systeme besiegt.« Seine fachliche Brillanz, sein Erfolg und seine Popularität gaben Menotti Recht, sie konnten ihn nicht absetzen. Er stand auch im folgenden Jahr an der Linie, als Argentinien Juniorenweltmeister wurde. Nach dem dortigen Triumph war es an seinem 18-jährigen Musterschüler, auch einen Pfeil in Richtung der Generäle zu schießen.

Mit Diego zum Gewinn der Junioren-WM 1979

Auch die Juniorenweltmeisterschaft in Japan sorgte für die Bilder, die die Junta brauchte. Sie mochten das Turnier zusätzlich aufgewertet haben, doch wer meint, es sei ja »nur« eine U20-WM gewesen, unterschätzt den Stellenwert, der ihr am Río de la Plata beigemessen wurde. Weit über Argentinien hinaus war man inzwischen erstaunt von der Spielweise Diegos, für den es im Rückblick die beste Auswahl gewesen sein wird, in der er je spielte. Das war mutmaßlich keine Übertreibung, bei diesem WM-Sieg war die gesamte Mannschaft überragend. Fortan reizte ihn eine unterstellte »Widersprüchlichkeit«, die man ihm mit Blick auf die Militärdiktatur vorhielt, zum Widerspruch. Doch schon im direkten Anschluss an die WM machte Maradona deutlich, auf welcher Seite er stand.

Ein junger »Gott«: Zur Spielanlage des frühen Diego

Bei dieser »kleinen« WM spielte Maradona groß auf, ja mehr noch: 1979 »begann ein neuer Abschnitt in der Geschichte des argentinischen Fußballs. Von diesem Jahr an und für fast zwei Jahrzehnte würde er die besten Qualitäten der kreolischen Spielweise verkörpern, wie sie vor fast einem Jahrhundert gegenüber der britischen Art zu spielen stilisiert wurde.« Für Diegos Spiel bedeutete das: »Unvorhergesehene Dribblings, das Spiel durch die Beine des Gegners, vorgetäuschte Haken, den Ball über den Kopf des anderen hinwegzuspielen, und dann aufzunehmen, ihn hinter dem eigenen Standbein vorbeizukicken.« (Archetti 2006: 324) Doch sein Spiel war mehr als Tango und Samba zusammen, er hatte auch stets das Auge für die Mitspieler, zog die Fäden des Spiels. »Maradona hat alles. Es gibt keinen Bereich seines Spiels, der zu bemängeln wäre. Er ist stark, mutig und gewandt. Er ist ein Individuum, das für das Wohl seiner Mannschaft arbeitet.« Das sagte der einstige schottische Nationalspieler Denis Law bereits 1979, als Maradona mit der argentinischen A-Nationalmannschaft ein 3:1 in Glasgow feierte. Sein Tor zum 3:0 war für Law das »frechste«, das jemals im ehrwürdigen Hampden Park erzielt wurde. Die *Sun* überschlug sich förmlich: »Maradona hatte den Ball links des schottischen Tors, mit drei Schotten, einschließlich Torwart George Wood, in einem Halbkreis um ihn herum. Er produzierte eine Reihe von Finten und Dummys, und als sich Wood für einen angetäuschten Chip bereitmachte, da schob er den Ball zwischen dem Keeper und dem linken Pfosten ein.« (zit. n. Burns 2010: 51) Selbst in brasilianischen Medien hieß es – etwa nach dem 4:0 Argentiniens über Peru in der U20-Qualifikation –, man habe »seit Pelé« keinen Spieler von solcher Qualität gesehen. (ebd.: 50)

Der große Triumph bei der kleinen WM

Bereits die Vorbereitung auf das Turnier sorgte für Schlagzeilen. Bei einem Gastspiel in den USA ließ das junge Team die Mannschaft von Cosmos New York mit einem 2:1-Sieg alt aussehen. Zu notieren ist dabei ein Tor von Maradona, dessen anschließender Trikottausch mit Franz Beckenbauer und ein Angebot an den Trainer: Man hat »eine Million Dollar auf den Tisch gelegt, damit ich in den Vereinigte Staaten arbeite« (zit. n. Irnberger 2000: 27). Menotti lehnte ab. Nur als Randnotiz: Aus dieser Zeit stammt auch ein Zitat der Schweizer Zeitung *Sport*, die Maradona für ähnlich gut wie Hansi Müller hielt, »nur schneller als der Stuttgarter« (zit. n. Fg. 10/2020: 32).

Für den so Verglichenen schien der Finaltriumph in Japan nie in Frage zu stehen: »Natürlich gewannen wir, wir gewannen den ersten Pokal der FIFA-Coca-Cola-Juniorenweltmeisterschaft 3:1 gegen die Sowjetunion.« (Dg. 2002: 49) Schon in der Vorrunde ließen sie gegen Indonesien (5:0), Jugoslawien (1:0) und Polen (4:1) keine Zweifel daran, wo sie am Ende hinwollten. Im Viertelfinale folgte ein weiteres 5:0, dieses Mal gegen Algerien. Im Halbfinale wartete mit Uruguay die erste echte Herausforderung: »Da fehlte wirklich nichts, was üblicherweise den Klassiker vom Río de la Plata ausmachte.« Dazu gehörte auch, dass sie ihm »Tritte verpassten«. Doch »wir verzichteten nicht auf unseren Stil, und am Ende gewannen wir 2:0, ein Tor von Ramón Díaz und eins von mir, ein Kopfball« (Dg. 2002: 47).

»Gol de soviética«, erfuhr das Publikum in der 52. Minute des Finales an den heimischen Bildschirmen. »Die Russen«, so Maradona, hätten »an ihre körperliche Kondition« geglaubt. Doch »wir spielten weiter, ohne zu verzweifeln«, versuchten es »nie mit der Brechstange« (Dg. 2002: 50). Vor vollen Rängen (52.000) drehten die Argentinier das Spiel zwischen der 68. und der 76. Minute: Elfmeter Alves, ein Solo von Díaz und schließlich ein kunstfertiger Freistoß von Maradona, der zum Spieler des Turniers gewählt wurde. Den Pokal in Sichtweite, nahm Diego dem FIFA-Präsidenten Havelange »das Ding einfach aus der Hand«. Bilder aus der Kabine zeigen freudetrunkene Spieler mit Maradona auf den Schultern – und Papa Don Diego, wie er Dieguito umarmt.

»Diese Jugendnationalmannschaft von ’79 war mit Abstand die beste Mannschaft, in der ich in meiner ganzen Karriere gespielt habe«, war Maradona später überzeugt. »Niemals habe ich auf dem Platz so viel Spaß gehabt!« In der Tat galt dieses Team als sensationell gut. Wahrscheinlich als so gut, dass sie selbst ohne Diego den Pokal geholt hätten. Über spätere Teams, seien es Boca Juniors, der SSC Neapel oder die *Albiceleste*, lässt sich das kaum sagen.

»Maradooona« statt »Madres« – und das Trommeln der Medien

Während die Mannschaft den Sieg in Japan feierte, spielten sich rund 18.000 km entfernt Szenen ab, die man sich bei einer U20-WM kaum vorstellen kann. Nachdem das argentinische Publikum in den ganz frühen Morgenstunden die Übertragungen aus Japan zu verfolgt hatte, strömten sie nach dem Triumph auf die Straßen. Politisch nicht selbstlos, hatte die Regierung »frei gegeben«, Schulen und vielfach auch Fabriktore blieben geschlossen. Was zudem war pikant war: Die Junioren um Maradona siegten ausgerechnet an »jenem Tag, an dem die Interamerikanische Menschenrechtskommission ihre Nachforschungen zur Situation der ›verschwundenen‹ Gefangenen in Buenos Aires aufnahm. Hier riefen die Medien explizit zu Demonstrationen auf« (Alabarces 2015: 155). Funk und Fernsehen »luden ihre Hörer und Zuschauer ein, auf der Plaza de Mayo zu feiern«. Von *Radio Rivadavia* etwa wurde die Feier »radikal politisiert: ›Gehen wir alle auf die Avenida de Mayo [in deren Nummer 760 sich das Büro zur Annahme von Vermisstenanzeigen befand] und beweisen diesen Herren von der Menschenrechtskommission, dass Argentinien nichts zu verbergen hat.‹« (ebd.) An diesem Tag wurden die »Mütter und Großmütter der Verschwundenen, die mit ihren unverwechselbaren weißen Halstüchern angestanden hatten, um ihre Beweise einzureichen« (Burns 2010: 53), verdrängt: von Fahnen, Trommelschlägen und »Maradooona, Maradooona«-Rufen.

Aus dieser Medienlandschaft waren es Reporter von *La Razón*, der führenden und von der Armee kontrollierten Nachmittagszeitung, die das Elternhaus von Diego belagerten. Unter einer Traube von Nachbarn erklärte Tota, ihr Sohn habe sie täglich angerufen. »Keine Bange, Mama, wir werden den Pokal schon mitbringen.« Und Claudia, seine baldige Verlobte, ergänzte, sie wisse, »wie er leidet, wenn er nicht gewinnt«, sie könne sich vorstellen »wie sie jetzt feiern«. Diese Worte führt Jimmy Burns an, der noch eine Episode erwähnt, um eine psychologische Tiefendeutung aufblitzen zu lassen: »Tota hatte sich vor ihrem Auftritt im Fernsehen einen Friseurtermin besorgt. Als sie von den Journalisten bis dorthin verfolgt worden war, zeigte sie, welch heftiger Gefühlsausbrüche sie fähig war – eine Eigenschaft, die sie auch ihrem Sohn in die Wiege gelegt hatte. Unter dem Haartrockner sitzend wurde sie immer noch von einem Journalisten befragt, und fing an, unbeherrscht zu schluchzen, und schrie ihn dann an, er solle endlich verschwinden und sie in Ruhe lassen. Am Nachmittag des gleichen Tages hatte sie ihre Fassung wiedererlangt und erschien live und lächelnd in einer der populären Talk-Shows des Landes. Ihr Hauptbeitrag war es, ein Glas Champagner zu erheben und mit der Haltung einer stolzen Königin einen Toast auf ihren Sohn auszubringen.« (Burns 1998, 70)

Wer es darauf anlegt, mag auch aus dem Turnier selbst einiges auf Maradonas Persönlichkeitsentwicklung schließen, so beim 5:0 gegen Algerien. Er hatte schon immer »absolut jedes Spiel« spielen wollen. Und nun das: Diego wurde ausgewechselt. »Zuerst habe ich mich mit einer sauren Miene auf die Bank gesetzt. Und dann bin ich schnurstracks in die Kabine gegangen, um mich umzuziehen. Und dort bekam ich einen Anfall und fing wie ein Verrückter an zu weinen.« Nach dem Spiel hätten »die Jungs« gleich gemerkt, dass es ihm »schlecht ging«. Und »alle versuchten mich zu trösten, besonders El Flaco, der zu mir sagte: ›Ach, Diego, du willst wohl immer spielen. Ich wollte dich schon gegen Polen auswechseln. Diego, merkst du denn nicht, dass ich dich schonen will?‹ Schonen? Zum Teufel mit schonen, ich wollte spielen, ich wollte alle Spiele durchspielen.« (Dg. 2002: 47) In psychologischen Rückschauen, die ihren Wert haben mögen, ließe sich das als Zeichen einer hoch-, über- oder hypersensiblen Persönlichkeitsstruktur lesen, die ihn nicht vor dem feit, was da kommen wird. »Schonen« ließ er sich selten, und als er selbst mal ausruhen wollte, ließen ihn andere nicht.

»Es heißt, ich wäre widersprüchlich ...«

Maradona selbst wird später sagen, man dürfe die sportlichen Erfolge weder »wegen der Militärs in den Dreck ziehen, noch darf unklar bleiben, was ich über sie denke. Typen wie Videla, die dreißigtausend Menschen haben verschwinden lassen, haben nichts verdient. Und schon gar nicht, dass die Erinnerung an den Sieg etlicher junger Burschen in den Schmutz gezogen wird. Deshalb sage ich: Man beklagt sich über mich, es heißt, ich wäre widersprüchlich, und unser Land? In unserem Land gibt es immer noch Leute, die Videla verteidigen, und es gibt viel weniger, die Che Guevara verteidigen. Viele weniger! Die kennen ihn gar nicht. Typen wie Videla beschmutzen den Namen Argentiniens im Ausland; Che Guevara dagegen müsste uns mit Stolz erfüllen. Tatsache ist, dass Videla regierte. Und wenn irgendwo von mir ein Foto in Umlauf ist, auf dem ich ihm die Hand gebe, dann muss ich sagen, dass mir gar nichts anderes übriggeblieben ist.« (Dg. 2002: 45f.)

Bezeichnend für die damaligen Verhältnisse war: mit Che Guevara wird sich Maradona erst in seiner Zeit in Italien näher befassen, im damaligen Argentinien galt dieser, wenn sie ihn nicht totschwiegen, als Terrorist. Auf ihn wird auch Diegos Trainer Bezug nehmen, um seine Philosophie vom »Fußball der Linken« zu erklären. »Wir machen nicht nur Revolution, um jedem sein tägliches Brot zu garantieren«, führt Menotti 1986 Che Guevara an. »Es geht darum, das Leben zu verändern.« (zit. n. Irnberger 2000: 52) Ein Verweis, mit dem sich auch Diegos vermeintliche Widersprüchlichkeit auflösen lässt. Warum er damals für ein Argentinien unter der Militärdiktatur habe spielen können, instrumentalisiert von einer Junta, die foltern und morden ließ? Antwort: Sie traten nicht wegen, sondern trotz der Junta an. Auf Seiten der Linken war gerade zu der Zeit die Idee verbreitet, für – in dem Fall – ein »anderes Argentinien« zu streiten. Zugrunde lag ein Befreiungsnationalismus, der gegen eine neokoloniale Politik von außen gleichermaßen anging wie gegen eine Unterwerfung von innen. Das »LN« etwa im Namen jener nicaraguanischen Befreiungsorganisation, die sich 1979 gegen die Somoza-Diktatur durchsetzte, stand für »Liberación Nacional«. Und auch dort wehte der Geist von Che Guevara, mit dem sich das eigene Wohl nicht über das anderer stellen lässt. Es ist eine Idee, für die Maradona in den 2000er Jahren verstärkt fechten wird.

Fotos waren im Übrigen mehrere »in Umlauf«, eines davon zeigt Diego und fünf weitere Spieler in Uniform ihre Goldmedaillen halten. Die anderen »schickten mich vor«, erinnerte er sich, »ich solle meine Entlassung beantragen. Ich bin also hingegangen und habe zu ihnen gesagt: ›Wir haben Ihnen den Titel gegeben, würden Sie uns vielleicht den Entlassungsschein geben?‹« (Dg. 2002: 52) »Der Engel des Fußballs«, wird das Boulevardblatt *Crónica* titeln, »verdient es nicht, in ein Karnevalskostüm gezwängt zu werden.« (zit. n. Burns 2010: 55) Die Freistellung vom Militärdienst wird ohnehin geplant gewesen sein, in den Augen der Junta sollte diese Jugend ihren Dienst auf dem Rasen leisten. Oder wie ihnen Videla selbst bei einem Empfang im Kronleuchterschein der *Casa Rosada*, dem Präsidentenpalast, erläuterte: »Meine Herren, abgesehen von Ihrem Stolz müssen Sie sich auch Ihrer Verantwortung bewusst sein. Viele Argentinier sehen sich selbst in Ihnen. Sie müssen die Verantwortung dafür übernehmen.« Von jener Audienz ist mehr als ein bloßes »Foto in Umlauf«, auf Filmaufnahmen ist zu sehen, wie der Regierungschef die »Herren« per Handschlag begrüßt. (arte)

Doch nach der Ehrung kam es noch zu einer anderen Begebenheit, um die Diego selbst nicht viel Aufhebens machte und von der andere lieber schwiegen. Wie schon Menotti bei der »großen« WM 1978, so gelang es auch Maradona 1979, sich mit einem kleinen Streich von der Generalität zu distanzieren: »Als Diktator Videla die Mannschaft empfing«, erinnert der Journalist Günter Pohl mit Bezug auf die argentinische Wochenzeitung *Nuestra Propuesta*, verschenkte Maradona auf Bitten der Schwester eines politischen Gefangenen sein Trikot mit Widmung an das Opfer genau der Politik, die Diego zeit seines Lebens verabscheute. Auf die Vorhaltung, wieso er sich denn damit Ärger einhandeln wolle, fragte der Achtzehnjährige zurück, warum er das denn nicht machen sollte.« (UZ, 4.12.2020)

Daran zeigt zweierlei: Auch wenn Diego zu der Zeit eher unpolitisch auftrat, so hatte er schon früh ein intuitives Bewusstsein dafür, auf welcher Seite er stand. Und was für Menotti als Trainer galt, das traf auf Maradona als Spieler zu: Er war gleichermaßen beliebt wie überragend in seinem Fach, sodass es sich niemand leisten konnte, jemanden zu ächten, der gerade zu einem der größten Söhne des Landes reifte. Sieben Jahre später sollte die ganz große Stunde schlagen.

Abspann I: Ausklang bei den Argentinos, Aufstieg in der *Albiceleste*

Spätestens mit der Junioren-WM hatte sich Diego durchgesetzt. Doch was »eine ganze Generation von Argentiniern gemeinsam« hatte: »Sie erfuhren von Maradona, ohne ihn je gesehen zu haben«, so Jorge Valdano. Der Nationalmannschaftskollege »begriff das gesamte Ausmaß in jenem Moment, da ich ihn das erste Mal am Ball sah«. Ein »paar Jahre vor der WM 1982« habe er Diego beim Training kennengelernt: »Es war spektakulär. Ich hatte so etwas noch nie gesehen. Eine andere Dimension. Ein auftrumpfender Diego, sehr jung, es war überwältigend. Damals war er bereits eine übermächtige Persönlichkeit.« Und das »trotz seiner Jugend?«, so die Zwischenfrage: Ja, »mit dem Ball war er purer Fußballer, ein Spieler, der voller Ästhetik war, vor Kreativität strotzte und auch vor Stolz. Mit seinem angeborenen Mut forderte er alles und jeden heraus. Du schaust dir diesen Spieler an und dann verwundert dich nichts mehr von dem, was er später machte. Er war ein Fußballer, der alles an sich riss: das Dribbling, den Pass, das Loslösen vom Gegner, und natürlich auch das Tor. Er hatte alles.« (Valdano 2021: 47)

Aus der Nationalmannschaft war Maradona nun nicht mehr wegzudenken. Für einen Vorgeschmack auf das sagenumwobene WM-Viertelfinale von 1986 sei hier an ein Freundschaftsspiel vom 13. Mai 1980 erinnert. In Wembley kam es bereits zur gleichen Paarung wie gut sechs Jahre später. Noch war es ein Spiel auf Augenhöhe, noch konnte England gewinnen (3:1). Bemerkenswert war ein Spielzug Diegos, der nicht ganz so spektakulär wie der kommende Sololauf im Aztekenstadion war, aber durchaus vergleichbar, auch wenn der Ball am langen Pfosten vorbeiging. Wer den Zusammenschnitt noch einmal aufruft, wird dazu einen englischen Kommentator hören, der überzeugt war, dass die »Publicity nicht gelogen« habe. »Mein Bruder Turco kritisierte mich nach dem Spiel und sagte, ich hätte den Torhüter mit dem Ball umrunden sollen. Dem habe ich vielleicht die Meinung gesagt«, so Maradona, »als ob das so einfach wäre«. Doch in Mexiko »habe ich mich daran erinnert, was ich tun musste.« (zit. n. fifa.com)

Derweil war der Ligaalltag nach der Junioren-WM alles andere als grau. Seine Argentinos, die kein Spitzenverein waren, führte er 1980 zur Vizemeisterschaft. Da wurde er zum fünften Mal hintereinander Topscorer seines Vereins, sein hundertstes Tor als Profi schoss er im September 1980 – mit 19 Jahren. In dem Jahr wird er zum zweiten Mal zu Südamerikas Fußballer des Jahres gewählt. Doch längst machte er nicht nur »die Buden«, er war Spielgestalter, Regisseur, bestimmte das Tempo, setzte andere in Szene.

Zugleich zeichnete sich ab, dass die Argentinos ihren *pibe de oro* nicht mehr lange würden halten können. Angebote gab es genug, und längst wurde er auch in Europa beobachtet. Barça hatte bereits seine »Spione« geschickt, und es lagen Angebote vor wie etwa das von Sheffield United, die bereits Ende 1978 mit 900.000 Dollar gewunken hatten. Doch es gab eine Regierungsweisung, Nationalspieler bis zur WM ’82 im Land zu halten, wo es ihm als Zeichen von Haltung ausgelegt wurde, dass er nicht zu River Plate, dem Club der Reichen, ging.

Aber nicht nur die Vereinssymbolik machte einen Transfer zum Politikum: »Maradona, no se vende, Maradona no se va, Maradona es Patrimonio Nacional«, gaben sich Fans von Argentinos Juniors nach der WM ’79 selbstbewusst. Er stehe nicht zum Verkauf, er gehe nirgendwohin, er gehöre zum nationalen Erbe. Waren es tatsächlich rechte Fans, wie der Biograph Jimmy Burns behauptet? (vgl. 2010: 54). Fraglich erscheint, inwieweit das aus diesem Motto abzuleiten ist. Denn zum Zusammenhang gehört auch: Es war die Zeit, als dem Süden unter zunehmender Gewalt das Kupfer und der Kautschuk genommen wurde, so wie man es heute auf das Lithium, das »weiße Gold der Anden«, oder das Erdöl an den Becken der Karibik absieht. Und der Rohstoff Fußball? Der Ausverkauf südamerikanischer Spieler setzte lange vor Messi und Neymar ein, und es sollte die Ära kommen, in der bei Weltmeisterschaften die Wettbewerbsfähigkeit selbst von Brasilien und Argentinien auf dem Spiel stehen würde. Und so gibt es Varianten des genannten Mottos, um zu reklamieren, Diego werde nicht hergegeben. Der argentinische Illustrator Diego Lankes alias Diegolan Dibujos ordnet Maradona auf der Seite »des Fortschritts« ein, als einen jener, die »von unten kämpfen«. Und er beendet seine Hommage mit Verweis auf ein »Lied, das wir noch immer in den Straßen und Barrios singen: ›Maradona ist nicht käuflich, Maradona geht nicht weg, Maradona ist das Barrio, das väterliche Barrio!‹« (Dibujos 2021: 43)

Zunächst noch blieb er am Río de la Plata, nahe den Barrios.

4.
Dem Süden Würde verliehen

Von Boca über Barça nach Neapel

»Ich glaube, das ist das größte Fest meines Lebens«, erklärte Diego, als er 1987 mit dem SSC Neapel italienischer Meister wurde. »War das nicht die Weltmeisterschaft?« – »Doch, aber die war nicht in meiner Heimat. Und ohne Fans wie hier.« (vgl. 11freunde.de, 12.2.2017) Die Fans: Das war eigentlich ganz Napoli, die Anekdoten und Legenden, die darum ranken, sind zahllos. Seine Jahre in Neapel, als dessen »Sohn« er sich selbst bezeichnete, hallen bis heute nach. Sie füllen ganze Bücher, doch am Ende lässt sich diese Zeit wohl auf einen einzigen Nenner bringen: dem »Süden Italiens Würde verliehen« zu haben (u.a. taz, 26.11.2020) Es war eine Melange aus »Toren, Triumphen, Tränen und Tragödien« (ballesterer 1/2021b: 74).

In Neapel laufen die Fäden zusammen: Ein Verein im Tabellenkeller, bevor Diego kam. Bald darauf die Meisterschaft. Es ist zugleich der Höhepunkt seines Schaffens, siehe auch den WM-Triumph von '86. Bei seiner Ankunft verehrt, bald darauf vergöttert: Am Fuße des Vesuvs war er Held und Heiliger. Und nicht weniger Legende: die Drogen, der Absturz, die Flucht. Hinzu kommt die Präsenz der Camorra, die sagenumwobene Rolle der Mafia. Ohne sie hätte man ihn nicht holen können, so eine verbreitete Überzeugung. Und ohne sie wäre er kaum so tief gefallen.

Zuvor hatte er in Argentinien eine Meisterfeier hinter sich. Was Boca Juniors und den SSC Neapel noch eint: »verehrt und verachtet« galt für beide Vereine, deren Anhängerschaft zumeist aus einfachen Verhältnissen stammte. Sie sollten, so ihre Gegner, dem Río Riachuelo oder dem Vesuv anheimfallen. In Verona »haben sie uns mit einem Transparent empfangen, dass mich schlagartig begreifen ließ, dass der Kampf von Neapel nicht nur mit dem Fußball zu tun hatte: *Willkommen in Italien*, stand darauf. Es spielte der Norden gegen den Süden, die Rassisten traten gegen die Armen an«, so Diego (2002: 114). So wie er in Italien nicht nach Mailand oder Turin wechselte, so verweigerte er sich in Argentinien den Begüterten von River Plate.

Unterdessen geriet er in Barcelona mit Vereinspräsident Núñez und mit den »Moralvorstellungen des katalanischen Bürgertums« (Haupt 2021: 115) in Konflikt. Zu einer jeweils längeren Zwangspause wegen Erkrankung und einem brachialen Foul kam das Trainingsregime eines Udo Lattek, verschrien als »Mister Látigo« (Herr mit der Peitsche, vgl. SZ, 28.11.2020). Trotz manch bleibender Szene und dem Verbündeten Bernd Schuster: Am Ende wurde die Zeit in Barcelona zur »Katastrophe« (Dg. 2002: 105).

Über die Jahre kam zu Diegos außergewöhnlicher die Spielkunst die strategische Note. »Insbesondere der junge Maradona«, analysiert der Strategie- und Taktikexperte Tobias Escher zusammen mit dem Philosophen und Fußballblogger Lukas Tank, »nutzte das ›Gambetta‹-Dribbling so häufig wie möglich. Dieser Stil zu dribbeln, der durch Lionel Messi auch modernen Augen vertraut ist, kommt ohne elaborierte Tricks aus, sondern besticht durch eine stakkatohafte Schrittfolge, ungemein enge Ballführung und plötzliche Richtungswechsel. Die Gegner wussten nie, in welche Richtung Maradona den Ball als nächstes führt. Seine Brust zeigte in die eine Richtung, seine Füße in die entgegengesetzte – und am Ende tippelte er den Ball ganz woanders hin.« (2021: 78) Im Grunde vereinte er gleich mehrere Rückennummern auf sich: Er »brillierte als Zehner. Als Dribbler konnte er über beide Außenbahnen kommen, war also Siebener und Elfer. Tief im Mittelfeld glänzte er zudem als Achter.« (ebd.: 80)

»Meister in meinen Lieblingsfarben«: Diego bei Boca Juniors

Ein kurzer Sprung ins Jahr 2000: Nach einer unvergleichlichen Laufbahn, nach Triumphen in Argentinien und Italien und auf der Bühne der Welt wird Diego sein Abschiedsspiel in »La Bombonera«, der »Pralinenschachtel«, bestreiten, dem Stadion der Boca Juniors. Dort hatte er sie 1981 zur argentinischen Meisterschaft geführt, 1995 feierte er ein zweijähriges Comeback. Nach dem Spiel wird er auf die Kurven zulaufen, sich das übergezogene Nationaltrikot abstreifen und im Boca-Shirt ein Podest betreten. Dort setzt er zu einer Abschiedsrede an, deren Worte sich hier nicht annähernd so bewegend lesen, wie sie vor der Boca-Kulisse wirken: »Möge meine Liebe zum Fußball nie aufhören. Möge dieses Fest niemals enden! Ich danke Euch im Namen meiner Töchter, meiner Eltern, im Namen Guillermos und aller Fußballspieler der Welt. Fußball ist der schönste und ehrlichste Sport der Welt, ganz ohne Zweifel. Wenn jemand Irrwege geht, kann der Fußball nichts dafür. Ich habe Fehler gemacht und dafür gezahlt, aber das kann dem Fußball nichts anhaben.« Weiter wird er nicht kommen, seine Worte werden untergehen: Im Jubel der Fans, aber auch in den Tränen Diegos, den der Moment überwältigt. Boca, das ist der Verein der »Rang- und Namenlosen, die ihm immer dankbar sein werden«, so der Kommentar dazu in einer *arte*-Dokumentation.

Es konnte keinen besseren Ort für das Abschiedsspiel und diese Worte geben. Hier war er zu Hause, zu den Fans des Vereins zählte er sich selber, gerne stand er in den 90ern auch mit seinen Töchtern in der Kurve. Schon »zu Hause waren alle mit ganzem Herzen für Boca«, erinnerte sich Diego und erzählte diese Geschichte aus frühen Tagen: »Als ich eines Tages mit meinem Vater durch La Paternal ging, erzählte er mir einen Traum. Er sprach gewöhnlich nicht viel mit mir, und so habe ich ihm zugehört: ›Dieguito, weißt du, was ich heute Nacht gedacht habe? Dass es sehr schön wäre, wenn du eines Tages im Trikot von Boca spielen würdest. Das Stadion La

Bombonera, du, wir bejubeln die Tore, die Verwandten aus Esquina ebenfalls.‹« (MLiB: 33) Jemand wie Papa Chitoro mochte sich in »La Bombonera« auch wiedererkennen in jener »Galerie, die zu den Umkleideräumen führte«, wo es ein »riesiges Wandgemälde« gab. Dort »waren lastentragende Hafenarbeiter abgebildet, genau solche, wie Chitoro … einer gewesen war« (Burns: 1998: 97). Später einmal werden Diegos Bilder den Stadtteil mit den bunten Wellblechhäusern zieren: »Geht man durch La Boca, das Arbeiterviertel in Buenos Aires, sieht man Gemälde von ihm an jeder Straßenecke.« (amerika21, 28.11.2020) Bisweilen wird eine Ironie des Schicksals daraus gelesen, dass es ein *italienisches* Arbeiterviertel war, als Brücke zu den »mütterlichen Wurzeln« (Burns: 1998: 97) und der späteren Wahlheimat Neapel.

Die Clubgeschichte ist von Erfolgen gekrönt. Als legendär gilt eine dreimonatige Europatour von 1925, wo man den kreolischen Fußball, in dessen Tradition Maradona stehen wird, demonstrierte und gut drei Viertel der Spiele gegen Real Madrid, Bayern München und Co. gewann. In die Erzählung vom »Arbeiterverein« Boca mögen sich auch ein paar Mythen mischen, und doch erscheint der Hintergrund greifbarer als bei manch europäischem Verein, der, an der Börse oder sonstwo platziert, noch eine proletarische Aura bedient. Auch bei Boca mögen die Zeiten vorbei sein, da in den 1940er Jahren der Offensivspieler und Kopfballspezialist Severino Valera regelmäßig ins benachbarte Uruguay pendeln musste: »Jeden Sonntagabend nach dem Spiel nahm Severino die Fähre und fuhr nach Montevideo zurück, in sein Viertel, zu seinen Freunden und zu seiner Arbeit in die Fabrik.« (Galeano 2000: 103) Und doch: Auch in den folgenden Jahrzehnten spiegelten sich beim Vergleich mit dem Ligarivalen und Klassenprimus River Plate die sozialen Verhältnisse – vor allem bei der Anhängerschaft. Von den Verwünschungen aus dem Norden, die Diego mit Neapel erfahren wird, wusste man auch am Río de la Plata ein Lied zu singen. »›Boca‹ ist der Lieblingsverein der armen Leute mit dem strähnigen Haar, die scharenweise aus den armseligen Dörfern des Landesinneren und der Nachbarländer in die hochherrische Stadt Buenos Aires einfallen. Die feindlichen Fans treiben die gefürchteten Teufel so aus: ›Alle Welt weiß, Boca trauert viel / alle sind schwarz, alle sind schwul. / Bringt sie um, diese Scheißkerle / sie sind alle schwul, alle Bauerntrampel / werft sie in den Riachuelo-Fluss.‹« (ebd.: 220)

Auch um die Vereinskasse von Boca war es oft genug nicht gut gestellt, und Maradona wird nicht wegen, sondern trotz des materiellen Angebots zu Boca wechseln – statt zu River Plate. Bisweilen erscheint die Geschichte etwas verklärt, doch verbürgt ist: Von den Kunststücken, die der neunjährige Dieguito in Halbzeitpausen der Argentinos-Spiele aufführte, nahmen auch die gegnerischen Fans Notiz. Als im Juli 1970 Boca zu Gast war, »verzückt Maradona wie gewohnt die Massen. Als die Mannschaften und Schiedsrichter wieder aus den Kabinen kommen wollen, schreien die Boca-Fans: ›Da-blei-ben! Da-blei-ben!‹ Maradona sagt Jahre später: ›Ich glaube, damals begann ich zu empfinden, was ich heute für Boca empfinde.‹« (Fg. 10/2020: 26) Und auch eine Begebenheit vom Februar 1981 mag dazugehören: »Maradona lädt Familie und Freunde zum Endspiel der Schüler-Weltmeisterschaft zwischen Inter Mailand und den Bolivianern von Academica Tahuichi ins Monumental-Stadion von River Plate ein. Als er von Vorstandsmitgliedern beleidigt wird (›Was willst du denn hier, du Mistkerl?‹) geht Maradona auf sie los und muss von seinen Leuten weggezerrt werden. Maradona: ›Zu dem Verein gehe ich nie wieder!‹« (ebd.: 40) Denn »River und Maradona, das passte nicht. ›Los Millonarios‹ und das schicke Barrio Núñez reizten den *pibe de oro* aus der *Villa Miseria* nicht.« (Grüne 2021: 21)

Doch die »Millonarios« winkten mit viel Geld, weit mehr als Boca es sich leisten konnte. Was weiterhalf, war ein wenig Bauernschläue: Man sei »mitten beim Tauziehen« gewesen, als mich Franconieri anrief, ein Journalist der *Crónica*: ›Hallo, Diego, so, ist das mit River also schon eine ausgemachte Sache?‹ Ich habe es sofort begriffen, er wollte mir das Wort im Mund umdrehen, also ließ ich ihn eine Weile reden, und dann sagte ich ins Blaue hinein: ›Nein, ich werde nicht unterschreiben, denn ich habe ein Angebot von Boca.‹ Das ist mir in dem Moment so eingefallen, ich weiß nicht, das war so ein Gedanke, wie er ab und zu auftaucht. Ihm kam diese Nachricht wie gerufen, und er hatte angebissen. Am Nachmittag erschien *Crónica* mit einer riesigen Schlagzeile: ›Maradona zu Boca.‹ Nun war die Sache in Gang gebracht. Es fehlte nur noch eines: dass der Vorstand auch anbiss.« (MLiB: 33) Die Situation sei »merkwürdig« gewesen: »River hatte die ganze Kohle, aber ich hatte keine Lust; Boca hatte keinen Pfennig, aber ihm gehörte meine Leidenschaft. Mitten im Gezerre fuhren wir mit den Argentinos nach Mar del Plata zu einem Spiel gegen River Plate, und deren Fans beleidigten mich das ganze Spiel über. Aber ich war der glücklichste Mensch auf der Welt, ich hatte erreicht, was ich wollte: dass sie selbst merkten, dass ich sie nicht mochte.« (ebd.) Als man sich mit Boca einig war, bekam er »einen Haufen Geld«. Doch »es war, als hätte ich einen Blankoscheck unterschrieben. Mein Anteil am Transfer betrug zwar 600.000 Dollar, aber sie bezahlten in Naturalien. Sie gaben mir ein paar Wohnungen, die … wohl nicht ganz in Ordnung waren, es gab nämlich keine Papiere, und wir konnten sie nicht beglaubigen«, sie also weder verkaufen noch vermieten. »Eine lag an der Ecke Calle Correa / Avenida del Libertador, in Nuñez, wo ich viele Jahre gewohnt habe, direkt gegenüber der ESMA, der Armeeschule, die durch die Diktatur, durch die Verschwundenen, berühmt geworden war.« (Dg. 2002: 62)

Seinen Enthusiasmus konnte das nicht bremsen. Zum Wechsel wurde ein Freundschaftsspiel zwischen Argentinos und Boca veranstaltet, Diego eine Halbzeit in den Farben seines alten und eine in denen seines neuen Vereins. In dem Spiel lief er verletzt auf, ein Thema, das ihn seine Laufbahn lang begleiten wird: Fit gespritzt werden, Medizincocktails nehmen, den Erwartungen entsprechen. Und dass ihm immer mal wieder alles zu viel wurde. Um Einnahmen zu generieren, wird Boca kurz nach der Meisterschaft ein Freundschaftsspiel nach dem anderen bestreiten, in denen Maradona stets auf dem Platz stehen musste, ob in Mexiko, Spanien, Frankreich oder der Elfenbeinküste. Mit seinem Vater und anderen Vertrauten wird er zu der Zeit über seinen kurzzeitigen Gedanken reden aufzuhören: »Mein damaliger Traum war total verrückt. Ein Spiel mit Kindern zu machen, mit Kindern als Gegner, mit Kindern auf der Tribüne, mit Kindern als Torhüter, mit Kindern als Polizisten. Nur mit Kindern. Mit Unschuldigen. Ich hielt den Druck nicht mehr aus. Ich wollte von nichts mehr was wissen.« (ebd.: 82)

Der Gedanke hinzuwerfen, sollte in den nächsten Jahren öfter mal aufflackern. Was ihn stärkte, waren neben den Fans die Mitspieler. Auch hier scheute er die Auseinandersetzung nicht. Es gab diesen Zwischenfall: Nach einer Pleitenserie drohten zahlreiche Boca-Anhänger einigen Spielern mit Prügel. Daraufhin ging er auf deren Anführer »El Abuelo« (der Großvater) zu, um sich vor seine Mannschaftskollegen zu stellen. Er solle sich da nicht einmischen, so der »Großvater«, um ihn würde es ihnen nicht gehen. Aber wenn die anderen nicht laufen würden, »knöpfen wir uns alle mal vor«. Es gäbe »Ärger ohne Ende«, wenn »ihr die Meisterschaft nicht gewinnt«. Was das solle, solchen Druck auf die Mannschaft auszuüben, so ein 20-jähriger Diego. »Da spielt morgen niemand. Oder wenigstens ich spiele nicht.« (ebd.: 75) Da ruderte »El Abuelo« zurück. Solche Aktionen werden Maradona auch ausmachen, er war »einer«, wird der niederländische Weltklassestürmer Marco van Basten einmal sagen, »der sich immer vor seine Truppen stellt und sich in den Kampf stürzt. Diego war ein Kämpfer. Und ein Kapitän.« (SZ, 5.6.2021) Gleich im nächsten Spiel lief Maradona mit der Binde auf, als hätte es diese Auseinandersetzung gebraucht. Seine Mannschaftskollegen dankten es ihm – auch auf dem Platz. Das nächste Spiel gewannen sie 1:0, und die Fans, samt »diesem Stoßtrupp«, fingen an, sie »als Mannschaft zu unterstützen«. Von da an »waren wir wie ausgewechselt.« (Diego 2002: 75) Maradona wiederum konnte sich bei den Fans bedanken wir kaum ein zweiter. Ein Tor für Boca in seinem zweihundertsten Spiel feierte er, »indem er über den Graben sprang« und sich »gegen den Drahtzaun warf. Diese Art der Solidaritätsbekundung mit den Fans brachte ihm zwar für ein Spiel eine Sperre vom Argentinischen Fußballverband ein, trieb aber seine Popularität kräftig in die Höhe.« (Burns 1998: 102)

Diego schenkte ihnen reichlich. Gerne Tore vom Elfmeterpunkt, noch lieber Freistöße in den Winkel, immer wieder die Dribblings samt unvergessener Tore. Wenn es ein Spiel in Maradonas kurzer Zeit bei Boca gab, von dem am längsten geredet wurde, dann der Superclásico gegen den großen Stadtrivalen. Die Partie war in mehrfacher Hinsicht symptomatisch für sein Spiel – und das seiner Gegner. Immer wieder wurde er gefoult, immer wieder stand er auf. Die Medien sprachen von »kriminellem« Tackling, und Roberto Mouzo, damaliger Mannschaftskollege und kurzzeitiger Nationalspieler, erklärte, es sei »nicht nur dieses Spiel« gewesen. »Diego hatte immer wieder Gegenspieler, die auf ihn losgingen. Aber er beschwerte sich nie«, er sei damit »klargekommen«. (zit. n. Brandt 2020: 37) Diego selbst sagte dazu einmal: Bei den Jugendmannschaften »hatte ich mich daran gewöhnt, Tritte abzubekommen, aber hier begriff ich schnell, dass ich im richtigen Moment springen musste. Du umspielst den Kerl, weichst dem Tritt aus, und läufst weiter mit dem Ball. Wenn du das nicht kapierst, kannst du nach dem dritten Fußtritt schon nicht mehr weiterspielen.« (Dg. 2002: 33) Wie dem auch sei, die Fouls von River Plate gingen auch nach zwei Roten Karten weiter, zu neunt lagen sie 2:0 zurück, Diego hatte einen außerordentlichen Zug zum Tor, sehenswert beim 1:0, das er maßgeblich vorbereitete. Bis er in der 67. Minute »den Sieg besiegelte und damit einen der meistgeschätzten Momente in der Geschichte des Derbys hervorrief. Der *pibe de oro* kontrollierte eine Flanke von rechts, bevor er mit einem Schulterzucken Fillol täuschte, den Torwart errötet auf dem Boden liegen ließ und den Ball, ungeachtet der letzten Mühen eines Verteidigers, aus kurzer Distanz einschob. Die Jubelfeier bedeutete pure Freude. Maradona rutschte auf den Knien zur Eckfahne und saugte den Beifall einer verehrenden Menge in sich auf«, so der Boca-Chronist Daniel Williamson (2020: 99f.). »Gegen River zu gewinnen, ist so wunderbar, wie wenn deine Mama dir am Morgen einen Kuss gibt«, sagte Diego einmal. (zit. n. Fg. 10/2020: 116)

Am Ende stand die Meisterschaft. Die Fans im Delirium. »Endlich war ich Meister in meinen Lieblingsfarben«, so Diego. »Wie schön die Ehrenrunde war; ich weiß noch, dass ich mit meinem Bruder Turco lief, und unterwegs kam mein Schwager Indio vorbei und rief: ›Pelusa, du Zottelkopf, Argentinos ist gerettet.‹ Die hatten gegen San Lorenzo ums Überleben gespielt. Mehr konnte ich nicht verlangen.« Vielleicht das Schönste an dem Erfolg: »Das war der Traum meines Vaters, das war mein Traum.« (MLiB, 43)

Dass ein Maradona nach Europa gehen würde, hatte sich abgezeichnet. Mit Bezug auf die spanische Zeitung *Marca* wird berichtet, dass Nationaltrainer Menotti schon über den 17-jährigen Diego einen Scoutingbericht verfasst hatte, den er dem FC Barcelona übergab. Darin soll er dem Schützling »außergewöhnliche Fähigkeiten« attestiert haben. »Geschwindigkeit, Explosivität, Ballbehandlung, Spielintelligenz – überall schnitt der junge Maradona mit Bestnoten ab. ›Er verfügt über herausragende technische Qualitäten und leichtfüßige Dribblings. Er hat eine geradlinige Sicht auf das Tor, weiß aber auch, den besser postierten Mitspieler in Szene zu setzen. Seine kurzen Pässe und Schüsse sind ein reines Wunder‹, schrieb Menotti.« (fussballeuropa.com, 26.11.2020)

Nach der WM ’82 in Spanien wechselte Maradona zu Barça. Bei Boca sollten ihm die Türen für immer offenstehen, im Herbst seiner Karriere kam er noch einmal als Spieler zurück.

Kein sauberes Image: Diego bei Barça

Wie kein zweiter Verein hatte der FC Barcelona frühzeitig die Fühler nach Maradona ausgestreckt. Im Juni 1982 war es so weit: Mit der damaligen Rekordablösesumme von gut 7 Millionen Dollar wechselte Diego zu den Katalanen. Die Erwartungen waren hoch, doch die Zeit sollte wenig ruhmreich werden. Der Pokalsieg von 1983 über Real Madrid (2:1) galt als zu wenig. Gegen sich hatte er Trainer Udo Lattek und Vereinspräsident Josep Lluís Núñez. Sein erstes Spiel in den blau-roten Farben führte ihn zu einem Freundschaftsspiel ins niedersächsische Emsland. Die Geschichte vom 5:0-Sieg beim SV Meppen ist auserzählt, ein verwandelter Elfmeter, Autogramme und die anschließende Bratwurst. Dem Aufstand im Trophäenraum und der Frage nach dem Maradona-Clan sei hier mehr Aufmerksamkeit gewidmet als dem konkreten Verlauf der zwei Spielzeiten. In denen folgte nach einer dreimonatigen Hepatitis-Erkrankung um den Jahreswechsel 1982/83 im September gegen Athletic Bilbao nach einem brutalen Foul der nächste Schlag. Kaum genesen, kam es bei der Neuauflage der Partie im Pokalfinale unter den Augen von König Juan Carlos zu einem Eklat nach Rudelbildung. Der Abgang dauerte nicht mehr lang. Auf seine Zeit bei Barça wurde Diego nicht gerne angesprochen, unter den spanischen Vereinen stünde er »mehr auf Madrid«, wird er einmal sagen. (Dg. 2002: 105)

Maradona am Medizinball: Mit Barça-Trainer Udo Lattek

Ernst Happel ist einer, der es eigentlich wissen muss: Als Spieler mit Rapid Wien mehrfacher Meister, gewann er als Trainer den Europapokal der Landesmeister mit Feyenoord Rotterdam und dem Hamburger SV. Maradona sei, so Happel, das »schlampigste Genie« gewesen, er habe nur »65 % seines Könnens je abgerufen«. Ein Angebot des SSC Neapel lehnte der österreichische Erfolgstrainer mit der Begründung ab, da »wäre der Vesuv ausgebrochen« (zit. n.: Deriu, 19.10.2015). Was »Happel nie geduldet« hätte, so der Journalist Giovanni Deriu: »Gerade einmal 95 von möglichen 230 Trainingstagen nahm Maradona aktiv mit dem Team an den Übungen teil.« (ebd.) Das ist zwar kaum nachzuprüfen, zumal die Saison nicht benannt ist. Doch was sich vermuten lässt: Unter Happel hätte ein Maradona vielleicht tatsächlich nur 65 Prozent abgerufen. So in etwa erging es dem einstigen Barça-Trainer Udo Lattek, der ein Maß an Disziplin einforderte, das den Künstler Maradona verprellte.

Lattek brachte es fertig, einem Maradona mit Medizinbällen zu kommen. Was für die einen ein »wunderbares Trainingsgerät« ist, so der Happel-Schüler Felix Magath, das war für Diego Gift: »Lattek ließ dich mit acht Kilo schweren Medizinbällen schuften, von Tor zu Tor. Eines Tages habe ich ihn mit einem beworfen.« (Dg. 2002: 94) Launisch erinnerte er auch an weitere Maßnahmen: »Bei Argentinos, bei Boca habe ich bis zwei Stunden vor dem Spiel geschlafen. Bei der technischen Ansprache haben wir zusammen gegessen, und dann sind wir ins Stadion gegangen. In Barcelona bei Lattek klopft es vor einem der ersten Saisonspiele an der Tür: ›Ja‹, antwortete ich noch halb verschlafen.« Das war morgens um halb neun. »›Der Mister sagt, wir sollen aufstehen und Lauftraining machen‹, erklärte mir da einer. – ›Sag ihm, dass ich nicht laufe‹, antworte ich. Kurz darauf kommt Lattek: ›Hier wird gemacht, was ich sage.‹ – ›Und ich möchte ausruhen. Später laufe ich schon noch. Ich bin das so gewohnt. Entweder Ihnen passt das oder …‹ – ›Das gibt eine Strafe.‹ – ›Nein, das gibt keine Strafe.‹ Das war Migueli, der mir da zur Seite sprang. ›Mich stört das auch, dass wir um halb neun Uhr in der Früh laufen sollen‹, pflichtete Schuster bei.« (ebd.: 94)

Unter diesen Bedingungen konnte sich Diego auch spielerisch nicht hinreichend entfalten, ja, vielleicht nur zu 65 Prozent. Er brauchte seine Freiheiten, eines der Geheimnisse des Erfolgs von Neapel war: dort gab man sie ihm, die Mannschaft war darauf eingestimmt, dass er sich Sachen herausnehmen durfte, die man sonst niemandem zugestanden hätte. Und doch wird gerne etwas verwechselt: Bisweilen launische Trainingsauftritte hießen nicht, dass ihm die Dinge in den Schoß fielen. Es gibt Bilder, die einen Happel oder einen Lattek hätten ehrfürchtig werden lassen: Laufband und Klimmzüge – bis hin zu einem Diego, der kopfüber mit den Kniekehlen an der Stange hing und sich mit Übungen quälte. Er war nicht bloß Regisseur und Dribbelkönig, er war auch schnell und vor allem explosiv. Maradona selbst sagte einmal: »Dafür habe ich mein ganzes Leben hart gearbeitet. Diejenigen, die sagen, ich hätte das nicht verdient, da mir alles ganz leichtfiel, die können mich mal.« (zit. n. Ludden 2020) Die Musik des Diego bestand neben der Kunst aus Handwerk, neben der Poesie aus Prosa. Anders als Lattek wusste Menotti aus Erfahrung, wie mit Maradona umzugehen war. Doch als der argentinische Trainer 1983 auf den deutschen folgte, da hatte Diego mit Barça offenbar schon abgeschlossen.

Einige kunstvolle Szenen auf dem Rasen werden dennoch bleiben, darunter diejenigen im ausverkauften Ernst-Grube-Stadion von Magdeburg, wo Maradona im Europapokal der Pokalsieger drei Tore zum 5:1-Sieg beisteuerte. Seinem Mitstreiter Bernd Schuster fielen rückblickend »zwei Spiele ein. Das erste war in Belgrad, bei Roter Stern, ein Riesenspiel, 4:2. Diego hat zwei Tore gemacht, ich auch. Das ganze Stadion war begeistert, die haben von Anfang bis Ende applaudiert, ein Genuss. Diego schoss ein sagenhaftes Tor, ein Lupfer aus 18 Metern.« Und das zweite: »Ein Sieg gegen Real im Bernabéu. Diego hat ein Solo gemacht, das müssen Sie unbedingt im Netz suchen. Er umspielt den Torwart, dann kommt ein Spieler, der auf der Linie retten will. Und sich mit allem, was er hat, reinwirft. Aber Diego macht noch einen Schlenker, und spielt den Ball ins Tor.« (SZ, 28.11.2020) Schuster brachte seinerseits Dinge fertig, die Maradona nicht konnte. Bedrückt soll Diego das Menotti erzählt haben. Es ging um diese Bälle, erinnerte sich Schuster selbst, die er ihm »über 40, 50 Meter diagonal genau auf den Fuß spielte. Oder ›auf die Zunge‹, wie er immer gesagt hat«. (ebd.) Maradona selber blieb vor allem das 3:1 gegen Sevilla in Erinnerung, sein erstes Spiel nach der langen Verletzung. Bei strömendem Regen steuerte er zwei Tore bei, das »Stadion tobte«, es sei »mehr als das klassische ›Maradooó! Maradooó!‹« gewesen (Dg. 2002: 103).

Strategische Fähigkeiten, ein zertretener Knöchel und ein entsetzter König Juan Carlos

In Barcelona stand Maradona noch nicht ganz im Zenit seines Könnens. Kurioserweise entwickelte er durch die damals ausgesprochen harte Gangart der spanischen Liga sein Spiel noch weiter. »Die zahllosen kleinen und großen Fouls auf den Plätzen Europas hatten«, so Tobias Escher und Lukas Tank, »entscheidenden Einfluss« auf Diegos strategische Fähigkeiten. »Eben weil er so furchtbar getreten wurde, wog Maradona mit den Jahren immer stärker ab, wann er zum Dribbling ansetzen sollte, und trennte sich insgesamt deutlich schneller vom Ball. … Der junge Maradona war so gut, weil er mehr Ballkontakte generierte, als irgendjemand verteidigen konnte. Maradona auf seinem Höhepunkt … konnte das immer noch. Aber er hatte nun ebenfalls die Fähigkeit, mit *weniger* Ballkontakten zu spielen, als irgendwer verteidigen konnte.« So betonte er mit der Zeit mehr den Mannschaftssport. Gerne zog er »ein bis zwei Gegenspieler auf sich, in dem Wissen, das an einem anderen Ort auf dem Feld ein Mitspieler frei wurde, auf den er ›one-touch‹ weiterleiten konnte. Kurzum: Er nutzte nun sein Potenzial als Fußballstratege aus, das sich in seinen frühen Jahren allenfalls angedeutet hatte. Seine Pässe, seine kurzen Antritte, sein bewusstes Spielen mit der gegnerischen Manndeckung – all das war nicht minder beeindruckend als seine Dribblings.« (Escher/Tank 2021: 79)

Unter den »unzähligen Attacken« war die aus der Partie gegen Athletic Bilbao vom September 1983 am schlimmsten. Mit einem Tritt von hinten wurde er derart schwer gefoult, dass er monatelang außer Gefecht war. Fortan galt Andoni Goikoetxea als »Schlächter von Bilbao«. Ein Begriff, der reißerisch klingt, doch auch andere Spieler wie Bernd Schuster waren leidgeprüft. Die *Times* wählte ihn 2007 zum »härtesten Spieler aller Zeiten«. Nach eigenen Aussagen bewahrte er den Schuh, mit dem er Diegos linken Knöchel zertrat, in einer Plexiglasvitrine im Wohnzimmer auf. (vgl. Wilson: 2017: 338)

Es gibt Aufnahmen, die einen Maradona auf der Trage zeigen, in der Tiefgarage abgestellt. Als der Krankenwagen kam, bequemte sich wieder jemand zu ihm, Diego war »verletzt und verlassen« (arte). Sein Knöchel wird »zweifach verschraubt«, unter ärztlicher Betreuung absolvierte er in Argentinien ein Aufbautraining, bei dem vermieden werden sollte, dass sich »die Verletzung abkapselt« (ebd.). Es wird darauf zurückzukommen sein, dass er in den folgenden Jahren allzu häufig nur unter Spritzen und Medikamenten würde spielen können. »Während der monatelangen Heilungszeit« soll er zudem »vom Arzt mit aufmunternden Kokaindosen versorgt« worden sein. (NZZ, 25.11.2020)

Scharfzüngig rückte Eduardo Galeano das Foul in ein größeres Bild. Es hätten nicht jene gefehlt, die Goikoetxea »auf den Schultern vom Platz trugen, und auf der ganzen Welt gab es genügend Leute, die bereit waren, den Fall dieses arroganten Latinos zu feiern, dieses Eindringlings in obere Etagen, dieses Neureichen, der dem Hunger entronnen war und es wagte, aufsässig und großmäulig zu sein.« (2000: 252f.) Aus den »oberen Etagen« war es König Juan Carlos, der auf der Ehrentribüne an der Seite der Gemahlin die Nase rümpfen sollte, als es beim »Copa del Rey« im Mai 1984 zu einer Neuauflage der Partie Barcelona–Bilbao (0:1) kam. Wieder folgte ein Foul dem nächsten. Nach dem Schlusspfiff eskalierte die Lage: Rudelbildung und Tätlichkeiten. Mehrere Spieler, darunter sehr heftig: Goikoetxea, gingen aufeinander los, die Beine hüfthoch gestreckt, Maradona mittenmang dabei. Er habe die »Beherrschung verloren«, es sei »nur noch um Rache« (arte) gegangen. Diego habe »gegen seinen Peiniger eine Privatrache« angezettelt (NZZ, 25.11.2020), setzte sich als gängige Version des Vorfalls durch. Übersehen wird oft, dass »er explodierte, als sich einer der Spieler von Bilbao, Sola, provokativ mit dem spanischen Fuck-off-Zeichen von ihm verabschiedete« (Burns 1998: 147). Noch seltener ist ein Hinweis, wonach Maradona auf einen Spieler von Bilbao losging, nachdem dieser ihn »wegen seiner indigenen Herkunft rassistisch beleidigt hatte« (Shaw/Camacaro, 27.11.2020). So oder so: Für den »entsetzten König« war »das Fest endgültig verdorben« (Burns 1998: 148; arte).

Der Vorfall »brachte die Direktoren des FC Barcelona zum Kochen; sie waren überzeugt, dass der Ruf eines der beliebtesten Clubs der Welt von der unverantwortlichen Rohheit eines ungebildeten Argentiniers beschmutzt worden war. Einer der Direktoren erinnert sich: ›Als ich sah, wie Maradona um sich schlug, und dann das Chaos danach, war mir klar, dass es mit ihm nicht weitergehen konnte.‹ Von da an war Núñez bereit, bei einem finanziell interessanten Geschäft sofort zuzuschlagen.« (Burns 1998: 148) Sein Verein brauche »Spieler mit sauberem Image, die nicht konfliktiv sind«, wird der Vereinspräsident die Trennung noch rechtfertigen. (zit. n. Haupt 2021: 115)

Aufstand im Trophäenraum – oder: der frühe Rebell Maradona

»Es ging hin und her, es wurde lauter und lauter, bis Diego plötzlich einen Pokal von einem Tisch runternahm und durchs Zimmer warf«, gibt Bernd Schuster eine Szene aus dem Trophäenraum des FC Barcelona wieder. Der Zeugenbericht ist hilfreich, die Geschichte liest sich bei Maradona sonst etwas dick aufgetragen. Doch der Reihe nach: Paul Breitner lud zum Abschiedsspiel nach München. Als Diego seine Reisetasche packte, vermisste er seinen Ausweis. Bald erfahren die beiden, dass man sie nicht fahren lassen will, sie könnten sich verletzen, die Pässe hatte das Präsidium einbehalten. »Wir haben uns gewehrt«, erinnert sich Schuster. Und Diego notierte: »Ich ließ beim Verein anrufen, sie sollten mir den Pass bringen, aber nein.« Da machte er sich zu Präsident Núñez auf. »›Er ist nicht da‹, hieß es zunächst. Ich hatte aber sein Auto und seinen Fahrer gesehen. ›Er kann Sie jetzt nicht empfangen‹, hieß es daraufhin.« Und so kam es zu der besagten Szene im Trophäenraum: »Also, will sich der Präsident vor mir verstecken? Ich warte fünf Minuten. Wenn ich meinen Pass nicht kriege, dann werfe ich diese ganzen Pokale hier, diese göttlichen Glasdinger, einen nach dem anderen auf den Boden.« Schuster habe ihn unterstützt. Und so habe er »einen Teresa Herrera, einen sehr schönen Pokal« genommen und noch einmal gefragt, ob sie ihm nicht doch den Pass geben wollten. Bis er ernst machte: »Ich hob die Trophäe so hoch es ging und warf sie auf den Boden.« Ein »Riesenradau«, Schuster habe ihm gesagt, er sei »wahnsinnig«. »Ja, ich bin wahnsinnig. Ich bin wahnsinnig, weil sie mir meinen Pass nicht einfach so abnehmen können. Und je mehr Sekunden, je mehr Minuten vergehen, desto mehr Trophäen werfe ich noch auf den Boden.« Und so bekam er seinen Pass zurück. Doch zu Paul Breitner durften sie trotzdem nicht fahren, »es gab da eine Klausel beim spanischen Fußballverband.« (Dg. 2002: 96f.)

Hier gewann der Rebell Diego ebenso an Kontur wie beim Umgang mit der Presse. Ob Informationen über Dinge außerhalb des Fußballs »bewusst vom Klub an die Medien durchgesteckt« wurden? »Ja, das war wohl so«, wird Bernd Schuster zu Protokoll geben. (SZ, 28.11.2020) Diegos eigenen Aussagen nach ließ ihn Núñez »speziell mit einem Journalisten, mit José María García nämlich, nicht sprechen, der ihn oft kritisierte. Ich sprach trotzdem mit García, mit Pérez, mit Magoya, ich sprach für die Leute. Da ruft er mich eines Tages an und sagt zu mir: ›Ich verbiete dir, García Interviews zu geben.‹ Ich sagte ihm, dass ich mir nichts verbieten lasse. Solange ich trainiere und spiele, wofür ich ja den Vertrag unterschieben hätte; er könnte mir nichts verbieten. Ich sagte ihm, dass er nicht mein Leben gekauft hätte.« (Dg. 2002: 104)

Inwieweit sich seine Haltung zu der Zeit – er war noch nicht Mitte 20 – auch in politischen Fragen äußerte, ist schwer zu sagen. Doch »manche Exil-Argentinier*innen glauben sich zu erinnern, dass er bei Auftritten in Europa seine Solidarität mit den 30.000 ›verschwundenen‹ Oppositionellen kundtat« (taz, 27.11.2020).

Spieler, »die nicht konfliktiv sind«, hatte sich Núñez gewünscht. Das Geschäft, bei dem er »sofort zuzuschlagen« würde, sollte Barça eine neuerliche Rekordablösesumme von umgerechnet rund 12 Millionen Euro einbringen. Die Einzelheiten des Vertragspokers (vgl. Birkner 2013) seien hier erspart. Doch bevor es nach Neapel geht, noch kurz zu dem, was man in Barcelona zugleich loswurde: den gesamten »Clan«.

Das Bild vom »Maradona-Clan«

Für Diegos Lebenswandel in Barcelona wurde ein etwas zwielichtiger Begriff bemüht: »Sein Privatleben«, lehrt Pablo Alabarces, »weist ein organisatorisches Muster auf, das wiederkehren wird: die Struktur des Clans, der Gruppe aus Familie und Freunden, zu denen auch die für spezifische Aufgaben Angestellten gehören (der Fitnesstrainer Signorini, der Presseagent Blanco). Was die Katalanen mit Staunen und Unbehagen zur Kenntnis nehmen, wird in Argentinien … als die logische Übertragung Fioritos auf die erste Welt interpretiert.« (2015: 171) Die Einordnung hat ihren Reiz. Doch wenn zwischenzeitlich der Begriff des Clans noch weiter gelitten hat, so wurde er schon damals in Berichten über Diego abschätzig verwendet. Diego

»wurde von Menschen begleitet, die von den spanischen Medien nun verächtlich als der Maradona-›Clan‹ bezeichnet wurden: seine Eltern, Brüder, Schwestern, Cousins und Cousinen, Freunde und Claudia Villafañe. Claudia betrieb Public Relations« (Burns 1998: 118). Es sei »unmöglich, mit ihm zu reden, umringt von seinem Clan«, merkte der damalige Vizepräsident von Barça, Joan Gaspart, an. (zit. n. Birkner 2013: 139)

Mit dem Begriff werden Fronten aufgemacht: Der Clan, das sind Diego und seine Leute, Clanstrukturen werden nicht bei Vereinen, Sponsoren, Agenturen, Beratern, Rechtehändlern und deren *Spindoktoren* ausgemacht. Die honorigen Kreise werden später gestandene Sportjournalisten wie David A. Yallop (1998) oder Thomas Kistner (2014) genauer ausleuchten, um den »korrupten Geschäften zwischen FIFA und Medien« bzw. den verschlungenen Pfaden der »FIFA-Mafia« nachzugehen. Im Fall von Maradona blieb der Begriff nicht auf seine kurze Zeit in Barcelona beschränkt. Wo die einen beispielsweise rekonstruieren, Diego habe sich Anfang 1994 bei einem Vorfall, auf den zurückzukommen ist, in seinem Haus mit Freunden, Mitspielern, seinem Vater und einem Onkel aufgehalten (vgl. Burns 1998: 249), da sprechen andere noch in der 2020er Jahren vom »Maradona-Clan«, der »Reporter zu verscheuchen« suchte. (Fg. 10/2020: 78)

Ihn selber hatte das schon in Barcelona »sehr geärgert. Was denn für ein Clan? Es waren meine Leute, meine Familie, meine Freunde, meine Angestellten. Ich hatte ein Haus im Stadtteil Pedralbes … warum sollte ich das nicht den Leuten zur Verfügung stellen, die ich mochte? … Was meine Freunde taten, konnte ich gut oder schlecht finden, aber deshalb hörten sie noch lange nicht auf, meine Freunde zu sein, und ebenso wenig war ich deswegen gleich in alle ihre Geschichten verwickelt. Ich war es leid, dass man vom ›Maradona-Clan‹ sprach.« (Dg. 2002: 106) Die Partys, die sie feierten, waren gewiss keine Kindergeburtstage, und er sollte bekennen, dass »in Barcelona meine Geschichte mit den Drogen losging«. Dieses »Scheißzeug« mache »dich lustlos«. Es habe als »netter Zeitvertreib« begonnen.

Aber »was dir in dem Moment schön vorkommt, wird schließlich dramatisch« (ebd.: 105). Die Partys von Neapel aber müssen, nach allem was Bernd Schuster hörte, noch einmal »ein anderes Niveau gehabt haben« (SZ, 28.11.2021).

Was Schuster ihm noch gerne gesagt hätte? »Dass ich, egal was passiert, immer für ihn da wäre, ihn verteidigen würde, gegen alles, was kommt. Und dass er mein Herz gewonnen hat in den zwei Jahren bei Barça.« (ebd.) So ging es anderen auch, und zu Diegos »Clan« gehörten immer auch Mitspieler. »Wenn er nach Madrid kam, sagte er: ›Bring die Jungs mit‹«, erinnerte etwa Jorge Valdano auch an spätere Zeiten. »Und dann trafen wir uns, Butragueño, Juanito, Gallego, Michel … Er bewunderte sie und sie mochten es, ihn zu treffen, ihm zuzuhören. Er respektierte sie und fühlte sich wohl mit ihnen. Von Mitspielern umgeben zu sein … bedeutete für Diego, über Fußball zu reden. Und darin war er unvergleichlich, weil er nicht nur der Beste auf dem Platz war, sondern auch der Beste, wenn es beim Abendessen ans Geschichtenerzählen ging. Und wenn Diego seine Erinnerungen und Anekdoten mit uns teilte, war er superwitzig. Mit Diego hat man viel gelacht. Das ist meine Erinnerung an ihn. Er war lustig, geistreich, war viel herumgekommen, das merkte man. Er füllte eine Szene mit Leben, und wusste seine Zuhörer zu fesseln.« Diego habe aber auch »Ehrfurcht einflößend wirken« können. Ein argentinischer Spieler habe, ihm, Valdano, mal erzählt, dass Neapel ihn wolle. »Dann ruf doch mal Diego an«, habe er ihm geantwortet. Aber »wie denn bloß Diego anrufen, ich habe doch nie mit ihm gesprochen«, erwiderte jener Spieler, der »mit Diego vielleicht 30 Spiele für Argentinien bestritten hatte.« Maradona »beeindruckte. Was nicht seine Schuld war, sondern die des Anderen«, so Valdano. (2021: 50)

Ein wenig dessen, was Maradona sein »Clan« bedeutete, zeigt sich bei seinem Wechsel nach Italien. Er habe »einem neuen Vertrag bei seinem Verein Napoli nur unter der Bedingung zugestimmt, dass auch [sein Bruder] Hugo zu Napoli oder einem anderen italienischen Verein wechseln könne« (Vriesema 2016: 38). Während Raúl

»Lalo« Maradona (Jg. 1966) bei Vereinen zwischen Peru und Japan unter Vertrag war, ruhten auf Hugo »El Turco« (Jg. 1969), einst im Kader der argentinischen U16, größere Hoffnungen. Wie es ihm erging? Sein Wechsel war offenbar »kein reiner Segen. Er war blutjung und wurde schon jetzt als ›Erlöser‹ angepriesen. ›Noch talentierter als Diego‹, schrieben italienische Journalisten.« (ebd.) Beim SSC Neapel kam Hugo 1987 auf null Einsätze, auch wegen der damaligen Höchstzahl von zwei ausländischen Spielern. Erfolgreicher als dort war er in Japan, von wo er den Weg nach Neapel zurückfinden sollte und diverse Amateurvereine trainierte. Diegos Vertragsklausel mögen die einen als Clan- oder Vetternwirtschaft abtun, für andere war es ein Zeichen von Familienbande oder Brüderlichkeit – für einen Hugo, der es aus eigener Kraft kaum nach Italien geschafft hätte.

Im »Vergleich mit Neapel« mag Barcelona als Stadt »rationaler geprägt«, ja, »geschäftiger, ›nördlicher‹« sein (Haupt 2021: 113). Gewissermaßen der Norden im Süden. Es war Zeit weiterzuziehen. Am Vesuv sollte Diego die Erwartungen noch übertreffen.

»Er hat uns gelehrt, den Kopf hochzutragen«: Diego in Neapel

Zahllose Erzählungen zeugen vom Husarenstück des »Neapolitaners« Diego Armando Maradona. Manche rufen einen Heiligen in Erinnerung, andere berichten von einem Jungen der Stadt. Um fünf Uhr morgens, so eine der Geschichten, bei der es keine Rolle spielt, wie sie sich genau zugetragen haben, sei er mit anderen zusammen aus einem Restaurant getorkelt. Dort habe man einen denkwürdigen Sieg über Juventus Turin gefeiert. Auf der Straße tanzt und singt Diego, die anderen feuern ihn dabei an. In einem nahegelegenen Wohnhaus öffnet eine ältere Frau, aufgewacht von dem Krach, wütend das Fenster. »Was glaubt ihr, wer ihr seid?«, donnert sie die jungen Männer an. »Die Könige von Neapel?« Diego schaut hoch, und singt seinen Namen wie die fanatischsten Tifosi in den San-Paolo-Kurven:

»Maradooooona!« Da erkennt die Frau ihn, klatscht voller Freude in die Hände und deutet einen langen Luftkuss an. (vgl. Ludden 2020)

Oder die Geschichte von dem baufälligen Balkon einer alten Dame, den Diego eines Tages in Neapel sieht. Über den Frankfurter Gastronomen Angelo Brizzi ließ er der Frau einen Umschlag mit Geld zukommen, damit sie Handwerker bestellen könne. Der enthaltene Zettel mit den Worten »Genießen Sie ihr Leben. Ihr Diego« beeindruckte Brizzi: »Seitdem weiß ich: Diego Maradona hat ein Herz für die armen Menschen, er spricht bloß nicht darüber.« (vgl. Fg. 10/2020: 64) Wie auch immer es sich genau abspielte: die Erzählungen zeugen von der wechselseitigen Verbundenheit Maradonas mit den Menschen von, in diesem Fall: Neapel.

Es ist die Stadt, die für Maradona sieben Jahre zwischen Ruhm und Tragik, zwischen Heldentum und Absturz bedeuten. Am Ende blieb ihm nur die Flucht.

Gesucht: Topspieler und »Mann des Volkes« – Briegel, Sócrates oder Maradona?

Auffällig ist: Bevor der Maradona-Coup glückte, hielt man nach anderen Topspielern Ausschau, die auch jeweils den Ruf mit sich brachten, ein »Mann des Volkes« zu sein. Kurzzeitig hatte man Hans-Peter Briegel, Europameister von 1980, auf dem Zettel, der laut Erzählungen auf dem Kartoffelhof seiner Eltern auch dann noch mithalf, als er schon Profi beim 1. FC Kaiserslautern war. Doch Napoli senkte bald den Daumen über den Pfälzer, der dafür 1984/85 Hellas Verona zum überraschenden Meistertitel der Serie A führte.

Interessanter war jedoch die Personalie Sócrates, bei der der AC Florenz den Transferpoker knapp für sich entschied. Der Brasilianer, Kapitän der Seleção bei den WMs ’82 und ’86, hätte auch in den Süden Italiens gepasst: fußballerisch herausragend und politisch mit klaren Überzeugungen. Ähnlich wie bei Maradona, lassen sich auch an dem späteren Kinderarzt die (fußball-)politischen Verhältnisse Lateinamerikas und Italiens ablesen. Beide galten als Rebellen, nur dass Sócrates einen akademischen Hintergrund hatte – unter der Militärdiktatur in Brasilien mussten seine Eltern ihre Marx-Bände und andere Literatur beseitigen. Darin unterschied er sich bei allen politischen Schnittpunkten von Maradona, der mit intuitiven Bemerkungen auch mal übers Ziel hinausschießen, dafür aber noch mehr die Herzen erobern konnte. Bei seinem Heimatverein Corinthians São Paulo hatte Sócrates demokratische Strukturen mit durchgesetzt, bei denen die Spieler per Abstimmung mitentschieden – von Trainingszeiten bis hin zu Spielerverpflichtungen. Die »Democracia Corinthiana« sorgte für Furore, zumal sie ein Symbol für gesellschaftliche Alternativen zur damaligen Militärdiktatur war, gegen die Sócrates opponierte. Seine Tore feierte der »antikapitalistische Fußballdoktor« (Birkner 2013: 138) gerne mit der geballten Faust. Dazu mit dem Biographen Andrew Downie (2018: 245) eine kurze Anekdote anzuführen, ist nicht der Versuch abzuschweifen, sondern sinnbildlich die Verhältnisse aufzuzeigen, mit denen auch Diego in der italienischen Liga zu tun hatte. Eines Tages zitierte der Vorstand des AC Florenz Sócrates zu einer Unterredung: »›Warum hast du diese Geste gemacht?‹, fragte ihn der Präsident Ranieri Pontello. ›Das bin eben ich, es ist das Symbol meines Lebens‹, antwortete Sócrates. ›Woher kommt das?‹, wollte Pontello wissen. ›Ich weiß es nicht genau, aber es erinnert mich an die Black-Power-Bewegung bei den Olympischen Spiele von Mexiko 1968. Es hat mit verschiedenen Sachen zu tun; es ist ein Symbol von, wie soll ich sagen, einer Kommunikation mit der Öffentlichkeit …‹ ›Wusstest du, dass es ein Symbol der Kommunistischen Partei Italiens ist?‹, fragte Pontello. ›Nein‹, sagte Sócrates, ›aber ich liebe es.‹« Er beugte sich nicht, suchte den Kontakt zur politischen Linken und zu den Fans, ließ sich an Orten wie der *Casa del Popolo* blicken, musste aber nach bloß einer Saison (1984/85) den Verein verlassen. Als sie kurz vor seinem Wechsel gegen Udinese Calcio spielten, kam Sócrates zu spät zum Spiel und stellte sich demonstrativ in Shorts und Flipflops hinter den Zaun. Mit einem Bier in der Hand verfolgte er das Spiel – zum Entsetzen der Vereinsführung.

Das waren die 80er. Und es war die Zeit, in die der Maradona-Coup von Neapel fiel. Als er glückte, stand die Stadt kopf.

»... das Idol der armen Kinder sein«: Die Ankunft in Neapel

Bereits im Herbst 1979 hatte der SSC Neapel seine Fühler ausgestreckt und Maradona ein Trikot nach Argentinien geschickt. Knapp fünf Jahre später präsentiert ihn der Verein vor rund 80.000 Menschen. Wohlgemerkt, es war kein Spiel, sie kamen allein, um ihn zu sehen. Diego betrat das Rund in hellblauer Jogginghose, jonglierte den Ball ein wenig und begrüßte die Fans mit einem »Buena sera, Napolitani!«

Die Stadt war im Ausnahmezustand, an den Straßenecken wurden allerhand Devotionalien feilgeboten. Bald würden in Neapel zahllose »Diegos« zur Welt kommen, und bei der nächsten Kommunalwahl 20.000 Stimmzettel mit dem Votum »Viva Maradona!« registriert. (Birkner 2013: 147) »Man wird sich bewusst«, fing die Zeitung *Guerin Sportivo* die Stimmung nach Diegos Ankunft ein, »wie desolat alleingelassen diese Stadt seit jeher vor sich hin improvisiert, wie sie sich im aquamarinen Panorama der Gefühllosigkeit der Politiker spiegelt, der Raffgier der Bosse ... Es existiert nicht nur die Gewalt der organisierten Verbrecher, sondern auch die der Drogen, die eine Jugend ohne Ausweg bedroht.« Maradona habe »schon das Stadion voll lächelnder Gesichter gefüllt, mit ausschweifendem Stolz und Versprechen, dass die von der Geschichte verratene Stadt wieder einmal nur durch Fußball auf nationales Prestige hoffen kann. ... Viele Journalisten kamen aus der ganzen Welt und nahmen die kunterbunte Begeisterung verständnislos zum Aufhänger der Ironie ... Und doch ist es wegen Maradona, und allein wegen ihm, dass ihr gekommen seid.« (zit. n. Birkner 2013: 147)

Politischer Einspruch gegen eine teure Verpflichtung war vor allem von links gekommen. Als wenige Jahre zuvor über den Lire-Betrag spekuliert wurde, den eine Verpflichtung von Paolo Rossi bedeutet hätte, bekundete Maurizio Valenzi, erster kommunistischer Bürgermeister von Neapel (1975-83): »Die Milliarden, die der Verein ausgeben möchte, sind eine verrückte Summe, bedenkt man, dass wir über eine Stadt sprechen, die von massenhaft sozialen und ökonomischen Problematiken bedrängt wird. Die Analogie zu

Lateinamerika ist unvermeidlich: enorme Armut und ungebremste Passion für den Fußball. Als Bürgermeister muss ich mich entschieden gegen diese Verpflichtung aussprechen.« (zit. n. ebd.: 128)

Als der Transfer von Maradona nach seiner Amtszeit über die Bühne ging, mochte Valenzi gerne gehört haben, was dieser auf der Pressekonferenz bei seiner Präsentation erklärte: »Ich möchte das Idol der armen Kinder in Neapel sein. Denn die sind ganz genau so, wie ich früher in Buenos Aires war.« (MLiB: 58) Armut gab es reichlich in Neapel, und damit war für die Diego eines der Themen vorgegeben: die Farben des Südens zu verteidigen.

»No al razzismo« – oder: Von der Verachtung des Südens

»Liegt Neapel eigentlich nördlich oder südlich von Rom?«, wird Fidel Castro einmal von Diego wissen wollen. »Südlich, Comandante.« (Birkner 2013: 209) Was in Lateinamerika weniger bekannt ist als anderswo: Entscheidender noch als die geographische Lage der Stadt ist das soziale Gefälle zwischen dem reichen, industrialisierten Norden und dem landwirtschaftlich geprägten, armen Süden Italiens, dem Mezzogiorno. Mitunter ist von einem »geteilten Land« die Rede, in dem die Binnenflüchtlinge Millionen zählen. Damit geht ein fest verankerter Rassismus einher, der in rechtspopulistischen bis faschistischen Parteien einen organisierten Ausdruck findet. Geradezu programmatisch ist der Name der Partei »Lega Nord«, Koalitionspartner etwa in der ersten Regierung Belusconi (1994/95) oder im Kabinett Conte (2018/19), in dem die »Lega« mit Matteo Salvini den Innenminister stellte.

Eine rassistische Stimmung – der Süden sei »arbeitsscheu«, »verschwendungssüchtig«, »kriminell« (vgl. DLF, 5.10.2012) – lässt sich nicht nur an Wahlergebnissen rechter Parteien ablesen: sie ist auch in den Stadien des Landes präsent. So zahlreich die Vorfälle noch in den Jahren 2000ff. sind, so sehr war der SSC Neapel der 1980er Jahre davon betroffen. Der Vesuv solle sie »mit Feuer waschen«, wurden Mannschaft und Fans, kurz: die »Barfußkinder«, begrüßt, als man im Norden spielte. »Wascht die Stufen, bevor Ihr geht«, wurden sie gemahnt, bevor sie die Gästekurve verließen. (vgl. Ludden 2020) Unter der Überschrift »Verachtungsgesänge« beschrieb Eduardo Galeano die Stimmung: »Mitte der achtziger Jahre, als die Mannschaft von Neapel dank des magischen Einflusses von Maradona den besten Fußball Italiens zu spielen begann, reagierte das Publikum aus dem Norden des Landes, indem es die alten Waffen der Verachtung zückte. Die Neapolitaner, die verbotenen Ruhm einheimsten, nahmen den ewig mächtigen die Trophäen weg, und die Zuschauer bestraften diese Aufsässigkeit des aufdringlichen Pöbels aus dem Süden. Von den Tribünen der Stadien in Mailand oder Turin schimpften sie auf Plakaten: ›Neapolitaner, herzlich willkommen in Italien!‹, oder verbreiteten Grausamkeiten: ›Vesuv, wir zählen auf dich!‹ Und lauter als je zuvor schallten die Gesänge, die Kinder der Angst und Enkel des Rassismus sind: ›Welch ein Gestank / sogar die Hunde laufen weg / die Neapolitaner kommen. / Oh, Cholera- und Erdbebenopfer, die ihr nie ein Stück Seife gesehen habt! / Cholera-Neapel, Scheiß-Neapel / Du Schande ganz Italiens.‹« (2000: 219f.) Maradona waren derlei Schmähgesänge aus seiner Zeit bei Boca Juniors bekannt – einem Verein, der seine Basis unter anderem bei Nachkommen von Arbeitsmigranten aus Süditalien hatte.

Gewiss: auch der Norden ist nicht über einen Kamm zu scheren. Der gebürtige Mailänder Nanni Balestrini, der den Kämpfen in den Fiat-Werken ein literarisches Denkmal setzte, lässt in dem Roman »I Furiosi. Die Wütenden« einen politischen Aktivisten und Anhänger des AC Milan zu Wort kommen. Diesen zog »die Atmosphäre bei den Autonomen mit dem Tränengas und den Zusammenstößen mit der Polizei« (1995: 83) ebenso an wie die Stimmung in der Kurve, wo er sich bald zum Vorsänger mauserte. Heute den Faschisten vom MSI und den Carabinieri entgegentreten, morgen mit Juve- oder Neapelfans Scharmützel austragen. Mit den Rotschwarzen Brigaden zogen sie los, gewalttätig, nun ja, aber wohl nicht weniger, als die Verhältnisse selbst es waren. Und, wie es im rastlosen Stil Balestrinis heißt, »nach dem Spiel Mailand–Neapel sind wir mit den Rufen Neapel Neapel fick dich fick dich von San Siro losgelaufen«, wie das »Stadio Giuseppe Meazza« auch heißt. Die Bilder aus den Fiat-Werken oder das der schemenhaften Mailänder Fans fügen dem Holzschnitt vom herrschaftlichen Norden Risse zu. Umgekehrt hatte auch der Süden seine Fürsten. Die des Vereins hatte Maradona in der ersten Saison gegen sich, als er ein Benefizspiel zugunsten eines Kindes mit Herzleiden ausrichten wollte, das medizinische Hilfe benötigte. Diego überzeugte seine Mannschaftskollegen, das Spiel trotzdem auszurichten. Die Versicherungskosten übernahm er selber, hinzu kam die Kollekte. Unter den Augen von 4.000 Menschen spielten sie nahe dem Wohnhaus des Kindes. Aufnahmen zeigen Spielfreude, Dribblings und Tore auf einem schlammigen Platz, als wäre der *pibe de oro* zurück auf dem Bolzplatz von Fiorito. (vgl. arte; Africa Is a Country)

Trotz aller Widersprüche und Pauschalisierungen bei dem Bild von Nord und Süd: Auf die Grundlinien ist etwa mit Rosario »Rossi« Pennino zurückzukommen, einem neapolitanisch-kölschen Rapper mit dem nötigen Kompass. Er erzählt von den »faschistischen Anhängern« im Norden und antwortet auf die Frage nach Mailand vielsagend: »Zu der Stadt schweige ich mich hier lieber aus.« (Yurtseven/Pennino 2019: 52) Vielleicht hatte er auch die Bilder vom San-Siro-Stadion präsent, wo Diego mit diesem Wortlaut auf einem Plakat empfangen wurde: »Maradona – Hitler hat dich vergessen«. (vgl. Birkner 2013: 148) Als die Mannschaften aus dem Norden in Neapel gastierten, da sahen sich Fans genötigt, ein Transparent mit der Aufschrift »No alla violenza – no al razzismo«, also »Nein zur Gewalt – Nein zum Rassismus«, anzubringen. (vgl. arte) Ansonsten gab Diego, die Schmähgesänge aus seiner Zeit bei Boca noch präsent, die Antwort auf dem Platz. Ein Tor schöner als das andere, auf der Zielgeraden zur Meisterschaft 1987 etwa gegen Hellas Verona ein Schlenzer von weit links außen, passte zentimetergenau. Bald darauf gegen Juventus Turin bei strömendem Regen: ein Dribbling, bei dem er an der Strafraumgrenze gefoult wird. Ein Elfer wird ihm verwehrt, dafür verwandelte er eben den Freistoß direkt. Oder das Tor gegen den AC Mailand Ende April: einen Traumpass etwa auf

Höhe des Elfmeterpunktes aus der Luft angenommen, zweimal gespitzelt und versenkt. Mit dem Triumph von 1987 habe Maradona dem Süden ein Stück Würde zurückgegeben, ist die wohl treffendste Lesart. Die Meisterfeier ist Legende.

»In Italien in ihn verliebt«: Diegos Annäherung an Che Guevara

Was die Würde des Südens anbelangt, so bahnte sich zu dieser Zeit eine Liaison an, die später noch von Belang sein wird. »Ich habe mich in Italien in ihn verliebt, ja, in Italien«, wird Diego auf die Zeit zurückblicken, in der er sich mit Che Guevara vertraut machte. »Ich glaube, es ist von Bedeutung, dass das nicht in Argentinien begonnen hat; denn dort war der Che für mich das gleiche wie für die meisten meiner Landsleute: ein Mörder, ein Terrorist, ein Schurke, ein Revolutionär, der in Schulen Bomben legt. Das war die Version der Geschichte, die man mir beibrachte«, so Diego in seiner Autobiografie. »Aber als ich in Italien war, dem weltweiten Spitzenreiter in Sachen *scioperi*, also von Streiks und Arbeiterkämpfen, begann ich zu sehen: Auf all ihren Zusammentreffen und ihren Demonstrationen rollten sie Flaggen mit dem Bild dieses Mannes aus, sein Gesicht in schwarz auf rotem Hintergrund … Und ich fing an, über ihn zu lesen. Und begann mich zu fragen: Warum sprechen wir in Argentinien nicht die Wahrheit über Che Guevara aus? Warum verlangen wir nicht seine Gebeine zurück? Da ich keine Antworten darauf finden konnte, entschied ich mich, ihm auf meine Weise Tribut zu zollen. Ich ließ mir das Tattoo machen, direkt unter meiner Schulter, sodass er immer bei mir ist. Ich habe ihn lieben gelernt, ich lese über seine Geschichte … Ich würde es lieben, wenn Kindern an den Schulen tatsächliche Geschichte beigebracht würde. Womit ich aber auch schon zufrieden wäre: Wenn der Name Che Guevaras an den Schulen meines Landes erwähnt wird, sollte das etwas anderes bedeuten als zu fluchen.« (Dg. 2005: 280)

Die Che-Bilder von Demonstrationen mögen ein Auslöser gewesen sein. Dass in der *Serie A* auch ein Sócrates spielte, »der seinen Sohn nach Fidel Castro benannte und in Italien ›Doktor Guevara‹

gerufen wurde« (Birkner 2013: 138), mochte sein Übriges getan haben. Was die Sache noch begünstigt haben wird: In Italien ist bis ins bürgerliche Lager hinein ein relativ positives Kuba-Bild verbreitet. Symptomatisch dafür ist die Selbstverständlichkeit, mit der während der Corona-Pandemie medizinische Unterstützung durch die kubanische Ärztebrigade »Henry Reeve« angenommen wurde. Mehr noch: Als die kubanischen Ärztinnen und Ärzte die Lombardei im Mai 2020 wieder verließen, wurden sie in der Stadt Crema mit einer öffentlichen Zeremonie unter kubanischen und italienischen Farben verabschiedet. Der Ehrung wohnten der Gesundheitsminister der Region Lombardei, die Bürgermeisterin von Crema und Bürgermeister aus den Nachbarstädten sowie ein geistlicher Vertreter bei. (vgl. fgbrdkuba.de, 27.5.2020) »Wir waren Schiffbrüchige, und ihr habt uns gerettet, ohne uns nach Namen oder Herkunft zu fragen«, zollte Bürgermeisterin Stefania Bonaldi ihren Respekt. (UZ, 24.9.2020) An derlei kleinen Geschichten von großer Symbolik lässt sich mit Blick auf Kuba eine öffentliche Stimmung ablesen, die anderswo undenkbar scheint.

Ironischerweise war es also nicht bloß seine lateinamerikanische Herkunft, die den Ausschlag dafür gab, dass Diego kurz nach der ersten Meisterschaft mit Neapel nach Kuba reiste. Derweil mochten die genannten *scioperi* und die roten Fahnen in Italien auch den »Gewerkschafter« Maradona heranreifen lassen. Doch zurück von den *scioperi* zum *scudetto*, dem italienischen Meistertitel.

Als »das Volk getanzt hat«: Von der Meisterfeier zum Europapokal

»Der Schirokko auf der Haut, eine blendende Sonne. Wir rennen in die Via Caracciolo, eine Serpentine der Lebenslust, getüncht in Azzurro. Wir sind ein vom Wind gestreicheltes Heer, eingehüllt in die Tricolore. Wir kommen vom Viertel Fuorigrotta, dort, wo sich der Traum erfüllte, wo das Volk getanzt hat. 60 Jahre sublimiert in einen Augenblick«, so der neapolitanische Journalist Marco Bellinazzo über den Tag der ersten Meisterschaft. (zit. n. Birkner 2013: 136) Eindringlich malt er das Bild einer verlebten Stadt in Ekstase, angesichts des »vollbrachten Wunders«. Da sind die »Meerespromenade« und die »Ruinen des Palazzo Reale mit seinem durch Urin und Luftfeuchtigkeit aufgerissenen Mauern und verschimmelnden Wohnhäusern«. Die Rede ist von »klapprigen Mofas« und »blechernen Autos«, von »Gassen«, die »Glücksritter ausspucken«, von einer Sonne, die nicht untergehen dürfe, denn »dieser Nachmittag möge der allerletzte und endlos sein.« (ebd.: 136f.)

Ob literarisch oder sachlich: Inhaltlich ähneln die Berichte einander, und Filmaufnahmen bestätigen das Bild. Die Sehnsucht nach diesem Titel war ebenso unermesslich wie die Verehrung für Maradona, der einen Verein an die Spitze führte, der bei seiner Ankunft im Tabellenkeller dümpelte. Verhaltener Start in der Saison 1984/85, bereits Dritter 1985/86, dann der erste Coup. Denkwürdig war, wie man Juventus Turin auswärts mit 3:1 düpiert hatte. Oder das 2:2 gegen Verona, aus deren Kurve das »Lavatevi! Lavatevi!« erschallte. 0:2 lag Napoli hinten, bis Maradona zweimal traf. Und »natürlich sind die Neapolitaner, die auf der Ersatzbank saßen, anstatt uns zu umarmen, in die Fankurve gelaufen, wo sie ›Wascht euch! Wascht euch!‹ gerufen hatten. So waren wir, so war die Mannschaft und die Stadt, in der wir lebten.« (Dg. 2002: 119)

Auf der Zielgeraden der Saison 1986/87 kam es gegen Mailand zur Vorentscheidung. Man ließ »zehn Kilo Salz um die Milan-Bank streuen, die den Gästen den Elan austreiben sollte«. Und siehe da, die »beschwörenden Hilfestellungen nutzten speziell Bruno Giordano (zwei Vorlagen) und natürlich Maradona, der einen langen Pass im Lauf mit der Fußspitze stoppte, sich die Kugel im Lauf kurz vorlegte, auf engstem Raum den Torwart abschüttelte und mit drei erhabenen Berührungen binnen einer Sekunde zum 2:0 traf. Endstand 2:1.« (Birkner 2013: 164) Ein Spieltag weiter war die Meisterschaft amtlich, die Stadt versank im Jubel.

Beim SSC Neapel war Maradona nicht nur Spielmacher und Virtuose, er machte nicht nur Tore und bereitete sie vor. Er hatte auch großen Einfluss auf die Zusammenstellung der Mannschaft. »Kaufen Sie drei, vier neue Spieler … und wenn nicht, dann können sie *mich* wieder verkaufen«, habe er schon in der ersten Saison zu Vereinspräsident Corrado Ferlaino gesagt. Da forderte er »Renica von Sampdoria Genua, geben Sie ihm die Nummer drei, er ist ein hervorragender Libero.« In der nächsten Saison schlug er Bruno Giordano vor (»Das ist einer für Neapel«), und auch 1986/87 wusste Diego, was zu tun ist: Er verlangte von Ferlaino, Andrea Carnevale zu verpflichten: »Da ich ja schon wusste, dass ich mit meinen Forderungen durchkam, hatte er ihn mir von Udinese geholt.« (Dg. 2002: 115, 120) Diego ging es nicht nur um die reine Spielklasse, er wusste offenbar genau, wer wie passen würde. In derselben Saison verpflichtete Neapel »Franceso Romano, einen Regisseur, den Maradona wiederholt gefordert hatte, vom Zweitligisten Triestina. Romano machte das Spiel elastischer und füllte das Vakuum im Mittelfeld. Kein Überflieger, aber ein enorm wichtiges Puzzleteil der Erfolgself.« (Birkner 2013: 155) Schließlich war es die Sturmreihe »Ma-Gi-Ca« aus Maradona, Giordano und Careca, die für die Tore sorgte.

Die Erfolge sollten sich fortsetzen. 1987/88 und 1988/89 stand jeweils die Vizemeisterschaft zu Buche, 1989/90 folgte der zweite Meistertitel. In der Saison zuvor hatte man den Europapokal der Pokalsieger gewonnen – in zwei Endspielen gegen den VfB Stuttgart. Der hatte mit Maurizio Gaudino einen neapelstämmigen Spieler in seinen Reihen, der im Hinspiel in die SSC-Kurve gerufen wurde und Blumen bekam: »Einmal Neapel, immer Neapel.« Laut Gaudino waren im Rückspiel im Neckarstadion »mehr Neapolitaner als Deutsche. Ähnlich wie zuvor schon im Halbfinale in München gegen die Bayern.« (zit. n. ebd.: 181f.) Unter den deutschen Vereinen hatten im Europapokal nur die Bremer zu lachen: 1989 gewann Werder 3:2 in Neapel, vor heimischer Kulisse folgte gar ein 5:1. Dort waren die anhaltenden »Die-go, Die-go, ha ha ha«-Rufe nach übereinstimmenden Berichten nicht geringschätzend gemeint. (vgl. u. a. Zeigler 2021: 7) 1988 hatte sich Lokomotive Leipzig vor 80.000 im Zentralstadion mit 1:1 bravourös geschlagen, musste aber im Rückspiel ein 0:2 quittieren. Nur am Rande: Nach einigem Zögern hatte man sich 1986 in der DDR entschieden, dem Journalisten Gottfried Weise für eine »Reise nach Neapel 2500 Ostmark zu bezahlen, am Ende bekam er das Okay und traf Maradona. ›Wir hatten mit dem Interview Neuland betreten, es war eine Zäsur in der Berichterstattung‹, erinnert er sich.« (nordkurier.de, 3.12.2019)

Stets ein Tablett gereicht: Die Camorra, das Koks, der Niedergang
Der sportliche Erfolg hätte noch größer ausfallen können, wäre da nicht die Wettmafia gewesen. Das ist zumindest eine verbreitete Lesart, der allerdings Diego vehement widersprach. Früh genug wurde er von der Camorra umgarnt. Uhren, Autos, Koks bot man ihm, in welchen Etablissements auch immer. Die Kehrseite des Ruhms bedeutete schließlich die Flucht aus Neapel.

Geschobene Spiele? | Am Ende wird sie sich nicht aufklären lassen: die These von den geschobenen Spielen in der Saison 1987/88, die Oliver Birkner als Italien-Korrespondent des *kicker* in seinem Band »Eines Tages im Mai« nachzeichnete. Bei Wetteinsätzen sei es um derart viel Geld gegangen, dass die Camorra bei einem erneuten Titelgewinn des SSC Neapel große Verluste zu machen drohte; zugleich gab es zum Saisonende hin einen scheinbar unerklärlichen Einbruch des Tabellenersten, der als kaum besiegbar galt. »Angeblich stand eine Summe von 250 Millionen D-Mark auf dem Spiel«, so Birkner. »Ein Informant aus der illegalen Wettszene sagte dem *Corriere della Sera* 1994: ›Vor dem direkten Duell mit dem AC Mailand begann der SSC unnötig Punkte zu verlieren. Uns beschlich die Intuition, das Team würde den Titel verkaufen. Noch als Neapel fünf Punkte Vorsprung besaß, wurde die unfassbare Titelquote von 5:1 angeboten – das kam einem Geschenk gleich, schnell noch mal zu setzen. Massenhaft Zocker wetteten, massenhaft Zocker verloren.« (2013: 172f.) Zu den Aussagen dieses »Informanten« kamen solche des reuigen »Camorrista« Pietro Pugliese. Ihm zufolge sei »die Auszahlung aller Wetten auf den SSC Neapel utopisch« gewesen. So habe man ausgenutzt, dass man »Maradona wegen der Drogenabhängigkeit in der Hand hatte«. (zit. n. ebd.: 172) Das mochte man glauben oder nicht, die Ermittler zweifelten an Puglieses Glaubwürdigkeit. Laut einem anderen »Geständigen der organisierten Kriminalität«, Rosario Viglione, habe sich der SSC-Präsident »mit dem aufstrebenden Milan-Patron Silvio Berlusconi geeinigt, der den Scudetto aus Imagegründen um jeden Preis forderte. Im Gegenzug soll Ferlaino lukrative Baugenehmigungen auf Berlusconis Mailänder Grundstücken erhalten haben.« (ebd.: 174) Maradona wies all das zurück, Pugliese sei ein »erbärmlicher Clown« (ebd.: 172). Er erinnerte an die hohen Verluste der Wettmafia aus dem vorangegangenen Jahr, da wären sie trotzdem Meister geworden. Ein Freistoßtor aus einem engen Spiel gegen Mailand mochte zu seiner eigenen Entlastung beitragen. Es hat andere Mannschaften zu anderen Zeiten gegeben, die auf der Zielgeraden einbrachen, und in der Stadt schien die These über die geschobene Meisterschaft nicht mehrheitsfähig. »Wenn die Leute gesagt hätten, die Mannschaft hat sich verkauft, wenn sie gesagt hätten, Maradona hat sich verkauft, wenn sie das wirklich gesagt hätten, dann wäre ich gegangen«, blickte Diego zurück. (zit. n. Diego 2002: 130) Vielleicht lag es ja auch »nur« an gekauften »Unparteiischen«: Gegen Mailand machte Careca den Anschlusstreffer zum 2:3, »und dann pfiff der Schiedsrichter ab, als Antonio gerade völlig frei auf Galli, den Torhüter, zulief.« (ebd.: 129)

Von der Camorra umgarnt | In ihrem Herkunftsland Italien ist die Geschichte der Mafia zweifellos am schillerndsten. Doch das Phänomen als solches ist weit verbreitet, so auch in Lateinamerika, wo die Übergänge zu den erwähnten paramilitärischen Einheiten oft fließend sind. Nicht immer sind die entsprechenden Strukturen allein Sache der »Unterwelt«, oft genug bestehen Verbindungen zu Wirtschaft und Staat, oft auch zu rechten bis faschistischen Gruppierungen oder in den Bereichen Prostitution und Menschenhandel. Dafür braucht nicht erst ein Land wie die Türkei als Beispiel herhalten, wo etwa der Autounfall von Susurluk 1996 die Nahtstellen zwischen Mafia, Polizei und Staat ans Licht brachte. Manche sagen, derlei Strukturen gehörten zur »dunklen« Seite des Kapitalismus, andere meinen, sie seien ihm eigen. Allenthalben werden mafiöse Verhältnisse etwa mit der Immobilien- oder Pharmabranche in Verbindung gebracht. In Deutschland schien mit dem »Sachsensumpf« von 1993ff. eine Gemengelage auf, an dessen Brisanz der Wirecard-Skandal von 2020ff. kaum herankam. In bleibender Erinnerung sind auch Schlagzeilen wie »Kosovo-Regierungschef soll Mafiaboss gewesen sein« (*Zeit online*, 15.12.2010). Von der Verwicklung in »illegalen Organhandel und Auftragsmorde« (ebd.) war dort die Rede, mit Wissen des Bundesnachrichtendienstes wurden »engste Verflechtungen zwischen Politik, Wirtschaft und international operierenden Strukturen« (Weltwoche, 7.4.2016) von Organisierter Kriminalität ausgemacht – in einer Region, in der paramilitärische UÇK-Einheiten der NATO als Fußtruppen dienten.

Solcherlei Strukturen aufzuzeigen, soll nicht als Ausflug dienen, um von unserem Helden abzuschweifen. Sie zeigen zweierlei: Zum einen bringen sie das Bild vom sauberen Norden und dem korrupten Süden ins Wanken. Zum anderen lässt sich bei derlei Geflechten zumindest fragen, ob es die Camorra allein war, die den tragischen Niedergang Maradonas eskortierte. In Italien schrie manches zum Himmel, als 1981 ein Netzwerk mit einem Alt-Faschisten aus der Ära Mussolini an der Spitze sowie ranghohen Vertretern aus Polizei, Militär, Wirtschaft, Politik, Medien und Geheimdiensten aufflog, mit Verbindungen zum Vatikan wie auch zur Mafia. Zentrale Figur: ein gewisser Silvio Berlusconi, Medienmogul und mehrfacher Regierungschef, der sich mit dem AC Mailand auch einen Fußballverein hielt. Ein Motiv wäre da, allein: es fehlen die Beweise. Ein guter Krimi braucht beides.

Wollte man die Sache als Kriminalgeschichte lesen, so würde auch Maradonas Manager Guillermo Cóppola seine Rolle haben. In Italien gab sich die Anti-Mafia-Kommission 1995 überzeugt, dass dieser »seinen Klienten an die Welt der Camorra verkaufte, die ihn zum Drogenabhängigen und zur Prestigeflagge in der Öffentlichkeit machte.« (zit. n. Birkner 2013: 172) Cóppola »tauchte zur Sicherheit in Südamerika unter«, denn er »wurde neben dem italienischen

Prozess in seiner Heimat als Auftraggeber zum Mord angeklagt« (ebd.).

Offenbar sah Diego in Cóppola eine Art väterlichen Freund, und doch bleibt etwas unergründlich, wie sehr er lange Zeit zu seinem Manager stand, auch nach der Trennung von 1990. Es mangelt nicht an Hinweisen, Cóppola sei »für die Beschaffung der Drogen zuständig« (11Freunde, 25.7.2013) gewesen. Und vom Rande eines Auswärtsspiels hält die Geschichte das Detail parat, wonach im November '87 am »Hotel Brun in Mailand ... ein imposanter Mercedes« auftauchte, »um Cóppola abzuholen. Sie brachten ihn nach Milano 5, wo Berlusconi seinen Landsitz hatte. Eine Villa wie im Film. Er sagte Guillermo, dass er mich nach Auslauf meines Vertrages haben wollte.« (Dg. 2002: 123) Nun, derlei Kontakte gehören zum Geschäft eines Managers. Maradona wird das Angebot ablehnen.

Wo immer man ihm Drogen anbot, waren oft »Leute von der Camorra oder Mafia anwesend, ich war ja Maradona, ihr Aushängeschild« (zit. n. Birkner 2013: 171). Und was man ihm sonst nicht noch alles anbot, darunter teure Uhren, protzige Autos. Ob sich die Neigung dazu, mit der Maradona nicht alleine stand, erschließt oder nicht: er konnte oder wollte sich dem kaum entziehen. Er kannte zwar die Regel »Zuerst schenken sie dir was, und dann verlangen sie was dafür«, doch es schien wenig, was sie im Gegenzug wollten: »Jedes Mal, wenn ich in einen dieser Clubs ging, haben sie mir eine goldene Rolex geschenkt, Autos. Autos! Ich bekam zum Beispiel den ersten Volvo 900, den es in Italien gab. Und ich habe sie gefragt: ›Aber was muss ich dafür tun?‹ Und sie antworteten mir: ›Nichts, lass ein Foto von dir machen.‹ ›Danke, sagte ich, und am nächsten Tag sah ich das Foto dann in der Zeitung. So kam es, dass ich mit Carmine Giuliano und seiner Familie zu sehen war.« (Dg. 2002: 138) Guiliano war in der Stadt als »Camorra-Boss« bekannt. Es gibt Hinweise, dass zu den Gaben an Maradona auch Warnschüsse kamen. Hier lässt sich ein Vorfall von November 1986 einordnen: »Aus einem Fiat Uno schleuderte ein Unbekannter eine Eisenkugel gegen Maradonas Mercedes und zertrümmerte das hintere Fenster.

Die Insassen blieben unverletzt.« (Birkner 2013: 158) Die Schnittstellen zur Halb- und Unterwelt bedingen, dass die Geschichte an vielen Punkten im Vagen bleiben muss, so manche »Erkenntnisse« sind nicht gesichert.

Jenseits dessen lässt sich in der Gesamtschau der politischen Verhältnisse und von Maradonas Lebenswerk, das sich darin spiegelte, festhalten: Die Fotos mit lokalen Mafia-Größen waren gewiss kein Ruhmesblatt. Und es heißt nicht, die Taten der Camorra zu relativieren, wenn man Diego zugutehalten will: Es gab keine Bilder von Empfängen etwa im Weißen Haus oder bei G7-Gipfeln, mit denen andere Größen den Glanz ihrer Karrieren zu mehren meinen. Zu seiner Zeit in Neapel lehnte er im Nachgang der WM '86 eine Einladung zu einer Ehrung in den USA ab. Er setzte sich nicht an die gedeckten Tische des Nordens, und sei es mit Honoratioren wie Henry Kissinger. Der einstige nationale Sicherheitsberater und US-Außenminister nahm auf den VIP-Lounges neben den FIFA-Herren Platz und war, wie gesehen, unmittelbar in Militärputsche in Lateinamerika involviert. Statt der Einladung in die USA folgte Diego 1987 lieber einer nach Kuba, um sich erstmals mit Fidel Castro zu treffen. Nicht umsonst hatte er sich in Italien auch mit Che Guevara auseinandergesetzt.

Die Zweifel, die Einsamkeit, das Koks | »Koks. Der Mann neben dir im Zug hat es erst heute Morgen wieder genommen, um wach zu werden, und der Fahrer des Busses, der dich nach Hause bringt, kokst auch, um in den langen Überstunden die Verspannungen im Nacken nicht zu spüren. Menschen, die dir nahestehen, koksen.« Dreieinhalb Seiten lang geht das Vorwort des Buches »ZeroZeroZero. Wie Kokain die Welt beherrscht« in diesem Stil weiter, es wird kaum jemand ausgelassen. »Der Chirurg kokst, der deine Tante operiert«, und auch der Richter, die Kassiererin, der Elektriker, die Krankenschwester, der Pfarrer, der Immobilienmakler, der Bürgermeister, der Bauherr, der Kellner, »der Freund deiner Tochter« etc. pp., und auch »der Stürmer, kokst, der ein Tor geschossen hat und dir damit kurz vor dem Schlusspfiff die Wette vermasselt hat«. (Saviano 2020: 9ff.) Wer zu der Massendroge greift, steht meist unter Strom, es gilt, ständig Leistung abzurufen – Christoph Daum kann ein Lied davon singen. Allein in Deutschland liegt der jährliche Verbrauch in zweistelliger Tonnenhöhe. »Berliner schnupfen 1,7 Tonnen Kokain pro Jahr«, titelte die *BZ* Ende der 2010er Jahre (bz-berlin.de, 14.10.2019), von London oder Barcelona ganz zu schweigen.

Die schieren Mengen zeigen: Die Droge ist nicht bloß im Management oder bei Stars und Sternchen gefragt. Und sie lassen erahnen, worauf der Enthüllungsjournalist und Pulitzer-Preisträger Gary Webb in den 90er Jahren mit Dokumenten und Zeugenaussagen aufmerksam machte: Die Verstrickung von Behörden und Diensten in den Drogenhandel bzw. in mafiöse Strukturen. Der US-Geheimdienst CIA etwa habe Verbindungen zu Drogenringen in Los Angeles unterhalten oder die nicaraguanischen Contras in den 1980er Jahren dabei gewähren lassen, mit Kokainschmuggel den Krieg gegen die sandinistische Bewegung zu finanzieren. (vgl. independent.co.uk, 19.7.2013) Hier ließe sich der Bogen zum erwähnten Thema der Aufstandsbekämpfung in Lateinamerika schlagen, das Maradona zunehmend bewegen wird.

Doch zunächst war Diego Konsument jener »Pflanze, die Südamerika mit Italien verbindet« (Saviano 2020: 481). An dem »Vitamin C«, wie der »Schnee« in Italien auch heißt, versuchte sich Diego offenbar exzessiver als so mancher »Mann neben dir im Zug«. In Neapel hatte er immerhin noch den Rhythmus aus Training und ein, zwei Spielen pro Woche, auch wenn seine Qualität auf dem Rasen nachließ. Als dieses Korsett Ende der 90er Jahre wegbrach, wird es kein Halten mehr geben, Anfang 2000 wird er gerade noch von der Schippe springen.

In der Ära des Fußballers mangelte es nicht an jenen, die ihm den Stoff reichten: »In Neapel gab es überall Drogen, man hat sie mir praktisch auf einem Tablett gereicht«, so Diego gegenüber der Zeitschrift *Gente* (zit. n. Burns 2010: 228). Doch zum Verführen kommt das Verführtwerden. Zum Absturz Diegos gibt es zahllose

Stimmen, auch die psychologischen Ergründungen haben etwas für sich. Manche stellen auf die Persönlichkeit des (Ball-)Künstlers ab, auf die eines Mannes aus der Manege. Man sage »schöpferischen Menschen einen verstärkten Hang zu Depressionen, unstetem Privatleben und Labilität nach. Diego Maradona hat unter all diesen Facetten seiner Persönlichkeit im selben Maße gelitten, wie er andersherum im Stadion fremden Menschen Momente des Glücks und Entzückens schenken konnte, weil er genauso war, wie er war. Die Sternstunden und die Leichtigkeit, die er als Fußballer zu generieren imstande war, verdankte er dennoch Charaktereigenschaften, die ihn zu einem Privatleben der Schwermut und Bitterkeit … verurteilen.« (Zeigler 2021: 7) Irgendwann wird er es in Neapel nicht mehr aushalten, nicht mehr ständig Gott sein wollen.

Dass er sich am Fuße des Vesuvs nicht gerade in ehelicher Treue übte, wäre noch eine wohlwollende Auslegung jener Zeit. Zu dem Koks kam ein zwielichtiges Milieu, in dem sich Diego bewegte. Doch es möge hier erspart bleiben, die Spur zu Schönheitsköniginnen und Puffmüttern aufzunehmen, zu echten oder vermeintlichen oder vermeintlich unechten Zeugen. Wer lange genug in dem biographischen Dickicht wühlt, wird auch auf gekaufte Aussagen stoßen, so soll es neben einer scheinbar »echten Susi« auch eine »falsche Susi« gegeben haben. (Burns 2010: 225) Und es war der Boulevard, der es immer genau gewusst haben wollte. Oder die *Gazzetta dello Sport*: »Es scheint, als ob Maradona sich nicht wohlfühlt, dass er körperlich zum Wrack geworden ist.« Eine »dunkle, böse Macht scheint von dem größten Fußballer der Welt Besitz ergriffen zu haben. An welcher obskuren, mysteriösen Krankheit mag Maradona wohl leiden?« (22.11.1990, zit. n. ebd.: 221) Ebenfalls im November 1990 ließ Bayern-Manager Uli Hoeneß wissen, dass sie Maradona »jetzt nicht einmal mehr umsonst nehmen« würden. (zit. n. Fg. 10/2020: 74)

Gerichtet wurde hinreichend. Sich daran zu beteiligen, ist nicht nötig. »Der Ball ist unschuldig«, wird Diego selber 2001 vor den Boca-Fans sagen, an jenem Ort, an dem er zu Hause war. Er selbst sah die »Schuld« am klarsten. Und mit Schuldgefühlen wird er lebenslang gestraft sein. Sie saßen tief, sie ließen ihn nicht mehr los, und sie werden mit ausschlaggebend gewesen sein für den Teufelskreis aus Rückfällen und Therapien, darunter auch psychologischen.

Später wird er gegenüber dem Regisseur Emir Kusturica offen über seine Zweifel, seine Einsamkeit, die Verbitterung reden. Darüber, dass er mit all dem auf sich gestellt war, es mit sich alleine ausgemacht habe. Auch gegenüber Claudia und seinen Töchtern nicht aufrichtig war. Helfen wird ihm sein Humor: »Weißt du, Emir, was für einen Fußballer wir dadurch verloren haben?!« (EK📹)

»Weil ich es nicht mehr aushielt«: Die Flucht aus Neapel nach willkommener Dopingsperre | Maradona war gewiss nicht der einzige Spieler, der kokste. In Italien, Argentinien und anderswo gab es zahlreiche Kollegen, die ebenfalls nicht abgeneigt waren. Trennen sollte man die Drogengeschichten derweil vom Doping, bei dem nicht immer klar ist, inwieweit die Spieler in die Maßnahmen eingeweiht sind. Zudem war es zu weit verbreitet, um einem individuellen »Fall« nachzugehen. Ob Barça oder Real Madrid: Kaum ein großer Verein blieb außen vor, bei Juventus Turin wurde in den 1990ern systematisches Doping gerichtlich bestätigt.

Das Ende seiner Zeit in Neapel verkam zur Flucht. Eine Flucht vor den Abgründen, in denen er sich zuletzt bewegt hatte. Sie waren gewissermaßen die Kehrseite jener »Liebe der Neapolitaner«, die er als »fast erdrückend« empfand (MLiB: 55). Zu einem positiven Vaterschaftstest vom Frühjahr 1991 kamen am 17. und 24. März zwei Dopingtests nach Ligaspielen. Damit machte Maradona auswärts gegen Sampdoria Genua sein letztes Spiel in den Farben des SSC Neapel, bei dem sein verwandelter Elfmeter die Niederlage (1:4) nicht abwenden konnte. Nachgewiesen wurde jeweils Kokain. Nachdem sich die Gerüchte lange genug gehalten hatten – und er seine Leistung auf dem Platz nicht mehr abrufen konnte, mochte er das provoziert haben: »Ich wusste, dass der Test positiv sein würde. So erfuhren alle, dass ich Drogen nahm, und ich konnte diesem Leben und dieser Stadt entfliehen, weil ich es einfach nicht mehr aushielt.« (zit. n. Fg. 10/2020: 74) Eine Woche später floh er nach Argentinien, wo er nach wenigen Tagen von seiner 15-monatigen Sperre erfahren wird, verhängt vom italienischen Verband und bald von der FIFA bestätigt.

»Die wenigen, die jetzt noch zu mir stehen, sind mir mehr wert, als alle applaudierenden Massen der vergangenen Jahre«, so Diego kurz vor seinem Aufbruch laut dem Journalisten Mimmo Carratelli, der den SSC Neapel jahrzehntelang begleitet hatte. Und: »Jetzt, wo ich mit dem Fußball fertig bin, werde ich viel Zeit für meinen Vater haben. Angeln gehen, stundenlang reden, wie früher vor ihm trainieren. Ich habe ihn viel zu lange nicht gesehen. Fußball hat mir eine Menge gegeben, aber auch eine Menge genommen.« (zit. n. Birkner 2013: 192f.)

Was von seiner Zeit in Neapel bleiben wird, weist über das Feuerwerk auf dem Platz hinaus: »Der Fußballrebell Maradona schenkte dem Mezzogiorno Stolz«, so Gunda Wienke in einem Nachruf. (amerika21, 28.11.2020) Nach Diegos Tod gab es das Bild von einem weinenden Neapolitaner, der sagte: »Er hat uns gelehrt, uns zu wehren und den Kopf hochzutragen.« (zit. n.: Brym, 3.12.2020)

Abspann II: Von der Verhaftung in Buenos Aires über den FC Sevilla bis zum Comeback bei Boca

Die Flucht nach Buenos Aires nutzte Diego nicht zur Erholung, nicht zur Kur eines geschundenen Körpers und einer verwundeten Seele. Nach einem Kokainfund und polizeilicher Observation folgte rund drei Wochen später die Verhaftung.

Die Festnahme in Argentinien wirft einmal mehr ein Schlaglicht auf die Rolle der Medien. Denn nach den Vorkommnissen in Neapel übertrug das Fernsehen nun »den zweiten Teil des Dramas: Maradonas Verhaftung live, als sei sie ein Fußballspiel, zum Vergnügen derjenigen, die ihren Gefallen daran hatten, den König nackt zu sehen, wenn ihn die Polizei abholt« (Galeano 2000: 254). Von einem »befreundeten Journalisten« erfuhr Maradona später, dass »die Polizei bei dem Pressehaus, für das er arbeitet, angerufen hatte, um die genaue Uhrzeit der Verhaftung bekanntzugeben«. Die Sache habe dann »noch eine Weile aufgeschoben werden« müssen, »weil die Kameras des spanischen Fernsehens noch nicht da waren« (Dg. 2002: 284). Was dann folgte, dazu der Beschuldigte weiter: »Als sie reinkamen, haben sie alles auf den Kopf gestellt, ich war noch am Schlafen. Und ich bin aufgewacht und habe nach Claudia gefragt ... Tatsache ist, dass sie mich aus dem Bett geholt haben, ich habe mich angezogen, und als wir im Flur waren, auf dem Weg zur Straße, habe ich die Blitzlichter der Fotoapparate gesehen, das Geschrei der Journalisten, all das. Da habe ich zu dem Bullen, der die Operation leitete, gesagt: ›Meister, da draußen warten wohl sämtliche Journalisten, oder?‹ ›Ja, Diego, eine ganze Menge.‹ ›Also, dann rücken Sie sich mal Ihre Krawatte zurecht, Sie werden auf allen Fernsehkanälen zu sehen sein, also auch bei Ihnen zu Hause.‹« Und tatsächlich habe er sich »die Krawatte zurechtgerückt« (Dg. 2002: 285).

Zur »Verbüßung« seiner Sperre blieb Maradona in Argentinien. Da ihm selbst Freundschaftsspiele untersagt waren, probierte er es auch mal mit Minifußball, dem konnte die FFIA nichts anhaben. Auf dem Sportplatz des »Club Social y Deportivo Parque« – nur »einen Abwurf von der Stelle entfernt, wo er das erste Mal mit seiner zukünftigen Frau Claudia tanzte« (Fg. 10/2020: 76) – wurde sein Team im Juli Stadtmeister im Freizeitfußball. Komplizierter wurde es mit Benefizspielen, die die FIFA ebenfalls zu untersagen versuchte.

Eines davon richtete Diego im April 1992 »zu Ehren von Funes, Juan Gilberto Funes, einem außergewöhnlichen Spieler von River« aus, der vergeblich um sein Leben gekämpft hatte. Seine letzten 15 Minuten sei er bei ihm gewesen, er »lag seit einer Weile im Sanatorium Güemes, mit einem kaputten Herzen, der Arme«. Es sei »ein schmerzhafter Anblick« gewesen, »Claudia und ich haben die Sache ganz aus der Nähe verfolgt und Ivanna, seiner Frau, gesagt, dass sie, wenn sie etwas bräuchte, auf uns zählen könnte.« (Dg. 2002: 287) Schon bald ließ Maradona ein Benefizspiel zugunsten der Angehörigen organisieren. Wenige Stunden vor Beginn traf ein Fax der FIFA ein, gerichtet an Julio Grondona, den langjährigen Präsidenten des Argentinischen Fußballverbandes (AFA): die »Anwesenheit Maradonas auf dem Spielfeld zusammen mit anderen Spielern der AFA« könne für diese »Sanktionen von Seiten der FIFA unter Anwendung der Statuten und Regeln einbringen.« (zit. n. ebd.: 289) Und Grondona kuschte: Er würde selber 50.000 Dollar für die Krankenhauskosten zahlen, er würde Maradona nicht spielen lassen, ja, er würde dafür sorgen, dass die Partie auf Juli, nach Ablauf der Sperre, verschoben würde. Diego selbst kamen seine damaligen Worte im Nachhinein »zu hart« vor: Den FIFA-Herrschaften wie »Havelange, Blatter, und so manchen Vorstandmitgliedern wird in Argentinien keiner eine Träne nachweinen.« (ebd.: 290) Selbstredend spielten sie trotzdem, sie umgingen einfach die FIFA-Statuten. So gehörte der Schiedsrichter nicht der AFA an, und als Ausrichter fungierte die »Maradona Producciones«, die die Versicherungspolice hinterlegte. Endlich mal wieder auf einem Platz mit richtiger Kulisse, spürte Diego »einen Schauder«, und am Ende nahmen sie 200.000 Dollar ein, »alles für die Familie Funes, für die Bezahlung der Krankenhauskosten und die Fortführung der Fußballschule, die Juan angefangen hatte« (ebd.: 291).

Derweil arbeitete Maradona wieder an seiner Fitness. Sein Comeback stand ins Haus, und in gut zwei Jahren war ja wieder WM.

»... zu Kleinholz gemacht«: Sevilla 1992/93

Nach Ablauf der Sperre war es Zeit für neue Ufer. Doch nicht überall war Diego wohlgelitten. Während ihm die USA vorerst die Einreise verweigerten (vgl. visahelp.us.com), ließ er sich in Neapel besser nicht blicken: Als zu kompliziert erwies sich die Vertragsauflösung, der Verein verwies noch auf Ansprüche. In die festgefahrenen Verhandlungen intervenierte selbst die FIFA, der an Maradonas Comeback gelegen war, um die WM '94 zu schmücken. Als die Unterhändler den Knoten entwirrt hatten, wurde der Weg zum FC Sevilla frei.

Er hatte wieder hart trainiert, und Bilder zeugen von einem athletischen Maradona im Sevilla-Dress. Er hängte sich noch einmal rein, brillierte aber vor allem bei den Standards. Gegen Real Madrid glückte ein 2:0-Sieg, am Ende sprang jedoch nur ein unglücklicher siebter Tabellenplatz heraus. Mehr noch als ein umjubeltes Freundschaftsspiel in Buenos Aires gegen Boca Juniors, bei dem Diego eine Halbzeit hier, eine dort spielte, wird die Begegnung mit einem alten Bekannten in Erinnerung bleiben: An der Seitenlinie von Sevilla stand der einstige argentinische Nationaltrainer Carlos Bilardo. Mit ihm »fing es gut an und endete schlecht« (MLiB: 97). Gegen Saisonende gipfelte die Sache in einer Partie gegen Real Burgos, bei der »wir uns bös geprügelt haben, mit Faustschlägen und allem, nachdem ich ihn mitten auf dem Platz beschimpft hatte« (ebd.: 95). Vorausgegangen war die Auswechslung Maradonas in der zweiten Halbzeit. »Während des Spiels bemerkte ich, dass Diego nicht gut drauf war … und dann kommt er und beleidigt mich«, gab Bilardo zu Protokoll. (zit. n. Burns 2010: 244) Von mangelnder Fitness war die Rede, doch folgt man Maradona, war der Hintergrund ernster: »Carlos, ich kann nicht mehr, ich kann mit meinem Knie nicht mehr spielen. Was soll ich tun? Soll ich mich spritzen lassen und weiterspielen oder soll ich rausgehen?«, habe er seinen Trainer gefragt. »Los, lass dir eine Spritze geben, du musst weiterspielen«, sei die Antwort Bilardos, eines studierten Mediziners, gewesen. »Ich hatte Bilardo die Wahl gelassen, ich habe Lemme, seinen Assistenten, als Zeugen, und deshalb habe ich durchgehalten. Weil ich gespürt habe, dass Bilardo mich brauchte und ich ihn nicht im Stich lassen konnte, bei ihm war das immer so. Also bin ich dann wieder aufs Spielfeld. Nach zehn Minuten sah ich, wie der Schiedsrichter das Spiel für einen Spielerwechsel unterbricht. Ich schaute zur Bank und sah die Tafel mit der Nummer zehn. Ich konnte es nicht glauben … Bilardo holte mich vom Feld, zehn Minuten, nachdem er mir drei harte Injektionen hatte reinjagen lassen.« In der Kabine habe er daraufhin »alles zu Kleinholz gemacht« (Dg. 2002: 317f.). Bilardo habe ihn später zu Hause besucht: »Wir sagten uns gegenseitig, was wir uns zu sagen hatten, und dann waren wir uns einig, die Sache zu vergessen.« (zit. n. Burns 2010: 244)

Zur WM 2010 wird Bilardo sportlicher Direktor an der Seite des Nationaltrainers Maradona. Doch noch hat Diego ein paar Jahre zu spielen.

Mit dem Geist von Che Guevara: Bei den Newell's Old Boys von Rosario (1993)

Seine vorletzte Vereinsstation als Spieler führte Maradona nach Rosario, die drittgrößte Stadt Argentiniens, und es war auch eine Art Flucht aus Buenos Aires. Belagerung vor der Haustür, Beleidigung der Familie, verunglimpfende Sprüche an der Wand gegenüber – auch wenn diese überschrieben wurden, um zu versichern, Diego habe die »Unterstützung aus der Vorstadt« (Dg. 2002: 322).

September 1993: Die Ankunft bei den Newell's Old Boys war gebührend: Von den Mitspielern in die Luft geworfen, von 40.000 Fans beim ersten Training empfangen. Sein Debüt gab er gegen Independiente (1:3), er sei »supernervös« gewesen, der anschließende Applaus der Fans beider Teams hätte ihn »zu Tränen gerührt« (MLiB: 103). Auch die Begegnung gegen Boca Juniors bedeutete ein großes Hallo – und ein Wiedersehen mit deren Trainer Menotti. Doch nach der traurigen Bilanz von fünf Spielen (und null Toren) war Anfang Dezember Schluss. Bei Atlético Huracán führten sie 1:0, als sich Diego den »Ball zurückholen« wollte und plötzlich »das Geräusch hörte«: Nach 13 Jahren »hatte ich mir wieder etwas gebrochen« (Dg. 2002: 326). Mehr als 25 Jahre später wird er ins Estadio Marcelo Bielsa von Rosario zurückkehren: Als er 2019 als Trainer von Gimnasia y Esgrima ein Gastspiel hat, werden ihn die Newell's-Fans begeistert empfangen und »ihm sogar einen Thron an die Seitenlinie« stellen (fussballeuropa.com).

Fragt sich nur noch, was es mit dem etwas merkwürdigen Namen auf sich hat und wer dort sonst noch wirkte: Der Verein wurde 1905 »von ehemaligen Schülern der Anglo-Argentine Commercial School in Rosario ins Leben gerufen, deren *headmaster* Mr. Isaac

Newell war« (Alabarces 2015: 56). Es war die erste Trainerstation von Menotti (1970), und zu den Eigengewächsen zählt neben Gabriel Batistuta ein gewisser Lionel Messi. Der einst gemeinsame Verein sollte Ende November 2020 im Mittelpunkt jenes Tributs stehen, den die eine Nummer 10 an die andere zollte. Als Barça wenige Tage nach dem Tod Maradonas in La Liga gegen Osasuna spielte, traf Messi zum 4:0 aus gut 17 Metern in den Winkel – und zog danach sein Leibchen aus. Zum Vorschein kam ein rot-schwarzes Trikot, die Farben der Newell's Old Boys. Die Hommage an Diego unterstrich Messi, indem er die Hände gen Himmel streckte. Es war die gleiche Geste, die von Diego im Rosario-Dress festgehalten ist. Messi postete anschließend beide Fotos nebeneinander, versehen mit einem »Hasta siempre, Diego«. In den Worten mochte man das »la victoria« mitlesen, zumal mit Blick auf Che Guevara, einen Sohn der Stadt. Berichten zufolge »lebt sein Geist auf den Rängen von Rosario« (Burns 1998: 246) weiter. Und es ist Messi selbst, der mit den Worten zitiert wurde, er sei »aufgeregt«, wenn er irgendwo »Fahnen mit Che Guevara oder Diego« sehe, er habe »starke Gefühle dafür«. (sportskeeda.com)

Anfang '94 kehrte Maradona dem Verein den Rücken, man hielt ihm Vertragsbruch vor. Die Aufregung war groß, zumal um einen Vorfall jenseits des Rasens. In den ersten Februartagen wurde gemeldet, Maradona habe mit einem Luftgewehr auf Journalisten, oder wohl besser: Paparazzi geschossen. Sie waren nicht von Maradonas Haus gewichen, in dem er sich mit »einer Gruppe von Freunden, ein paar Mannschaftskameraden von Newell's, seinem Vater Chitoro, und seinem Lieblingsonkel Cirilo« (Burns 1998: 249) aufhielt. Die Medienvertreter wollten erst von dannen ziehen, nachdem Maradona »ihnen eine zusammenhängende Erklärung« geben würde. Sie gingen auch dann nicht, als Diego und die Seinen zu Beleidigungen, obszönen Gesten und dem Gartenschlauch griffen. (vgl. ebd.) Er wird später von der »verdammten Geschichte« mit den »Schrotkugeln« sprechen, »eine harte Reaktion, klar, aber bei einer Situation«, die er »nicht zu akzeptieren brauchte, wo sie sich« in sein

»Leben hineingedrängt hatten« (Dg. 2002: 326). Ein Gericht sollte ihn zu 34 Monaten auf Bewährung verurteilen.

Unterdessen wurden die Rufe im Land lauter, er möge doch für die WM '94 wieder fit werden.

Zurück in der »Bombonera«: Boca Juniors 1995 bis '97

Wenn er »auf etwas stolz sein« könne, außer der Liebe zu seiner Familie, dann darauf, »dass ich ein echter, gerader Typ geblieben«, sei, »immer gerade heraus, der immer sagte, was er dachte« (MLiB: 105). »Es war mir nie wichtig, die Folgen oder Umstände abzuwägen. Ich bin mir bewusst, dass das dazu geführt hat, dass ich viele Feinde habe, aber ich kann nicht gegen meine Gefühle handeln.« Manche mögen aus den diesen Worten etwas viel Selbstbewusstsein herauslesen, in jedem Fall zeugen sie von einer Leidenschaft, die vor allem seinem frühen und zugleich letzten Verein als Spieler galt: den Boca Juniors. Es gibt Bilder, die ihn vor seiner Rückkehr als Spieler im blau-gelben Shirt inmitten der Kurve zeigen, und er scheint dort der größte Fan von allen. »Die Bombonera«, das als »Pralinenschachtel« bekannte Stadion, »ist für mich mein Zuhause«. Die Boca-Fans hätten ihn »nie vergessen«: »Sie haben zu mir gehalten und mich immer gefordert, gegen Wind und Brandung, was auch die anderen gesagt haben. Deshalb ist eine meine Liebe zu Boca und seinen Leuten ewig.« (ebd.: 113) Wer »die anderen« waren und wo er sich selbst sah, das erklärte er so: »Etwas zu tun, worüber ich anders denke, hieße, mich selbst zu verraten, und das würde ich nie tun. Das überlasse ich den Idioten, den Scheinheiligen, denen, die anderen die Butter vom Brot nehmen, denen, die nicht ganz dicht sind. Die glauben, sie könnten die Leute übers Ohr hauen, mit komplizierten Wörtern, die du im Wörterbuch suchen musst.« Immer wieder wurde Maradona vorgehalten, mit solchen Aussagen an seinem »Mythos« zu arbeiten. Hier mögen die Worte für sich stehen. Man habe ihn nicht nur »wegen der Tore, der Tricks, der Dribblings« gemocht, sondern auch, weil er »immer so frei war, das zu sagen, was er dachte«, was »im Allgemeinen auch das ist, was die

Leute denken«. Denn »ich, Diego, Pelusa, der Zottelkopf aus Villa Fiorito, bin ein Typ wie sie, ich gehöre zum Volk.« Und »dieser Stolz ist so groß wie der Stolz, alle Trikots wacker verteidigt zu haben, die ich anhatte« (ebd.: 105).

Das Trikot von Boca, dieses gleichsam verwunschenen und gefeierten Vereins, trug er wohl am stolzesten. Für sein Comeback im Oktober 1995 färbte er sich einen gelben Streifen ins Haar, seine »Rache« an jenen, »die mich 15 Monate lang nicht das machen ließen, was ich am meisten liebe, nämlich Fußball spielen« (MLiB: 118). Beim ersten Spiel liefen seine beiden Töchter zu einem umjubelten Auftritt mit ins Stadion ein. In der Woche darauf machte er sein erstes Tor im alten, neuen Dress, mal wieder einen Freistoß in den Winkel, und das gegen seinen Jugendverein Argentinos. Dass er an seine glorreichen Tage würde anknüpfen können: das hatte niemand ernsthaft erwartet. Nach 30 Spielen, die er zwischen 1995 und '97 für Boca bestritt, trat Maradona als aktiver Spieler endgültig von der Bühne. »Im frigiden Fußball am Ende des Jahrhunderts, der das Gewinnen fordert und das Verlieren verbietet, ist dieser Mann einer der wenigen, die zeigen, dass Phantasie effizient sein kann«, bilanzierte Galeano etwa zu der Zeit von Diegos Boca-Comeback. (2000: 256)

In den nächsten Jahren wird es ihm nicht gut gehen. Wenn er Schlagzeilen machen wird, dann oft wegen Drogen und Eskapaden. Einen Zusammenbruch Anfang Januar 2000 überlebt er nur knapp, nach einer Therapie auf Kuba wird es ihm besser gehen. Als hätte sein alter Trainer Menotti es gewusst: »Der Ball an seinem Fuß war für ihn wie für Jesse James die Pistole in der Hand. Und in dem einen Moment, in dem Jesse James die Pistole aus der Hand legte, haben sie ihn erschossen. Ich sagte ihm: Wenn du mit dem Fußballspielen aufhörst, wirst auch du verwundbar sein.« (zit. n. amerika21, 28.11.2020)

Doch wie auf dem Platz, so wird er, bei allen Rückschlägen, noch einige Finten parat halten.

5.
Zwischen WM-Triumph und Dopingsperre

Die Weltmeisterschaften '82, '86, '90 und '94

Auch in Argentinien, wie könnte es anders sein, wurde Diego besungen. Mit ihren Konzerten füllt die Band »Los Piojos« Stadien, auf ihrem Platinalbum »Tercer arco« (1996) erschien das eingängige Stück »Maradó«. Wer den Videoclip abruft, kann die schönsten Tore und Dribblings Revue passieren lassen. Sehenswert ist auch der Mitschnitt eines Liveauftritts. »Ohne großes Gewand, unmaskiert«, singen sie, am Mikrofon baumeln Fußballschuhe. Von »einem Jungen« ist die Rede, der »den Träumen der Gesichtslosen entkommen« sei, der »die Mächtigen herausgefordert« habe, und das »nur mit der Waffe der ›Zehn‹ auf dem Shirt«. Er habe eine »Revanche auf seinem Fuß«, gestürzt seien »der Norden des reichen Italiens« und die »Truppen Seiner Majestät«, »gebissen« die »Zunge von João Havelange«, dem einstigen FIFA-Präsidenten. Bei dem Refrain »Maradó, Maradó« geht das weite Rund mit, am Ende gibt's kein Halten mehr: Diego kommt selbst auf die Bühne, jongliert ein wenig – Hacke, Spitze, Kopf – und herzt die Band. Wer den Film von Emir Kusturica sieht, begegnet dem Stück wieder, gesungen von Maradona selbst, und das erstaunlich gut, wie andere Songaufnahmen aus der Zeit von Neapel schon vermuten ließen. Irgendwo in Buenos Aires, Clubatmosphäre, das Publikum außer Rand und Band, teils zu Tränen gerührt, Diego und Emir gemeinsam am Mikro. Der Text ist abgewandelt, als Junge »vom WM-Triumph geträumt«, von »Kabinettstückchen« und der »Hand Gottes« ist die Rede, und davon, sich »nicht verkauft zu haben«.

Selbstironisch singt er von einer »seltsamen Schwäche, als Jesus strauchelte«, er lässt das »verbotene Vergnügen« nicht aus, das ihn »von dem Verlangen nach *ihr*« wieder »abhängig gemacht« habe. Doch nun habe er auch »dieses Match gewonnen« (Text: metacafe.com).

Es ist ein kleiner musikalischer Streifzug durch eine Geschichte von Aufstieg und Fall, die sich auch entlang der vier großen Weltmeisterschaften erzählen lässt, die er als Spieler bestritt, nachdem er sein Land bereits 1979 zum Triumph bei der Junioren-WM geführt hatte. Hier lassen sich nur Schlaglichter auf die Turniere in Spanien 1982, Mexiko 1986, Italien 1990 und den USA 1994 werfen, von Interesse ist neben dem Spieler Maradona auch eine politische Symbolik, mit der vor allem das Viertelfinale von '86 aufgeladen war: Argentinien gegen England als Revanche für den Falklandkrieg, ja, für die Kolonialgeschichte. Es wurde kein schnödes 2:1, sondern Spiel mit gleich zwei Jahrhunderttoren des Titelhelden. Zugleich wurde es zum Triumph eines jahrzehntealten Wettstreits: der »kreolischen« Spielweise über den »maschinellen« britischen Fußball. Verglichen mit dieser Begegnung ist der Finalsieg über Beckenbauers Jungs schnell auserzählt. Und wie Diego bei diesem Turnier wegen Vermarktungsinteressen zulasten der Spieler dem FIFA-Präsidenten »in die Zunge biss«: auch das soll Thema sein.

So bitter die Endspielniederlage vier Jahre später war – samt dem Pfeifkonzert von Rom –, so tragisch war Maradonas Aus bei der WM 1994 in den USA. Der positive Dopingtest nach dem Vorrundenspiel gegen Nigeria löste hitzige Debatten über eine mögliche Ungleichbehandlung aus und hatte zudem Spekulationen um Motive hinter der abermaligen FIFA-Sperre zur Folge.

Am Ende blieb ein Maradona, der vor den Augen der Welt »die Magie des linken Fußes« zelebrierte (Escher/Tank 2021: 78): »Fußball lebt davon, dass wir über unsere Füße nicht die gleiche motorische Allmacht haben wie über unsere Hände. Maradona hebelte dieses Grundprinzip des Fußballs exakt zur Hälfte aus. Sein linker Fuß war wie eine dritte Hand; die wahre Hand Gottes.« (ebd.)

»Ohne Feuer, ohne Antrieb«: Die WM '82 in Spanien

»Dieguito – Diegolein – wenn ich nicht das andere Trikot anhätte, würde ich mit dir feiern. Nur keine Aufregung, Junge, du wirst noch viele Weltmeisterschaften spielen und allen das Maul stopfen.« (Dg. 2002: 41) Das sagte »ein ganz außergewöhnlicher Kerl« mitten auf dem Spielfeld. Vorausgegangen war die besagte Nachricht von Menotti, der den 17-jährigen »Dieguito« aus dem Kader für die WM '78 gestrichen hatte. In diesem Ligaspiel wusste er die Antwort zu geben: 5:0 gegen Chacarita Juniors, zwei Tore gemacht, zwei vorbereitet. Der »Kerl« war ein gewisser Hugo Peña, nach dem ersten Tor legte er Maradona »den Arm um die Schulter« – und sollte Recht behalten mit dem, was er ihm »ins Ohr sagte«. 1982 war es erstmals soweit. Das Himmelblau-Weiß sollte Diego einmal als die »Farben meines Herzens« bezeichnen. Die *Albiceleste* bedeutete ihm, bei aller Liebe zu seinen Vereinsmannschaften, alles. Doch »allen das Maul stopfen«: das klappte erst 1986. In Spanien stand 1982 die Titelverteidigung an, und die scheiterte – wie so oft in der WM-Geschichte.

Bereits beim Eröffnungsspiel gegen Belgien (0:1) war die Strategie der Gegner absehbar: Maradona mit allen Mitteln aus dem Spiel zu nehmen. Nur den Ungarn gelang das nicht, gegen die Diego beim 4:1 zweifach traf. Nach einem 2:0 gegen El Salvador wartete in der Zwischenrunde Italien. In einer »überharten Partie konnte Maradona seine spielerischen Möglichkeiten nicht entfalten«, fasst Dietrich Schulze-Marmeling zusammen. »Die Italiener nahmen ihn in Manndeckung und bearbeiteten ihn mit allen erlaubten und unerlaubten Mitteln. Menotti wurde anschließend vorgehalten, er habe Maradona zu weit nach vorne beordert. Dort war er den Tritten von Claudio Gentile ausgesetzt ..., der Maradona exakt 23-mal foulte. Höhepunkt war ein Faustschlag, mit dem er Argentiniens Nummer 10 niederstreckte. Der schwache rumänische Schiedsrichter Nicolae Rainea zog nur Gelb. Gelb sah auch Maradona, als er sich beim Schiedsrichter über Gentiles Gangart beschwerte. Am Ende behielten die Azzurri mit 2:1 die Oberhand.« (2021: 87) Gegen die spielerisch unterlegenen Italiener hatte Diego bei einem Freistoß nur Aluminium getroffen.

In der zweiten Partie der Zwischenrunde hatte man gegen überlegene Brasilianer mit 1:3 das Nachsehen. Für Maradona war die WM in der 85. Minute mit einer Roten Karte vorzeitig beendet. »Es schmerzt mich sehr«, wird Maradona zurückblicken, »dass wir gegen Brasilien aus der WM geflogen sind und ich vom Platz gestellt wurde. Nur wenige wissen, dass der Tritt in die Eier, den ich Batista versetzt habe, eigentlich Falcão galt. Ich konnte ein böses Foul nicht ertragen, das Falcão in der Spielfeldmitte begangen hatte. Als ich mich umdrehte, sah ich einen und versetzte ihm im Eifer des Gefechts einen Tritt. Der Arme, es war Batista.« (MLiB: 47)

Die eigentliche Ursache sah Maradona in der Vorbereitung auf die WM. Er beklagte »Überdruss« und »Verbürgerlichung« einer Mannschaft, die sich »für die Besten« hielt. (Dg. 2002: 89) Sie kamen als Weltmeister, und einige der Jüngeren hatten 1979 triumphal die Junioren-WM gewonnen. Zudem wurde ihnen von den Verantwortlichen im Vorfeld offenbar zu viel abverlangt, die »körperliche Vorbereitung« sei »katastrophal« gewesen. »Mit den Übungen, die man machen ließ, sei er »müde und übertrainiert zur Weltmeisterschaft« gekommen. »Ohne Feuer, ohne Antrieb« hätten sie die »Konzentration verloren«. (MLiB: 45)

In dem viermonatigen (!) Trainingslager machte im argentinischen Sommermonat Februar auch der Präsident des Landes, General Leopoldo Galtieri, seine Aufwartung. Unter dessen Führung sollten argentinische Truppen Anfang April auf den Falklandinseln landen. Zeitlich zur WM hin flog die britische Royal Air Force Luftangriffe im Südatlantik. Bei der WM wird Mannschaftskapitän Daniel Passarella eine schwarze Armbinde zum Gedenken an die Gefallenen tragen. (vgl. arte) Auf den britisch-argentinischen Krieg ist genauer zurückzukommen, mit der entsprechenden Symbolik wird das Viertelfinale von 1986 aufgeladen sein.

Für Diego wird die kommende WM zum Höhepunkt seiner Laufbahn.

Der Triumph des *pibe*: Die WM '86 in Mexiko

Als hätte sich Diego den Spielzug zu einem der berühmtesten Tore der Fußballgeschichte eigens für das 2:0 im Viertelfinale gegen England aufgehoben, jener Partie, die zur Revanche für den Falklandkrieg hochstilisiert wurde. Wer am Río de la Plata, ein paar Tausend Kilometer südlich von Mexiko, Zeuge dieses Treffers wurde, konnte einen Reporter hören, der am liebsten »weinen« wollte bei einem »Tooooor«, das ihn fragen ließ, »von welchem Planeten« dieser »kosmische Drache« denn käme. (hörenswert: ivoox.com) Es war der Kommentar eines gewissen Víctor Hugo Morales, einem aus Uruguay stammenden Wahlargentinier. Zuvor hatte Diego den Engländern mit der »Hand Gottes« das 1:0 eingeschenkt, und das in einem denkbar aufgeladenen Spiel, das auch durch die Art und Weise, wie er die Briten vorführte, als antikoloniale Vergeltung gelesen wurde. Der Weg zum Titel war zudem garniert mit einer Breitseite auf die FIFA.

»Schon gut, esst euren Kaviar« – Maradona gegen die FIFA

Machen wir uns nichts vor: Ein Fußballplatz ist kein Hörsaal. Da ist die Wortwahl gerne mal ein wenig derb, und wenn Daniel Arcucci die Erinnerungen Maradonas an die WM '86 ungefiltert niederschrieb, so mag es Gründe dafür gegeben haben. So kommt FIFA-Präsident João Havelange (1974-1998), als »das Arschloch, das er war«, weg, um mit folgenden Worten angeführt zu werden: »Die Spieler sind hier, um zu spielen – fertig. Wir sind diejenigen, die die Regeln bestimmen und die das Wort führen.« Was war geschehen?

Maradona hatte sich offen mit der FIFA angelegt: »›Hören Sie zu, Don Havelange, wir Spieler sind keiner Herren Sklaven, insbesondere nicht von Ihnen.« Es ging um Schiedsrichterleistungen, Italien war beim 1:1 gegen Argentinien in der 5. Minute ein »sehr glücklicher« Elfmeter zugesprochen worden, wie es ein englischer Moderator kommentierte (»very lucky«, Video abrufbar). Doch mehr noch um Anstoßzeiten in der sengenden Sonne Mexikos: »Wenn sie die Zeiten eines Spiels so legen, dass Menschen in China es im Fernsehen sehen können, geht das für uns in Ordnung, weil auch wir wollten, dass sie uns zuschauen. Aber sie hätten es zeitversetzt zeigen können oder irgendetwas in die Richtung, sodass wir nicht um zwölf Uhr mittags hätten spielen müssen. Ich meine, mittags zu spielen, in dieser Höhe und bei diesem Smog, war regelrecht kriminell. Am Ende wurden wir geschlagen. In den letzten 20 Minuten des Spiels konnten manche nicht mehr laufen, nur noch gehen. Es war beängstigend, die starren Blicke in ihren Augen zu sehen. Und die FIFA-Offiziellen saßen in ihren klimatisierten Gehäusen, tranken Champagner und aßen Kaviar. Bis ich, der einfache Junge aus Villa Fiorito, zu ihnen hochging und sagte: ›Schon gut, esst euren teuren Kaviar und trinkt den besten Schampus, aber wir wollen versuchen, den Leuten eine gute Show zu bieten, ohne uns dabei umzubringen.‹ Und in der Hitze der Mittagssonne eine gute Show zeigen, war eine nicht zu unterschätzende Leistung.« (TbG, 107f.) Zu denen, die ihm beipflichteten, gehörte Toni Schumacher, auch wenn er als Torwart nicht auf- und ablaufen musste: »Meine Kehle ist wie ausgedörrt. Der Rasen ist wie trockene Scheiße: hart, seltsam, feindlich. Die Sonne sticht direkt ins Stadion hinein und explodiert über unseren Köpfen. Wir werfen keine Schatten. Es heißt, das sei gut fürs Fernsehen.« (zit. n. Galeano 2000: 213)

»Die sollen spielen und den Mund halten«, konterte Havelange. (ebd.) Eduardo Galeano hinterfragte, »wer« die WM »leitete«, ob der mexikanische Fußballverband etwas damit zu tun habe. Nein, es gebe doch »genug Zwischenhändler«, so Guillermo Cañedo, Vizepräsident von *Televisa*. »Dies war die WM von *Televisa*, des privaten Monopolisten, Herr und Gebieter über die Freizeit der Mexikaner und Herr und Gebieter über den mexikanischen Fußball. Und nichts war wichtiger als das Geld, das *Televisa*, gemeinsam mit der FIFA für die Übertragung der WM-Spiele in die europäischen Märkte bekommen konnte. Als ein mexikanischer Journalist die Frechheit besaß, nach Kosten und Gewinn der Weltmeisterschaft zu fragen, schnitt ihm Cañedo sofort das Wort ab: ›Dies ist ein Privatunternehmen, das niemandem gegenüber Rechenschaft schuldig ist.‹ Als die Weltmeisterschaft vorüber war, wurde Cañedo Mitglied im Hofstaat von Havelange als einer der Vizepräsidenten der FIFA, ein anderes Privatunternehmen, das niemandem gegenüber Rechenschaft ablegt.« (ebd.: 213f.) »Ob ich mich nicht zu weit gegen die Macht aufgelehnt hätte, ganz ohne Rückendeckung und zum ungünstigsten Zeitpunkt«, wurde Diego gefragt. »Was haben sie gedacht? Dass ich ein Politiker bin!?« Havelange habe ihm geantwortet, dass er »diejenigen achten müsste, die an der Spitze stehen.« (Dg. 2002: 165f.)

1995 wird Maradona eine Spielergewerkschaft gründen. Doch zunächst stand nach den Vorrundenspielen gegen Südkorea (3:1), Italien (1:1) und Bulgarien (2:0) sowie dem Achtelfinale gegen Uruguay (1:0) das wohl denkwürdigste Spiel seiner Laufbahn an: Im Achtelfinale wartete England.

Argentinien–England (I): Revanche für den Falkland-Krieg?

»Argies, wir kommen«, hieß es im britischen Boulevard. »Mexiko versetzt fünftausend Mann in Alarmbereitschaft«, titelte ein anderes Blatt. (zit. n. Burns 1998: 183) Auch die Presse Argentiniens, das seit 1983 wieder bürgerlich-demokratisch verfasst war, heizte mit ein. Wenn das Viertelfinale als »Revanche« für den Falkland-Krieg galt, so ist zu fragen: Was hatte die Junta 1982 bewogen, auf den »islas malvinas«, so der spanische Name der Inseln, zu landen? Als Hauptmotiv verweist der englische (Fußball-)Journalist David Winner auf den »Versuch, das Gefühl nationalistischer Einheit wiederherzustellen, das die WM 1978 freigesetzt hatte« (11freunde.de, 10.1.2010). Das ist nicht falsch, und doch erweist sich als übergeordnet die Frage: Was um alles in der Welt hatte England auf den Malwinen verloren?

Ganz grob sah die Interessenlage so aus: Unter der Junta pflegte Argentinien gute Beziehungen zu den USA, die ja den Putsch von 1976 forciert hatten. Zugleich sollte aber das lateinamerikanische Land mit seinen außenpolitischen Ambitionen im Zaum gehalten werden. Diese Aufgabe fiel dem transatlantischen Juniorpartner zu, der einst führenden Kolonialmacht Großbritannien: »Die Quittung für das Ausscheren aus den Spielregeln der westlichen Ordnungspolitik bestand in der Zurückstufung Argentiniens in der Hierarchie der NATO-dominierten Welt(militär)ordnung. Die Regionalmacht, das Subzentrum, hatte sich als zu ›autonomistisch‹ und ›unberechenbar‹ erwiesen, so daß ihm vorläufig keine weitergehende regionale Verantwortung delegiert werden konnte.« (Schulze-Marmeling 1987: 166f.). Zu Zeiten des Kalten Krieges ließ sich das in andere militärische Manöver einordnen: »Kriege wie der Malwinenkrieg, die Grenada-Besetzung oder der Libyen-Angriff bieten eine willkommene und vor allem ›billige‹ Möglichkeit, Kriegsbereitschaft und Abschreckungsglaubwürdigkeit zu demonstrieren.« (ebd.: 166)

Und so bleibt trotz der zutiefst unappetitlichen politisch-militärischen Führung Argentiniens die Kolonialfrage maßgebend für die Bewertung des Südatlantikkriegs, wie er in Lateinamerika auch genannt wird (»Guerra del Atlántico Sur«). Das Streben nach einem Ende der Vormundschaft war tief eingeschrieben in die Geschichte des Kontinents. »Unsere politische Arbeit hatte damals bereits einen stark internationalistischen Charakter«, wird Fidel Castro einmal auf eine Unterredung mit Che Guevara zurückblicken. »Was sonst spiegelte unser Verhalten in Bogotá, der Kampf gegen Trujillo, die Verteidigung der Unabhängigkeit Puerto Ricos, die Forderung nach Rückgabe des Panamakanals, nach argentinischer Hoheit über die Falklandinseln und Unabhängigkeit der europäischen Kolonien in der Karibik?« (Castro 2008: 190)

»Es ging vor allem darum, gegen ein Land zu gewinnen, und nicht nur gegen eine Fußballmannschaft«, erinnerte sich Diego. »Auch wenn wir vor dem Spiel sagten, dass Fußball nichts mit dem Falklandkrieg zu tun hätte, so wussten wir doch, dass dort viele junge Argentinier gestorben waren, die von ihnen abgeknallt worden waren wie die Hasen. Und das war die Revanche, das bedeutete, etwas von den Falklandinseln wieder zurückzuholen.« (Dg. 2002: 172) »Dass man die Dinge nicht miteinander in Verbindung bringen dürfe«, sei eigentlich »gelogen« gewesen. Tatsächlich hätten sie »an nichts anderes gedacht« (Dg. 2002: 172).

Rückblickend nahm Maradona auch die Junta mit in die Pflicht: »Die Engländer töteten einen Haufen Kinder. Sie waren schuldig, doch die Argentinier waren ebenso schuldig, weil sie diese Kinder in Tennisschuhen gegen die drittgrößte Militärmacht der Welt kämpfen ließen. ... Ich erinnere mich noch gut daran, als wir 1982 in Spanien die erste unzensierte Berichterstattung über den Krieg sahen: Es war ein Massaker, es stapelten sich Beine und Arme all der argentinischen Jungen, die auf den Malvinas ausgelöscht wurden, während uns diese Hurensöhne des Militärs immer wieder erzählten, dass wir den Krieg gewinnen würden.« (TbG: 136)

Als nun im Aztekenstadion die Malwinenfrage noch einmal verhandelt wurde, da sei es Maradona nicht darum gegangen, »den Krieg zu gewinnen«. Den Toten gedenken und deren Familien mit dem Spiel Erleichterung verschaffen: das ja. Natürlich indem sie »England von der Weltkarte radieren – der Weltkarte des Fußballs«. Wem Maradona »keine Schuld« an der Lage geben wollte, das waren Gary Lineker und die anderen Spieler, die sich mit »größtem Respekt« verhalten hätten. (ebd.: 135-37)

Wo Diegos Respekt spätestens endete: Prinz Charles würde er auch künftig verweigern, die Hand zu geben, die sei »blutverschmiert« (EK□). Stattdessen wird er mit Víctor Hugo Morales, dem genannten Moderator des Viertelfinales, zur WM 2014 gemeinsam die Sendung »De Zurda« bestreiten, ausgestrahlt auf *Telesur*, dem Sender des Südens. Dort werden sie Botschaften an ein Land des Nordens bereithalten, das die koloniale Politik der Insel längst mit anderen Mitteln fortsetzte.

Argentinien–England (II):
Der Triumph der »kreolischen« Spielweise

Beim Sieg über die englische Auswahl wurde noch aus der Spielweise ein Moment der antikolonialen Befreiung herausgelesen. Die Sache hat eine längere Vorgeschichte, die sich hier nur verkürzt nachzeichnen lässt. In den vorangegangenen Jahrzehnten war das argentinische, wie überhaupt das südamerikanische Spiel immer wieder Änderungen unterworfen, mal waren die Einflüsse aus Europa stärker, mal schwächer, und es gab auch eine trübe Phase des »Antifußballs«. Umgekehrt trachtete auch der europäische Fußball danach, sich dies und das abzugucken. Bereits in den 1930er Jahren zog es erste Spitzenspieler vom Río de la Plata über den Atlantik, während kontinentaleuropäische Trainer und englische Schiedsrichter das Spiel rund um Buenos Aires mitprägten. Doch auch lange nach der umjubelten Europa-Tournee von Boca Juniors Mitte der 1920er Jahre blieb, bei allen Schwankungen, eine Konstante bestehen: Das große argentinische Sportmagazin *El Gráfico* brach sie Anfang der 1950er Jahre auf die Formel »Mate« versus »ham and eggs« herunter, worin sich die »Art zu denken, zu fühlen, zu handeln« unterscheide. Denn »Deckungsspiel, Taktiken, Spielaufbau« hin oder her: »Die Engländer sind Engländer und wir sind Kreolen.« (24/1951; zit. n. Archetti 2006: 319) Das Selbstverständnis als »Kreolen« hat vielfältige Nuancen – mit dem gemeinsamen Nenner einer Abgrenzung vom einst spanischen kolonialen »Mutterland«. Wenn sich der Begriff noch im Ballsport spiegelte, so war die »Vorstellung von einer kreolischen Spielweise, die sich von der britischen unterschied, nicht nur eine Schöpfung der argentinischen Presse«, skizziert Eduardo »Lali« Archetti jenen Widerspruch, den Maradona im Viertelfinale gegen England noch einmal versinnbildlichen wird. »Auch die britischen Medien stellten dem taktischen Pflichtgefühl der Disziplin, der systematischen und kraftvollen Art des britischen Spiels die kreolischen Qualitäten der Beweglichkeit und artistischen Perfektion der Spielzüge gegenüber. Die britische Spielweise erschien als Reflex der industriellen Lebens- und Arbeitsweise. Daher wurde die Metapher der ›Maschine‹ gebraucht, um den Spielstil als repetitiv und frei von Improvisation zu denken. Im Unterschied zum maschinellen britischen Spiel würde die kreolische Spielweise mehr auf individuelle Kreativität und die Fähigkeit zu improvisieren setzen. Das Dribbeln wäre die unverzichtbare Fähigkeit jedes guten kreolischen Spielers.« (Archetti 2006: 315) Eine Beschreibung, die auch andere mit Blick auf diese beiden Tore gegen

England zeigen ließ: Sein Auftritt »war der krönende Abschluss der Reihe, die Maradona zum *pibe*, also zum Jungen machte, zu jemandem, der laut Archetti weder sein spielerisches Können noch seine Kreativität verliert, weil er sich als *pibe*, das heißt als Nicht-Erwachsener, nicht den Disziplinar- und Produktionslogiken der Welt bzw. des Marktes unterwirft. Stattdessen überschreitet er sie« (Alabarces 2015: 173). Oder mit dem Schriftsteller Olivier Guez: »Maradona ist das Unmögliche gelungen: der Sieg bei einer Weltmeisterschaft mit den Tricks eines frechen Bengels, die er sich auf den Brachflächen in den Slums selbst beigebracht hatte. Er knüpfte an die Hinterlist, die Gesten der Gauchos, den Individualismus und die Unbelehrbarkeit an.« (SZ, 28.11.2020)

An Grenzen stößt freilich, wer die »kreolische« Spielweise »im Blut« sieht. Wo wäre demnach das Phänomen George Best einzuordnen, der »wahrscheinlich beste Fußballer, der nie bei einer WM dabei war«, so Beckenbauer. (zit. n. blog, 1.12.2020) Einer, der »noch verrückter war als ich«, so Maradona selbst (Dg. 2002: 387). Ein begnadeter Dribbler, wie er kaum auf die Insel zu passen scheint, ein »Kreole« im britischen Pelz. Und doch: An diesem 22. Juni erlebte das Aztekenstadion den Sieg der »artistischen Perfektion« über die »britische Maschine«.

Der »kreolische Triumph« war ein Triumph Maradonas. Und das ironischerweise unter einem Trainer Carlos Bilardo, der als Antipode zu Vorgänger Menotti und dessen Philosophie vom schönen Fußball galt. Bilardo wusste um seinen Trumpf. Kaum im Amt, flog er 1983 nach Barcelona, um Diegos Motivation noch zu steigern. »Ich sprach fünf Stunden lang mit ihm in seinem Haus, bis etwa drei Uhr morgens. Seine Mutter war dabei.« (zit. n. Burns 1998: 178) Ob er »eine Geldforderung« stelle, erinnerte sich Maradona an eine der Fragen. »Eine Geldforderung, damit ich in der Nationalmannschaft spiele?! Vergiss das, Carlos. Um mein argentinisches Trikot zu verteidigen, würde ich nie Probleme machen.« Damit bot Bilardo ihm die Kapitänsrolle an. Er sei »wie versteinert« gewesen und »in Tränen ausgebrochen« (Dg. 2002: 148), so früh hatte der 22-Jährige damit nicht gerechnet. Bilardo wusste auch die Mannschaft auf die Sonderrolle Diegos einzustellen: Vom Trainingsprogramm bis zur Nachtruhe galten für ihn eigene Gesetze. »Ich sagte mir: Hier ist Maradona – und dort ist die restliche Mannschaft.« (zit. n. Burns 1998: 178) Die Rechnung sollte aufgehen.

Argentinien–England (III): Zwei Jahrhunderttore

Beide Tore in diesem Viertelfinale, das mit der »Hand Gottes« und das nach dem Jahrhundertsolo, schienen einmalig, zumindest in Kombination. Nach Maradona würde da nur noch einer herankommen: 2007 kopierte ein 19-jähriger Messi im Barça-Dress beide Treffer, wenn auch »nur« in Liga-Spielen gegen Getafe und Espanyol Barcelona. Die Originalkommentare überschlugen sich, von »Diego Armando Lionel Messi« ist da die Rede, von »encarnación«, von »es Diego, es Diego«. Doch Messis Tore geschahen eben nicht beide in einem Spiel, nicht hintereinander in der 51. und 54. Minute, nicht in einem WM-Spiel, nicht gegen England.

Die Hand Gottes | Von einem »Taschenspielertrick« (fifa.com) sollte die Rede sein, von einer »Kriegslist«, einem »Betrugsmanöver« mit der »Faust Gottes«, das ihn ohne »schlechtes Gewissen« ließ. (NZZ, 25.11.2020) Und noch lange Zeit später wird beklagt, er habe die »Fairnessregeln verletzt, ohne auch nur ansatzweise Reue zu zeigen« (Fischer 2014: 180). In der Mehrheit waren jene, die sich diebisch darüber freuten, wie er den Engländern mit der »Hand Gottes« einen eingeschenkt hatte. Noch lange würden letztere es ihm übelnehmen, der damalige Keeper, Peter Shilton, zeigte am Tag nach Maradonas Tod das »Taktgefühl« des für immer Beleidigten: »Was ich nicht mag, ist, dass er sich nie entschuldigt hatte. Zu keinem Zeitpunkt sagte er, dass er betrogen hatte und dass es ihm leidtue. Stattdessen kam er mit seiner Leier von der ›Hand Gottes‹. Das war nicht richtig.« (zit. n. Africa Is a Country, 2020) Leidgetan? Dem Regisseur Emir Kusturica verriet Maradona: »Warum? Es war so, als hätte ein neapolitanischer Straßenjunge einem reichen Engländer die Geldtasche gestohlen.« (zit. n. ballesterer 1/2021a: 57) Aber mehr noch: Maradona war »intuitiv bewusst«, dass auch nur die Andeutung einer Entschuldigung seine »Gegner in England immer noch nicht beruhigt hätte«, so John Reynolds, Redakteur des *Third Worldist International Law Journal* (Africa Is a Country, 2020). Und so war die Auseinandersetzung mit dem Boulevardblatt *The Sun* mehr als eine Posse: »Ich habe einen Rechtsstreit gegen eine englische Zeitung gewonnen, die die Titelstory ›Maradona sagt, es tut ihm leid‹ veröffentlichte.« Das war, wie er betonte, »ein Gedanke, der mir nie in den Sinn kam. Nicht damals, nicht dreißig Jahre später, nicht auf meinem Sterbebett.« (zit. n. ebd.) Auch in seiner Autobiografie gab Maradona dem einstigen Keeper einen mit: »Diese Thermoskanne war über mein Handtor verärgert.« (Dg. 2005: 274)

Zu dem Tor selbst ist eigentlich alles gesagt, es bleibt die Notiz: Je öfter man sich die Szene ansieht, desto eher kann man zu dem Schluss kommen: das war einstudiert. Und tatsächlich plauderte Jorge Valdano sehr viel später aus, dass Diego daran »im Training gearbeitet« hatte. (2021: 50) Das allein würde aber übersehen: Es gab Vorläufer des Tores. Jenes bereits erwähnte aus ganz jungen Jahren, als Dieguito bei den *Cebollitas*, den »Zwiebelchen«, spielte. Oder eines in den Farben des SSC Neapel, gegen das Juventus Turin machtlos blieb. Ob trainiert oder nicht: Bei diesem Tor fügte sich der gesamte Bewegungsablauf in die intuitive Spielanlage Maradonas, die einem Tanz mit dem Ball glich.

Das Jahrhundertsolo | Aus der eigenen Hälfte gestartet, 60 Meter, 37 Schritte, elf Ballkontakte, sechs Gegner, einschließlich Keeper Peter Shilton, bevor er zum 2:0 einschiebt. Der Mitspieler Jorge Valdano, zum Statisten degradiert, erzählte später, er sei »zunächst noch verantwortungsbewusst« nach vorne gelaufen, bis er bemerkt habe, dass er »nur ein weiterer Zuschauer« war. Mit dem Tor »hatte die Mannschaft nichts zu tun. Es war Diegos persönliches Abenteuer, und es war spektakulär.« (zit. n. Fg. 10/2020: 119) Und: »In der Kabine hat Diego sich dafür entschuldigt, dass er mir den Ball nicht zugespielt hat.« Dass er »trotzdem noch Zeit hatte, mich zu sehen? Das ist praktisch unmöglich.« (fifa.com) Nun ja, er hatte eben »Augen am ganzen Körper« (Galeano 2000: 256). Es war das Tor des *pibe*, ein »kreolisches« Tor, eines, das in unzähligen vorangegangenen Spielzügen angelegt war. Der erwähnte von 1980, ebenfalls gegen England, war nur einer davon. Im Aztekenstadion brachte er die Anlage zur Vollendung, in dem wohl aufgeladensten Spiel seiner Laufbahn.

Auf beide Tore Diegos bleibt noch einmal zurückzukommen, symbolisch werden sie für einen Aufschrei des globalen Südens stehen. Ach so, der Anschlusstreffer zum 1:2 durch WM-Torschützenkönig Gary Lineker (81.) war Kosmetik.

Vom Halbfinale gegen Belgien zum Triumph über Beckenbauers Jungs

Es gibt dieses berühmte Bild aus dem Halbfinale: Maradona gegen sechs Belgier, die im Aztekenstadion versuchen, irgendetwas gegen ihn auszurichten. Fast ein bisschen schade ist, dass die Szene »entzaubert« wurde: Sie entstand, nachdem eine Freistoßmauer auseinandergestoben war. (vgl. 11freunde.de, 27.10.2013) Nicht »entzaubern« ließ sich Maradona bei seinen beiden Treffern zum Endstand von 2:0, von denen das zweite – nur wenige Tage nach seinem offiziellen WM-Tor des Jahrhunderts – Rang vier in derselben Statistik belegen wird. Und wieder war es ein Streich des *pibe* – allein gegen vier Verteidiger lässt er am Ende auch Torwart Jean-Marie Pfaff keine Chance. Nachzutragen bleibt eine Randnotiz über eine Einwechslung in der 85. Minute: »Eine rührende Geste blieb außerhalb Argentiniens fast unbemerkt: Maradona hatte darauf bestanden, dass sein Jugendidol Ricardo Bochini, ein Veteran mit Glatze und Gewichtsproblemen, zur WM mitgenommen wurde, und im Halbfinale gegen Belgien führten die beiden mit dem Ball während der Schlussminuten ein kleines Tänzchen auf.« (NZZ, 25.11.2020)

Im Finale war Schluss mit den Jahrhunderttoren, überhaupt: mit Maradona-Toren. Die Freude beim 3:2-Sieg über die westdeutsche

Elf konnte das nicht trüben: »Zwar hatte Bilardo Maradona im Finale defensiver spielen lassen, doch trotz des Verzichts auf wilde Dribblings mit Torabschluss hatte der Superstar gleichwohl die entscheidende Wirkung erzielt. Nicht nur in seiner Rolle als Ballverteiler und Torvorbereiter. Die ungeheure Reputation, die er während des Turniers erworben hatte, verführte die Deutschen dazu, sich nur auf ihn zu konzentrieren. Die französische Zeitung *Libération* sprach später vom ›Sieg des Maradona-Effekts‹. Im Finale hätten die Deutschen nur an ihn gedacht. ›Die Argentinier in seinem Schatten, seine fast anonymen Partner, haben dies genutzt, um das Spiel ihres Lebens zu spielen.« (Schulze-Marmeling 2021: 96f.) 2:0 lagen sie vorne, ehe es durch Rummenigge (74.) und Völler (81.) noch zum Ausgleich kam. »In der Verlängerung fressen die uns auf«, blickte Jorge Valdano auf seine Sorgen zurück: »Es wurde plötzlich Nacht. Aber dann erschien Diego, und in diesen Momenten erschien er immer. Ich kann mich noch ganz genau erinnern: Wir standen beim Anstoß. Burru (Burruchago), Diego und ich. Und Burru ist ja ein Seelenruhiger, er sagte zu mir: ›Wir gewinnen.‹ Und ich dachte: ›Ist schon klar.‹ Aber dann meinte Diego: ›Ganz ruhig, Jorge, wir gewinnen‹, und ich dachte: wenn Diego mir das sagt, dann gewinnen wir.‹« (Valdano 2021: 53) Drei Minuten später besorgte »Burru« das 3:2, zu den Freudentränen war es nicht mehr weit. »Bei der Ehrenrunde nach dem Finale 1986 hatte ich ein Gefühl von Frieden und innerer Ruhe wie nie zuvor in meinem Leben«, so Diego. (zit. n. Fg. 10/2020: 112) Er war angekommen: auf dem Olymp und bei sich selbst.

Die Fachwelt war sich einig: Nie zuvor und nie danach hat ein einzelner Spieler eine WM dermaßen geprägt wie Maradona jene von 1986. Zudem trug Diegos gesamtes Auftreten bei diesem Turnier, sowohl auf wie auch neben dem Rasen, dazu bei, dass er fortan in weiten Teilen der Welt als Held und Rebell galt. Als einer, der es mit Imperien aufnehmen konnte. Maradona selbst wird die Sache herunterspielen: »Indem wir den Titel gewannen, haben wir die Welt nicht verändert. Die Brotpreise haben wir nicht gesenkt.« (zit. n. Africa Is a Country 2020)

Gefeiert in Neapel, ausgepfiffen in Rom: Die WM '90 in Italien

»Ich wusste, dass ich in Mailand viele Pfiffe kriegen würde, das waren meine Erzfeinde«, blickte Diego auf das Eröffnungsspiel der WM '90 gegen Kamerun zurück. Doch das konnte ihn auch anspornen, zumal er »einen Anruf aus Neapel bekommen« hatte. »Sie baten mich, mir keine Sorgen zu machen. Denn der Beifall, den ich im San-Paolo-Stadion bekäme, falls wir dort spielten, würde mich für alles entschädigen.« (Dg. 2002: 220) Nachdem Gianna Nannini die WM-Hymne gesungen und die Eröffnungsfeier über die Bühne war, schlug die Stunde der Mannschaften. »Als wir, ich voran, ins Stadion einliefen, hörte ich ein Pfeifkonzert wie selten in meiner Karriere.« Das habe ihm nur noch »mehr Kraft« gegeben, mit einem Blick auf den Rang warf er seiner Familie »eine Kusshand zu«. Und »während der Nationalhymne, die wegen des Pfeifkonzerts der Italiener kaum zu hören war, versuchte ich, hoch erhobenen Hauptes dazustehen.« Anschließend habe er sich vor die Spielerreihe gestellt und geschrien: »›Loos, verdammt noch mal, looos!‹ Doch alle stierten sie auf den Boden.« (ebd.: 223) Am Ende hieß es 1:0 für Kamerun, und auf der Pressekonferenz wusste Maradona zu sagen: »Das einzige Angenehme an diesem Abend war festzustellen, dass die Italiener keine Rassisten mehr sind. Heute haben sie zum ersten Mal die Afrikaner angefeuert.« (ebd.: 224)

Nach einem 2:0 gegen die Sowjetunion und einem 1:1 gegen Rumänien schloss man eine enttäuschende Vorrunde als Dritter ab, das Punktekonto reichte aber dennoch für das Achtelfinale. Dort traf man auf Brasilien, und Diego machte einmal mehr den Unterschied: »Bis zur 81. Minute war noch kein Tor gefallen. Dann eroberte Maradona im Mittelfeld den Ball, setzte noch in der eigenen Hälfte zu einem Dribbling an, ließ gleich mehrere Brasilianer stehen und schob den Ball durch die Beine eines Gegenspielers. Diagonal zu Caniggia, der den Torwart Cláudio Tafferel ausspielte und zum 1:0 abschloss.« (Schulze-Marmeling 2021: 97)

Gegen Jugoslawien brauchte es ein Elfmeterschießen, das Argentinien trotz eines Fehlschusses von Maradona mit 3:2 gewinnt. Damit sollte es im Halbfinale zum Showdown gegen Gastgeber Italien kommen, und das in Neapel. Maradona heizte die Stimmung zusätzlich mit einem Statement an, mit dem er in seiner Wahlheimat vielen aus dem Herzen sprach: »Ich finde das nicht in Ordnung, dass nun alle von den Neapolitanern verlangen, sie sollen Italiener sein und die italienische Nationalelf anfeuern. Neapel wurde sonst immer vom Rest Italiens ausgegrenzt. Es war dem schlimmsten Rassismus ausgesetzt.« (MLiB: 83) Die Berichte gehen darüber auseinander, *wie* sehr das Stadion zu Argentinien hielt. Als sicher gilt: Die Tifosi Neapels standen hinter Diego. In der 67. Minute glich Argentinien durch Claudio Caniggia zum 1:1 aus, nach 120 Minuten kam es zum Elfmeterschießen. Wieder wird Torwart Sergio Goycochea, zunächst nur als Argentiniens Nr. 2 mitgereist, zum Held des Abends. Den entscheidenden Elfer verwandelte: Maradona.

Beim Finale in Rom gegen Matthäus und Co. erwartete die *Albiceleste*, was sie schon aus dem Eröffnungsspiel kannten: »Als unsere Nationalhymne gespielt wurde, fingen sie an zu pfeifen. Und erst recht, als mein Bild auf der Riesenleinwand auftauchte. Deshalb habe ich etwas gesagt, was ich ganz deutlich mit meinen Lippen ausgesprochen habe, damit alle es ablesen können.« (ebd.: 85) Man brauche »kein Lippenleser sein«, wird später kommentiert, »um zu erkennen, dass ›El diez‹ lautstark ›Hijos de puta‹ ruft – Hurensöhne« (Fg. 10/2020: 72).

Am Ende war er alleine. Aufgelöst stand er da, eine Welt war zusammengebrochen. Jorge Valdano, der in Italien nicht mehr im Kader stand, wird dereinst im britischen *Guardian* resümieren: »Maradona war ein technischer Anführer: Er fand für sämtliche Schwierigkeiten auf dem Spielfeld eine Lösung. An erster Stelle war er dafür verantwortlich, Wunder zu vollbringen. Das gibt der Mannschaft jede Menge Selbstvertrauen. Darüber hinaus war das Ausmaß seiner Berühmtheit so gewaltig, dass er im Namen seiner Teamkollegen den gesamten Druck absorbierte. Als Diegos Mitspieler konnte man vor einem Spiel gut schlafen. Man wusste, dass er Dinge vollbringen konnte, die kein anderer zustande brachte. Und im Unterbewusstsein war uns klar, dass er derjenige sein würde, der im Falle einer Niederlage den Großteil der Verantwortung stemmen müsste.« (24.6.2014)

»1990 hat uns die Mafia den Titel geklaut«, wird er später sagen. »Weil wir Italien im Halbfinale rausgeworfen haben, musste Deutschland Weltmeister werden. Sie bekamen einen Elfmeter, der keiner war«, so Maradona im Rückblick angesichts eines überaus schmeichelhaften Strafstoßes. (sport.de, 8) Tatsächlich hätte der Elfmeter, den Andreas Brehme zum 1:0-Endstand verwandelte, vor keinem Videobeweis standgehalten, der seinem Namen gerecht würde. Wer sich die Szene im Netz anschaut, wird auf einen zweifelnden Kommentator stoßen, der es auf die dürftige Formel brachte, aus »deutscher« Sicht könne man den geben. Naheliegender wäre es gewesen, von einer Schwalbe Rudi Völlers zu sprechen, in den Medien war auch von »herausgeholt« die Rede. »Dieser Herr Edgardo Codesal [Méndez], der mexikanische Schiedsrichter, ich möchte wissen, wer den geschickt hat, wollte gesehen haben, wie Sensini Völler umgesäbelt hat, aber dass Matthäus Calderón gelegt hat, hat er nicht gesehen«, so Maradona noch Jahre später. (MLiB: 84) Andere deuteten den Elfmeter als Konzessionsentscheidung für eine vorangegangene Szene: Für eine Aktion gegen Klaus Augenthaler hätte Méndez eigentlich auf den Punkt zeigen müssen. Zwei durchaus berechtigte Rote Karten gegen ein nicht überzeugendes Argentinien taten ihr Übriges.

Und die Mafia? Bei dem Spielverlauf lässt sich der Verdacht nicht erhärten, das Finale wäre manipuliert gewesen, auch wenn sich der Kommentar Maradonas vor dem Hintergrund bekannter Fälle von verschobenen Spielen nachsehen lässt. Auf der Ehrentribüne saßen außer einem Havelange und einem Blatter (FIFA) unter anderem ein Agnelli (Fiat-Konzern) und ein Kissinger (US-Außenminister a. D.). Auf ihrem jeweiligen Feld waren sie Männer von großem Einfluss, als Mafiosi waren sie nicht bekannt.

»… die Beine abgeschnitten«: Die WM '94 in den USA

Boston, 25. Juni 1994: Sue Allen Carpenter betritt in einem ungewöhnlichen Schauspiel den Rasen. Gleich nach dem Schlusspfiff strebt die damalige Krankenschwester und spätere Ärztin zu Maradona, um ihm mitzuteilen, er sei für die Dopingprobe ausgewählt. Das Bild, wie er mit der Dame in Weiß Hand in Hand den Platz verlässt, geht um die Welt. Das Spiel gewann Argentinien mit 2:1 gegen Nigeria, Maradona war gut aufgelegt, wie schon beim 4:0 im ersten Spiel gegen Griechenland, zu dem er mehr beitrug, als sein eines Tor vermuten lässt. Er machte dort weiter, wo er im Herbst 1993 bei seinem Comeback in den denkbar knappen Playoff-Spielen der WM-Qualifikation gegen Australien (1:1, 1:0) aufgehört hatte.

Fünf lange Tage vergingen, bis der Befund der B-Probe verkündet wurde. Er war positiv, man hatte einen Mix aus verschiedenen Ephedrinstoffen festgestellt. Nach der Bekanntgabe, so sein Fitnesstrainer Fernando Signorini, sei »Diegos ganze Welt zusammengebrochen. Er weinte aus tiefster Seele.« (zit. n. Burns 2010: 252) Maradona selbst wird notieren: »Claudia ist immer an meiner Seite geblieben, vom ersten Moment an, als Franchi kam und mir erzählte, was passiert war. In ihren Armen habe ich tagelang geweint.« (MLiB: 93) Von Anfang an verstellte er seine Gefühle nicht. Bei einem Interview, das er dem argentinischen TV-Sender *Canal 13* aus seinem Hotelzimmer in Dallas gab, hatte er »Tränen in den Augen« (Fg. 10/2020). Auf einer Pressekonferenz wird er ergänzen: »Die wissen nicht, was sie mir antun. Es ist, als hätten sie mir die Beine abgeschnitten. Man hat mein Glück zerstört.« (zit. n. Schulze-Marmeling 2021: 101) All das geschah am Tag des dritten Vorrundenspiels gegen Bulgarien. Prompt verlor Argentinien die Partie, dabei machte sich ein Phantomschmerz breit. Von Mittelfeldspieler Fernando Redondo wurde berichtet, er habe anschließend weinend zu Maradona gesagt: »Ich habe dich auf dem Platz gesucht und konnte dich nicht finden. Das ganze Spiel über habe ich dich gesucht.« (zit. n. Fg. 10/2020: 79) Im Achtelfinale folgt das Aus gegen Rumänien (2:3).

Der Vorfall lässt sich einordnen in eine lange Geschichte des Dopings, die vor Weltmeisterschaften nicht haltmachte. Man schlage noch einmal bei Harald »Toni« Schumacher nach (»Anpfiff«, 1987) oder besser noch bei Thomas Kistner (»Schuss«, 2017): Angefangen mit der WM 1954 – beim »Wunder von Bern«: leere Ampullen in der Kabine der DFB-Elf, in der Folge Gelbsuchterkrankung und Leberschädigungen bei Spielern – liefert der SZ-Redakteur Indizien und Belege für systematisches Aufputschen auch bei darauffolgenden Turnieren. Die jeweiligen »goldenen Generationen« – sei es aus Brasilien, den Niederlanden, der Bundesrepublik oder Spanien – werden in Bezug zur Aufrüstung des medizinischen Stabs gesetzt.

»Macht euch keine Sorgen«, hatte Diego nach der Dopingprobe gesagt. Und tatsächlich ist sich die ›Geschichtsschreibung‹ weitgehend darüber einig, dass er allen Grund zu der Annahme hatte. »Zu seiner Entlastung sei angeführt«, resümiert etwa der Fußballhistoriker Dietrich Schulze-Marmeling, »dass er nicht wusste, was er schluckte.« (2021: 101) Und auch die FIFA selbst, deren WM-Organisationsausschuss zwei Monate nach dem Vorfall abschließend über den »Fall« Maradona tagte, »kam zu dem Schluss, dass er nicht schuldig war, sich selbst bewusst gedopt zu haben, um seine Leistung zu steigern, und dass er sich nicht bewusst gewesen war über die genauen Bestandteile der Medikamente, die Teil seiner Diät waren. Nichtsdestoweniger erklärte es ihn für schuldig, die FIFA-Dopingregularien verletzt zu haben.« (Burns 2010: 263) 15 Monate Sperre verhängte der Weltverband, und das nicht nur bezogen auf Nationalmannschaftsspiele. Die Strafe galt Maradona und seinem Ernährungsberater Daniel Cerrini. Nicht nur der Film »Amando a Maradona« zeugt davon, dass die Strafe vielfach als unverhältnismäßig gesehen wurde, zustandegekommen unter unklaren Verhältnissen. Angeführt wurde etwa, dass das »Abmagerungsmittel, das Cerrini als Teil der Radikaldiät des Spielers eingeführt hatte«, in den USA »rezeptfrei verkauft wurde«. Es »fand im Amateursport breite Anwendung, enthielt aber eine Substanz, die auf der Verbotsliste der FIFA für leistungssteigernde Medikamente stand. Cerrini behauptete später, dass er diesen Fakt nicht ignoriert, aber übersehen habe.« (ebd.: 259) Zudem nahm die FIFA bei Diego »eine strengere Haltung ein als bei einem ähnlichen Fall 1986. Während der WM 1986 in Mexiko war ein spanischer Spieler trotz eines positiven Tests entlastet worden.« (ebd.: 263)

Auf die Sperre hin gab es »Erstaunen und Entrüstung. Der Donner der Verdammnis«, so Eduardo Galeano, »ließ die gesamte Welt taub werden, doch immerhin gab es auch ein paar unterstützende Stimmen für das gefallene Idol. Und das nicht nur in seinem traurig-bestürzten Argentinien, sondern auch an so entfernten Orten wie Bangladesch, wo eine große Gruppe Demonstranten auf den Straßen ihre Ablehnung der FIFA hinausbrüllte und die Rückkehr des Ausgestoßenen forderte.« (2000: 251) Nach Verhängung der Sperre reichte der Fußballverband von Bangladesch eine Petition mit der dringlichen Bitte ein, diese zurückzunehmen. Und auch der Sportminister des indischen Bundesstaates Westbengalen, Subhas Chakraborty, nahm sich der Sache an: mit einer Erklärung gegen die FIFA und Maradonas Widersacher Pelé. (vgl. Mitra/Naha 2017: 668) Das mag randständig klingen, die Bedeutung des Gesuchs wird sich im Lichte eines späteren Kapitels erhellen.

Für die Sperre gab es einen weiteren, wenn auch spekulativen Hintergrund, an den die argentinische Wochenzeitung *Nuestra Propuesta* noch einmal in einem Nachruf erinnerte: »›Die FIFA konnte Diego Maradona nicht erlauben, den Weltpokal in die Luft zu reißen und ihn Fidel Castro zu widmen.‹ Das Zitat, auch wenn es von einem Journalisten offen rechtsgerichteter Haltung und Engagements stammt, hilft zu verstehen, warum, noch während er den Erfolg gegen Nigeria feierte, eine weißgekleidete Frau auftauchte, die den Kapitän der Nationalmannschaft vom Platz zerrte.« (26.11.2020) Der in dem Nachruf zitierte Satz stammt aus der Zeit der WM ’94, und zwar von dem langjährigen Sportjournalisten Fernando Niembro (in den 2020ern bei *Fox Sports Latinoamérica*), der uns noch einmal im Zusammenhang mit einem Diplomatenpass begegnen wird. Zu verstehen ist die Aussage als Hypothese, er verarbeitet sie auch in einem belletristischen Werk mit dem Titel

»Inocente« (1995), gemeinsam mit dem Schriftsteller Julio Llinás als Co-Autor und »mit Maradonas Zustimmung« (Burns 2010: 255).

Für einen Krimi gilt das als legitim, zumal ihm ein rechter Subtext nicht anzusehen ist, er schließt gar mit zwei längeren Zitaten von Eduardo Galeano. (Niembro/Llinás 1995: 270) Es besteht kein Zweifel daran, dass Diego schon zu seiner Zeit als Spieler ein Freund von Fidel war, den er 1987 persönlich kennenlernte und 1993 zuletzt besuchte. Und hätte er ihm tatsächlich, zumal bei einer WM in den USA, den Pokal gewidmet – so wie später einmal die FIFA-Auszeichnung zum »Fußballer des Jahrhunderts« –, hätte das dem Weltverband samt Sponsoren wohl als untragbar gegolten. Doch wie groß die »Gefahr« tatsächlich war, ist schwer auszumachen. Auch wenn der FIFA und ihrem Netzwerk vieles zuzutrauen ist: Die Indizienlage gibt es nicht her, den Verdacht auf einen Zusammenhang zur Dopingsperre zu erhärten. Die Möglichkeit von vorneherein auszuschließen, führt indes auch nicht weiter. Oder anders: Die beweis- und indizienlose Festlegung darauf, dass Diegos Ernährungscoach Daniel Cerrini »kein CIA-Agent« (Burns 2010: 255) gewesen sei, erscheint ebenso unlauter wie die umgekehrte Behauptung, dass dieser in den Diensten Dritter gestanden haben soll. Schließlich gehört es zum Wesen von *Geheim*diensten, keine vollständigen Mitarbeiterlisten offenzulegen. Zugleich wird Cerrini bei Jimmy Burns als jemand beschrieben, der zwar Maradonas Vertrauen gewinnen konnte, sich aber ansonsten als eher windige Gestalt erwies, die erst im Sommer 1993 neu zu Maradonas Stab kam: »Cerrini leitete die *New Age Gym* in Buenos Aires. Außerdem war er Bodybuilder, sein größter Erfolg hatte darin bestanden, acht Jahre zuvor *Mr. South American Youth Body* geworden zu sein. Als weitere Referenzen konnte er Diplome als Fitnesstrainer und Ernährungsberater vorweisen, die in Argentinien jedoch nicht anerkannt wurden.« (ebd.: 255) Ein intensives Training, gepaart mit »strenger, mit Vitaminen und Mineralzusätzen angereicherten Diät und, über einen begrenzten Zeitraum, ergänzenden Medikamenten zur Gewichtsreduktion« sollte eine optimale Vorbereitung sicherstellen. Gemeinsam mit

Diegos langjährigem Fitnesscoach Signorini begaben sie sich zu dritt auf eine abgelegene Farm zwecks Diät und Training, und bald war Maradona wieder in Form. Unterdessen war Signorini offenbar argwöhnisch gegenüber Cerrini geworden. Nicht nur habe man über Diegos zu erreichendes »Idealgewicht« gestritten – 70 oder 77 Kilo –, sondern auch die Vergangenheit des neuen Ernährungscoachs machte misstrauisch: »Zu denen, die auf Signorinis Veranlassung Cerrinis Vergangenheit durchforstet hatten, gehörte Dr. Nestor Lentini, Leiter der Nationalen Sportklinik Argentiniens. Lentini bestätigte nicht nur das Fehlen überzeugender medizinischer Zeugnisse, sondern – schlimmer noch – Cerrinis Verwicklung in einen positiven Dopingtest, der dazu geführt hatte, dass im Jahre 1989 seine Freundin von einem Bodybuilding-Wettkampf wegen angeblicher Einnahme anaboler Steroide ausgeschlossen wurde.« (ebd.: 256f.) Auch die Beziehung zwischen Cerrini und dem argentinischen Mannschaftsarzt Dr. Ernesto Ubalde galt als zerrüttet.

Auch ohne die Personalie Cerrini hier weiter ausleuchten zu können, so erscheint doch im Umgang mit Spekulationen, wie sie der Roman »Inocente« befeuerte, etwas mehr Gelassenheit gefragt. Ob es nun einen realen Anlass für die Mutmaßungen gab oder nicht: Als Diego »verbannt wurde, verlor das Spielfeld seinen lautesten Rebellen« (Galeano 2000: 256) In Argentinien war derweil viel von *dolor*, von »Schmerz«, die Rede. Klar war: Als Spieler würde er auf keine WM-Bühne mehr zurückkehren. Eduardo Galeano drückte es in der argentinischen Tageszeitung *Página 12* (1.7.1994) so aus: »Maradona ist weg. Die WM wird nicht die gleiche sein. Niemand hat selbst so viel Spaß und amüsiert zugleich so viele, wie er es tut, wenn er sich mit dem Ball unterhält. Niemand gibt so viel Freude wie der Magier, der tanzt und fliegt und Spiele mit einem unmöglichen Pass oder einem explosiven Schuss absteckt.« (zit. n. Archetti 1997: 46)

Zur Erinnerung: Zurück in Buenos Aires wird er seine Künste noch einmal aufblitzen lassen: in den Farben seiner geliebten Boca Juniors. Und auf internationaler Bühne wird er für die Rechte der Spieler streiten.

Abspann III: Der Gewerkschafter Maradona

Auch nachdem man Diego »die Beine abgeschnitten« hatte, spielte er noch ein paar Jahre lang Fußball. Die Zeit der Sperre nutzte er auch zu ersten Gehversuchen als Trainer. Seine Stationen bei den argentinischen Erstligisten Textil Mandiyú und Racing Club blieben indes kurz und erfolglos.

Bemerkenswerter war eine Initiative von 1995: »In Paris habe ich am 18. September einen alten Traum verwirklicht: Ich habe die weltweite Fußballspielergewerkschaft gegründet. Ich wurde von einer Bande, aber einer wahrhaftigen Bande unterstützt, mit dem Franzosen Éric Cantona an der Spitze. Er war wie ich gesperrt und der erste, der sich meiner Idee angeschlossen hatte. Dann waren da noch George Weah, Abedi Pelé, Gianluca Vialli, Gianfranco Zola. Laurent Blanc, Rai, Thomas Brolin, mein guter Freund Ciro Ferrara, Michael Preud'Homme… Eine erstklassige Mannschaft. Alle Achtung! Unser einfaches, aber momentan unmögliches Ziel war es, uns bei den Vereinsvorständen Gehör zu verschaffen. Dass wir Fußballspieler endlich einmal Stimme und Stimmrecht bekamen.« (Dg. 2002: 339f.) »Ein Kumpel, ein Freund«, sollte Diego über den späteren Schauspieler Cantona sagen: »Auch, und zwar mehr als jeder andere, ein Verrückter und Rebell wie ich. Sie haben ihn suspendiert, weil er ehrlich war. Außerdem war er ein Crack, da muss man nur die Fans von Manchester fragen, die haben ihn zur Nummer eins gewählt.« (ebd.: 389) Wollte man die anderen Spieler durchgehen, wäre vielleicht George Weah, späterer Präsident Liberias (2018ff.), hervorzuheben, der für Diego »auch ein großer Kämpfer außerhalb des Spielfelds« war. (ebd.: 394).

Gleichermaßen von Solidarität wie Kampfbereitschaft geprägt, erklärte Maradona: »Wir wollen die Fußballspieler aus aller Welt vereinigen.« (zit. n. taz, 20.9.1995) Und: »Die Idee zu dem Verband kam mir als Möglichkeit, meine Solidarität mit den vielen Spielern zu zeigen, die die Unterstützung jener benötigen, die berühmter sind. … Wir beabsichtigen nicht, irgendwen zu bekämpfen, es sei denn, sie wollen den Kampf.« (zit. n. thenation.com) Die damit indirekt angesprochene FIFA ließ über ihren Pressesprecher Keith Cooper erklären: »Wir wissen von dieser Gewerkschaft nichts. Wir haben nicht mal ein Papier erhalten.« (Fg. 10/2020: 80)

»Die Fußballfunktionäre«, blickte Maradona zurück, »haben uns Spieler aus einer sehr wichtigen Position verdrängt. Sie werden gut beraten, haben studiert, bekommen die besten Sponsoren und denken mehr an Coca-Cola und Hyundai als an die Protagonisten. Ich habe darunter gelitten, als ich die Spielergewerkschaft aufgezogen habe.« Die Weltmeisterschaften seien »eine Fabrik, die immer mehr einbringt, mit Arbeitern, die alles mit sich machen lassen.« (Dg. 2002: 406)

In dem »Gewerkschafter Maradona« kamen die rebellische und die solidarische Haltung im *pibe de oro* zusammen: »Wenn es etwas gab, was er nie verloren hat«, so Jorge Valdano, »dann war es der Respekt gegenüber den Mitspielern – niemals. Weder an dem Tag, als er ankam, noch am letzten Tag. Für Diego war die Gruppe immer das Wichtigste. Ich glaube, er hat sich dort immer beschützt gefühlt, und auf dem Platz und außerhalb hat er das gezeigt.« Und mehr noch: »Ich glaube, dass das Glücksgefühl, das er auf dem Platz verspürte, ihn solidarisch machte, mutig, versiert bis zum Exhibitionismus und dabei kämpferisch wie einen hungrigen Wolf.« Für die Gruppe habe er immer wieder »kleine Aufmerksamkeiten« gehabt: »Für seine Kollegen, aber auch für die Leute, die uns umgaben, denn Diego war ein prächtiger, großzügiger Mensch. Als er zum Beispiel mitbekam, dass ein Mitspieler Probleme bei der Vertragsverlängerung hatte, ging er zum Präsidenten, trat ihm entgegen und kämpfte für den Vertrag. Für Diego war es wichtig, dass seine Kollegen glücklich waren.« (Valdano 2021: 47-49)

Freilich blieb Maradonas Gewerkschaftsinitiative nicht von Erfolg gekrönt. Die Verkündung Diegos, »bei allen Entscheidungen mitreden« zu wollen, »sonst könnte es schon bei der nächsten WM 1998 in Frankreich Probleme geben« – sie verpuffte. (zit. n. Fg. 10/2020: 80) Und doch: Für Eduardo Galeano, der an die Proteste

Diegos gegen die Spiele in der mexikanischen Mittagssonne – zur besten europäischen Sendezeit – erinnerte, war Maradona »der einzige unter den berühmten Spielern« gewesen, »der sich traute und protestierte. Ähnliches passierte, als er versuchte – wenn auch vergebens – eine internationale Spielergewerkschaft zu gründen, um die Interessen der Fußballer zu verteidigen. Damit die Spieler konsultiert würden, bevor die FIFA Entscheidungen treffen konnte. Das klappte leider nicht, es blieb bei der Hoffnung. Bis auf den heutigen Tag ist die FIFA eine Minderheit in der Minderheit, in der Technokraten und Geschäftemacher sich einen Platz anmaßen, den eigentlich die Spieler einnehmen müssten. Jene, die nie um Rat gefragt werden. Maradona war der erste große Star des Weltfußballs, der es wagte, die Dinge beim Namen zu nennen. Damals sprachen sie ihm die Zuständigkeit ab, weil das auf seinen Kokaingenuss zurückzuführen sei. Sein Gehirn sei von Drogen ausgebrannt.« (Galeano/Hübener 2006: 213)

Er sollte noch manches beim Namen nennen, und nach seiner Therapie auf Kuba war es nicht mehr so einfach, das aufs Koks zu schieben. Es war eine Zeit, da Diego wieder oft auf dem Platz war, wenn auch an der Seitenlinie.

6.
»Etwas verrückt, genau wie ich«

Glückloser Trainer, leidenschaftliche Galionsfigur

»Ich fühle mich wie neu geboren, der Fußballplatz ist mein Leben«, erklärte Maradona bei seinem Einstand als Assistenztrainer beim damaligen argentinischen Erstligisten Mandiyu Corrientes. (Fg. 10/2020: 80) Das war im Oktober 1994, noch zu Beginn der FIFA-Sperre. Wenn er schon nicht spielen durfte, dann wenigstens an der Seitenlinie stehen. Lange währte die Zeit des 34-Jährigen dort nicht, nach einer Niederlagenserie kam Vereinsbesitzer Osvaldo Cruz Mitte November in die Kabine, um den Spielern die Leviten zu lesen. Diego stellte sich vor seine Jungs – »Mit den Spielern reden wir« –, während es mit dem Patron zu Handgreiflichen kam. Die Kabine gehöre den Trainern, wird er notieren. Und: »Ich habe es nicht ausgehalten, dass mir da einer ankommt und den Spielern sagt, sie würden sich nicht reinhängen. Nach dieser Zeit bin ich natürlich gegangen.« (Dg. 2002: 330)

Es sei eine »gute Erfahrung, Trainer zu sein«, wird er auf einen Job zurückblicken, bei dem man »viel empfindsamer« werde: »Dich schmerzt es viel mehr, was den Spielern angetan wird, als das, was mit dir selbst passiert.« (ebd.: 331) Das konnte schon mal zu Überreaktionen führen, einem Profitrainer steht das nicht immer gut zu Gesicht. Und es konnte zu weiteren Sperren führen. 16 Spiele Zwangspause verhängt man gegen ihn, als er sich bei Racing Club Buenos Aires, wo er ab März 1995 im Amt war, mit dem Schiedsrichtergespann anlegte. Dem Unparteiischen hielt er vor, zu viel

Wein getrunken zu haben, den Linienrichter bespritzte er mit Wasser. (vgl. Fg. 10/2020: 80)

Was folgt: Nach Ende der FIFA-Sperre das Comeback als Spieler; währenddessen und mehr noch danach ein Kreislauf aus Drogenproblemen, Therapien, Genesung; bei der WM 2002 in Japan und Südkorea verweigert man ihm die Einreise wegen zurückliegender Verstöße gegen internationale Betäubungsmittelbestimmungen. (vgl. ebd.: 84) Im April 2005 wird er für wenige Wochen Sportdirektor bei Boca Juniors, seinem geliebten Heimatverein. Wer Bilder eines gestandenen Maradona sieht, wie er als Fan in den blau-gelben Farben des Vereins noch leidenschaftlicher als andere in der Kurve stand, mochte ahnen: mit dem Funktionärsposten konnte es nicht lange gut gehen.

2006 dann die WM in Deutschland mit Maradona als Galionsfigur. Wenn er nicht gerade im Nationaltrikot Messi und Co. anfeuert, ist er etwa dabei, die Paparazzi abzuschütteln, indem er beispielsweise in Gelsenkirchen Zimmer in drei verschiedenen Hotels bucht. Dass er mit der Mannschaft in der Frankfurter Pizzeria »Machiavelli« bis vier Uhr morgens den Gruppensieg feiert, entgeht der Presse indes nicht. Nach dem Achtelfinale gegen Mexiko (2:1) ist das unglückliche Aus gegen Deutschland (2:4 i. E.) umso ernüchternder: Das »Don't Cry for me, Argentinia« an der Hotelbar wird Diego mit der Beleidigung des Pianisten quittieren. (vgl. ebd.: 85)

Bei der WM 2010 in Südafrika wird der berühmteste Fan zum Trainer der *Albiceleste.* Die weiteren Stationen können hier nicht alle im Einzelnen nachgezeichnet werden. Die Schlaglichter sind teilweise ihrer politischen Bedeutung geschuldet – oder derjenigen, die ihr beigemessen wird –, darunter seine Zeit als Übungsleiter am Golf, die Fernsehshow zur WM 2014 oder sein Intermezzo beim weißrussischen Verein Dinamo Brest. Übersprungen wird etwa seine ehrenamtliche Tätigkeit als Mentaltrainer des argentinischen Fünftligisten Deportivo Riestra (2013). Viel umjubelt waren sein Engagement bei den mexikanischen Dorados (2018/19) und dem argentinischen Traditionsverein Gimnasia y Esgrima (2019/20), der noch im Juni 2020 eine Vertragsverlängerung bis 2021 bekanntgab.

»Und den Trainer Maradona werden wir nicht erleben?«, hatte der *kicker* im Dezember 1988 gefragt. Diego verneinte mit der Begründung, er würde »immer wie ein Spieler denken, und das ginge nicht gut.« (zit. n. Fg. 10/2020: 64) Unterm Strich ging es leidlich gut, manchmal besser, manchmal schlechter.

Maradona in Südafrika: Die WM 2010

Es hätte andere, vielleicht beschlagenere Trainer gegeben, die sich anboten, darunter ein Diego Simeone, der später auf seinen langjährigen Erfolg bei Atlético Madrid zurückblicken kann. Doch wer, wenn nicht Maradona, brachte die Aura des großen Triumphes mit? Für die Spieler, die er zur WM nach Südafrika führte, war er von klein auf präsent: »Als Kind habe ich ihn vergöttert, hatte sämtliche Poster von ihm in meinem Zimmer hängen«, so Martín Demichelis. Auch für Gonzalo Higuaín war er »immer unser großer Held gewesen, jeder im Team ist mit ihm als Idol aufgewachsen.« (zit. n. Fischer 2014: 171f.) Für die Mannschaft war er eine Vaterfigur, jemand, der die Spieler einzeln herzte, und Sergio Agüero war zu der Zeit gar sein Schwiegersohn (für den Boulevard: über Tochter Giannina).

Eines der großen Themen war: Maradona als Trainer von Messi, noch einem *pibe*, einer Nummer 10 auf Augenhöhe. Beachtlich ist: Bei Diego kam kein Verdacht von Missgunst auf, dass da einer war, der am Ball gleich groß, ja vielleicht größer sein könnte. Vielmehr gab er sich geradezu als Fan: »Messi ist mein Maradona«, tat er 2009 kund.

Das war das Jahr, in dem Maradonas Jungs mit Ach und Krach das Ticket für Südafrika gelöst hatten. Die Pressekonferenz, auf der er nach der erfolgreichen Qualifikation austeilte und dafür eine zweimonatige FIFA-Sperre einstecken musste: sie ist Legende, es bleibt darauf zurückzukommen.

Bemängelt wurde, dass man ihn zum *Director Técnico* berief, »obwohl er seine Kompetenz an der Seitenlinie noch nie bewiesen hatte« (ebd.: 201). Zweifellos hatte ein Franz Beckenbauer als Teamchef ohne Trainerschein das glücklichere Händchen. Mangelnde Leidenschaft war ihm indes nicht vorzuhalten, davon zeugte die WM 2010. Und auch das Reißbrett war stets präsent. Ob es stimme, dass er gelegentlich in der Nacht aufwache und bestimmte Ideen im Kopf habe, die er dann notiere, wurde er im Jahr vor dem Turnier gefragt. »Ja, so ist es. Freistoßvarianten, Spielzüge beim Eckball ... Ich möchte zum Beispiel, dass das Team viel weiter vorne zusammenrückt und viel früher aggressiv stört. Zwischen Abwehr, Mittelfeld und Angriff darf es keine Lücken geben.« Er gab sich überzeugt: »Wenn wir früh stören und Pressing spielen, gibt es für unsere Gegner kein Entrinnen.« (fifa.com, 10.8.2009)

Die WM begann überzeugend: In der Vorrunde nach Siegen gegen Nigeria (1:0), Südkorea (4:1) und Griechenland (2:0) Gruppenerster, im Achtelfinale ein 3:1 gegen Mexiko. Umso größer war die Bruchlandung im Viertelfinale gegen Deutschland (0:4), zumal gemessen an seinen eigenen Worten. »Mehr als alle anderen« sei Argentinien »in der Lage, das Spiel zu machen und zu beherrschen. Diese Dominanz hat höchstens noch Brasilien, aber Italien oder Deutschland können so etwas nicht.« (ebd.) Gewiss, ein Trainer muss Optimismus ausstrahlen: »Ich war bei Weltmeisterschaften dabei und bestritt zwei Endspiele. Ich weiß, wie man dorthin gelangt.« (ebd.) Doch die Verheißung war zu groß. Eine Analyse sei erspart, es bleibt die Episode von der Pressekonferenz, als Maradona Thomas Müller vom Podium schickte. »Ich wusste nicht, dass das ein Spieler war«, entschuldigte er sich später lapidar. (onefootball.com, 25.10.2020) Zurück in Argentinien folgte die Kritik an Diego auf dem Fuße, an eine Zukunft als Coach der *Albiceleste* war nicht mehr zu denken. Bald suchte er das Weite, es folgte eine Trainerstation am Golf.

Bleibender als der sportliche Verlauf ist zweierlei: das Politikum der Großmütter und das des Gastlandes. Auf das Treffen Diegos mit der Estela de Carlotto, der Vorsitzenden der Großmütter der Plaza de Mayo, wurde bereits verwiesen: Am Rande der WM schlug er sie für den unermüdlichen Einsatz für die Verschwundenen aus der Zeit der Militärdiktatur für den Friedensnobelpreis vor. Was noch weniger bekannt ist, darauf verwies ein argentinischer Blogger: »Die großen Zeitungen der Welt haben in diesen Tagen das Foto der argentinischen Mannschaft nicht veröffentlicht, die beim Abschied nach Südafrika mit einem großen Banner posierte: ›Wir unterstützen die Großmütter der Plaza de Mayo für den Friedensnobelpreis!‹« (Malbrán, 1.7.2010)

Die kurze Ära als Nationaltrainer fiel in eine Zeit, da sich Maradona politisch sehr eindeutig positioniert hatte. Sein inständiger Wunsch, »Nelson Mandela kennenzulernen« (fifa.com, 10.8.2009), war ihm tatsächlich abzunehmen, anders als bei Honoratioren der westlichen Welt, wo man gestern noch Geschäfte mit dem Apartheidsregime gemacht hatte und sich heute mit ANC-Vertretern ablichten ließ. »Neulich sah ich, dass er seinen 91. Geburtstag feierte. Ich wollte ihn schon immer mal kennenlernen« (ebd.), hatte Maradona im Vorfeld erklärt. Vermutlich wusste er auch aus seiner Zeit auf Kuba zwischen den langjährigen und den plötzlichen Freunden Mandelas zu unterscheiden. Die Karibikinsel war aktiv am Sieg über die Apartheid beteiligt gewesen, sie hatte der Befreiungsbewegung in den 1980er Jahren militärische und materielle Hilfe geleistet. Kein Zufall war es, dass Mandelas erste Auslandsreise nach seiner Freilassung nach Kuba führte. Das Land habe »einen besonderen Platz in den Herzen der Völker Afrikas«, erklärte er dort im Juli 1991. »Die kubanischen Internationalisten haben einen Beitrag für die Unabhängigkeit, Freiheit und Gerechtigkeit in Afrika geleistet, der wegen der Prinzipien und der Selbstlosigkeit, die ihn kennzeichnen, einmalig ist.« Die kubanische Revolution sei eine »Quelle der Inspiration für alle freiheitsliebenden Völker«. (zit. n. amerika21, 6.12.2013) 1998 kam es zum

Gegenbesuch von Fidel Castro, der im Parlament von Südafrika eine Rede hielt.

Die Siegerehrung abzuhalten, dazu konnte die FIFA Mandela nicht überreden. Doch vor dem Finale wurde der 91-Jährige unter Ovationen des Publikums aufs Spielfeld gefahren. Hier hätte Maradona auf ihn treffen können, es blieb ihm verwehrt.

Tschetschenien, Mai 2011: Kick mit Kadyrow

Nein, in Tschetschenien war Maradona kein Trainer. Aber die Sache mit Kadyrow in Grosny taucht immer mal wieder auf. Also in aller Kürze: An der Seite von Altstars wie dem Portugiesen Luis Figo oder dem Italiener Franco Baresi beteiligte sich Maradona an einem Kick zur Eröffnung eines Stadions des Erstligisten Terek Grosny, wo die niederländische Legende Ruud Gullit Trainer (2011-2017) war. Die »Weltelf« stand einer Nordkaukasus-Auswahl gegenüber, für die auch der damals 34-jährige tschetschenische Präsident auflief. Die Mannen um den dreifachen Torschützen und »kremltreuen Republikchef Ramsan Kadyrow« (FAZ, 12.5.2011) gewannen 5:2 – eine Wiedergutmachung für die 4:6-Schlappe, die Kadyrow rund zwei Monate zuvor ebenfalls in Grosny an der Seite von Lothar Matthäus gegen ein Team aus brasilianischen Altstars wie Romário, Dunga, Bebeto und Giovane Élber erlitten hatte.

Die Spiele galten als »umstritten« (ebd.), und tatsächlich ist die Hand ziemlich hart, mit der Kadyrow vor allem bei der Bekämpfung von Dschihadisten vorgeht. Mit dem Verweis auf zwei zurückliegende Tschetschenienkriege sowie das Al-Kaida- und IS-nahe »Kaukasus-Emirat« sei der Vorwurf von Menschenrechtsverletzungen nicht relativiert. Doch vermutlich ließen sich Maß und Mittel einer Anti-Terror-Politik sachlicher einordnen, würde bezüglich verschiedener (Kriegs-)Schauplätze nicht immer wieder mit zweierlei Maß gemessen.

Maradona am Golf: Al Wasl (2011/12) und Fudschaira SC (2017/18)

Was die Unterstützung von Dschihadisten, etwa in Syrien, anbelangt, so kannten sich damit die Vereinigten Arabischen Emirate (VAE) vortrefflich aus. Unter der Überschrift »Die Waffen des IS« berichtete die *Deutsche Welle* 2018 darüber, dass »der sogenannte Islamische Staat bestens mit Waffen und Munition versorgt [war.] Auch aus europäischer Fertigung.« (dw.com, 28.2.2018) Recherchen der Organisation *Conflict Armament Research* zufolge kam ein »beträchtlicher Teil dieser Waffen« aus »NATO-Ländern in Europa – auf Umwegen über die USA und Saudi-Arabien« (ebd.). 2014 räumte der damalige US-Vizepräsident Joseph Biden ein, »dass die US-Verbündeten das größte Problem in der Region gewesen seien: ›Was haben die Türken, die Saudis, die Emiratis gemacht? Sie waren so entschlossen, Assad zu Fall zu bringen, dass sie einen sunnitisch-schiitischen Stellvertreterkrieg entfesselt haben.‹ Die Verbündeten hätten Hunderte Millionen Dollar und Tausende Tonnen Waffen an jeden verteilt, der bereit war, gegen Assad zu kämpfen. Bidens Fazit: ›Nur dass die Leute, die da ausgestattet wurden, Al-Nusra, Al-Kaida und extremistische Dschihadisten aus anderen Teilen der Welt waren‹.« (ebd.) Was Biden überging: die Überwachung dieser Vorgänge durch sein Land sowie die »aktive Beteiligung der USA und osteuropäischer Staaten an der sogenannten Waffen-Pipeline«, von der Patrick Wilcken, Waffenexperte von Amnesty International, in diesem Zusammenhang sprach. (zit. n. ebd.)

Zudem beteiligten sich die Emirate am Krieg gegen den Jemen und waren mit Saudi-Arabien federführend an der Blockade gegen den einstigen Verbündeten Katar beteiligt – auch als Zeichen einer Eskalationspolitik gegenüber dem Iran. Als die katarische Auswahl 2019 bei der Asienmeisterschaft in den VAE auflief, wurde diese unter den Augen von Sicherheitspersonal mit Schuhwürfen bedacht – im arabischen Raum eine denkbar herabwürdigende Geste.

Auch wenn die Vereinigten Arabischen Emirate bereits »im Juli 1994 ein bilaterales Sicherheitsabkommen mit Washington« abgeschlossen hatten, mit dem die USA »einen auf lange Sicht geregelten Zugang zu emiratischen Luftwaffenbasen und Häfen« (SWP, 2/2020) erhielten: Als Maradona im Mai 2011 den Zuschlag für einen gut dotierten Trainerposten in Dubai erhielt und sich wie viele andere (einstige) Fußballer an den Golf begab, da nahm die Befeuerung des Syrienkonflikts erst an Fahrt auf. Freilich waren die innenpolitischen Verhältnisse auch zuvor ähnlich rigide wie in Katar, wohin kurz zuvor die WM 2022 vergeben worden war. Und so mag es gute Gründe dafür geben, Diegos Engagement in den Emiraten, wo er 2017 noch einmal einen Trainerposten übernimmt, mit Verweis auf die Bedingungen im Land skeptisch zu beurteilen. Doch selbst das bleibt diffizil: Hatte eigentlich mal irgendwer Jürgen Klinsmann dafür kritisiert, dass er als Fußballlehrer der US-Auswahl tätig wurde – in einem Land, das bei der Führung von völkerrechtswidrigen Kriegen oft genug voranging? Und wer hinterfragt eigentlich das Wirken von deutschen Geschäftsleuten am Golf?

Für Diegos persönliche Situation mochte das Angebot genau richtig kommen. Nach dem Scheitern bei der WM 2010 zog es ihn weg, am Río de la Plata sah er sich nicht mehr wohlgelitten. Einer verbreiteten Version zufolge gab er an, »nach der Niederlage Argentiniens gegen Deutschland« unter anderem von »Verbandschef Julio Grondona als Trainer verbannt worden« zu sein (dpa, 9.9.2019). Ob »verbannt« oder nicht: Seine Zeit in Dubai kam einer Flucht vor dem Getöse um seine Person gleich. »Wie hätte ich mir je vorstellen können, an einem Ort wie Dubai enden zu können? In Dubai!«, notiert er über seinen etwas wundersamen Weg. (TbG, Preface: XX) »Aus Villa Fiorito nach Dubai, da hat mich mein Leben hingeführt. Und ich bin diesen Menschen sehr dankbar, die mich aufnahmen, als mein eigenes Land mir den Rücken kehrte. Sie gaben mir einen Job, Herzlichkeit und sogar Geld. Aber vor allem habe ich mich an sie gewöhnt und nicht umgekehrt. Sie gaben mir eine innere Ruhe, als ich dies am meisten brauchte, weil ich geplagt war von dem, was

2010 nach der WM in Südafrika passierte.« (ebd.) Dem Trubel entflohen, hatte er am schönen Persischen Golf viel Zeit. »Ich mag es«, erinnerte er sich, »vor einem meiner vielen Fernseher in meinem Haus in Palm Jumeirah zu sitzen und Spiele von überall zu gucken, von Italien bis England. Ich gucke alles.« (ebd.) Das klingt nach purem Zeitvertreib. Doch Diego habe das stets »so sehr« gemocht, erinnert sich Jorge Valdano, »dass er die Art von Spielen im Fernsehen anschaute, die sonst niemand sehen wollte.« Als »er bei Sevilla spielte, wusste er alles über die spanische Liga. Und als er Nationaltrainer Argentiniens war, hielt er sich über alles auf dem Laufenden. Ja, er sah gerne Fußball, und er verstand das Spiel. Er sah alles früher als alle andere.« (Valdano 2021: 50)

Es gibt Kurzvideos im Netz, die einen Maradona bei einem Empfang in den Emiraten zeigen. In traditioneller Tracht gekleidet – im Kandura, dem körperlangen weißen Hemd – spielt er das Spiel mit. Auch wenn er den Tanz hinbekam: Es wirkt ähnlich seltsam wie jener schräge Hut, den man ihm rund 15 Jahre zuvor bei der Ernennung zum Ehrendoktor an der Universität von Oxford aufgesetzt hatte.

Zwar ist kaum vorstellbar ist, dass er die Jungs von Al-Wasl angesichts der sprachlichen Hürden mit lockeren Sprüchen zu motivieren vermochte. Doch an Temperament mangelte es ihm auch in der Arabian Gulf League nicht: Im Dezember 2011 verhängt man eine Strafe über 2.000 Euro gegen ihn, weil er »seinen Amtskollegen Cosmin Olaroiu von Al-Ain als ›unhöflich‹ bezeichnet« (Fg. 10/2020: 88). Ansonsten konnte Maradona nicht an die vergangenen Erfolge von Al-Wasl – die letzte Meisterschaft datierte aus der Saison 2006/07 – anknüpfen, im Juni 2012 wird er in Buenos Aires von seiner vorzeitigen Entlassung erfahren.

Im Mai 2017 wird er in die Emirate zurückkehren: als Trainer des Zweitligisten Fudschaira Sports Club. Doch mit Diego an der Seitenlinie verpasst der Verein den direkten Wiederaufstieg und muss in die Playoffs, im April 2018 ist diese Posse beendet.

In Rückblicken, ja sogar in Nachrufen großbürgerlicher Medien wird auch das Kapitel am Golf noch einmal Anlass zum Nachtreten geben. So sprach die *Neue Zürcher Zeitung* von einem »erfolglosen Trainer, der später noch in den Emiraten und Weißrussland Geld damit verdient, dass er Maradona ist.« (NZZ, 25.11.2020)

Mit Links: »De Zurda«, Diegos tägliche Sendung zur WM 2014 in Brasilien

Für die WM 2014 in Brasilien wartete Maradona mit der täglichen Sendung »De Zurda« auf. Der Name war Programm: »Mit links« spielte nicht bloß auf seinen starken linken Fuß an. Es war die Zeit, da man in Lateinamerika noch von einer Linkswende sprechen konnte, wie auch immer die jeweiligen Regierungen konkret ausgerichtet waren. Mit dem in Venezuela gegründeten Sender *Telesur* verfügte der Kontinent über einen eigenen Kanal, gerne als »CNN des Südens« bezeichnet. Entsprechend verstand sich »De Zurda« als Sprachrohr aller Länder des Kontinents, die bei der WM die Farben des Südens hochhielten. Die Sendung bot Diego zudem eine Bühne, um immer wieder politische Botschaften zu setzen, auch zu Kuba.

Co-Moderator war Víctor Hugo Morales, der genannte Kommentator von der WM 1986 (»Du kosmischer Drache«). Mit Blick auf seinen Namensvetter und amtierenden Präsidenten Boliviens wird es kein Zufall gewesen sein, dass sein Nachname im Intro ein wenig Glanz verliehen wurde. Gemeinsam analysierten sie Spiele und Akteure. Zu Gast waren ehemalige Spieler wie der einst überragende kolumbianische Nationalspieler Carlos Valderrama (ja, der langhaarige blonde Lockenkopf); die brasilianische Fußballlegende Zico, der »weiße Pelé«; der einstige Barça- und bulgarische Nationalspieler Hristo Stoichkov, der 2017 sein Amt als Honorarkonsul in Barcelona wegen einer Kritik an der spanischen Polizeigewalt wird abgeben müssen (novinite.com); oder die englische Fußballgröße Gary Lineker, der auch in »De Zurda« um keinen Kommentar verlegen war:

»Und, wie geht's der Hand?« (zit. n. tagesspiegel.de, 12.7.2014) Luis Suárez (Uruguay), den die FIFA nach dem Schulterbiss im Vorrundenspiel gegen Italien gesperrt hatte, wurde in einer Sendung telefonisch zugeschaltet. Diego demonstrierte im Suárez-Shirt Solidarität. Mit FIFA-Sperren kannte er sich aus, und mit Kritik am Weltverband sparte er in der Sendung auch nicht – samt unzweideutiger Zeichen in Richtung von deren Präsident Joseph »Sepp« Blatter.

Im Netz ist eine Dokumentation der Sendung über 90 plus 2 Minuten zu sehen. (De Zurda, 2.12.2020) Sie trägt den Untertitel »El detrás de escena de Brasil 2014« (Hinter den Kulissen von Brasilien 2014) und ist zugleich ein Vorgeschmack auf ein späteres Kapitel, das nach dem politischen Akteur Maradona fragt. Die Doku schließt Szenen aus einem Fitnessstudio ein, in dem sich Maradona für die Sendung in Form gebracht hatte. Eingeleitet wird sie mit einem Latinosong, dazu Bilder von einem dribbelnden Diego als kleiner Junge, auf dem Höhepunkt seiner Laufbahn oder danach. Tanzende und feiernde Fans aus verschiedenen südamerikanischen Ländern, deren Mannschaften an der WM teilnehmen. Stolz zeigt Diego sein Che-Guevara-Tattoo. Es ist, so der Vorspann, eine Sendung »unter der Regie von Menschen aus Lateinamerika«.

Neben Musik, Fußball und ein wenig Show – auch seine Töchter waren mal zu Gast – streute Diego politische Statements ein. Mit Bezug auf Venezuela, Kuba und andere südamerikanische Länder mit Linksregierungen präsentierte er sich selbstbewusst als jener politische Akteur, auf den noch näher einzugehen bleibt. Er gedachte etwa des verstorbenen Präsidenten Venezuelas, Hugo Chávez, Bilder von Demonstrationen wurden ebenso eingeblendet wie eine Zeitung mit der Schlagzeile »Yo soy Chavista« (Ich bin Chavist). Einmal hatte er den damaligen ecuadorianischen Präsidenten Rafael Correa (2007-17) zu Gast. Von der amtierenden Präsidentin Brasiliens, Dilma Rousseff, wurde ein Bild in Eintracht mit ihrem Vorgänger Lula da Silva gezeigt.

Auch José »El Pepe« Mujica, Präsident Uruguays (2010-15) wurde in Szene gesetzt. Gerne als »ärmster Präsident der Welt« bezeichnet (DLF, 28.2.2015), der 85 Prozent seines Gehalts spendete und am liebsten auf seinem kleinen Bauernhof residierte, hatte Mujica als Mitbegründer der Stadtguerilla Tupamaros einst 14 Jahre im Gefängnis verbracht und prägte nach der Zeit der Junta (1973-85) ein politisches Linksbündnis mit. Aus einem kleinen Land mit großer Fußballtradition kommend, verkörperte »El Pepe« sinnbildlich eine südamerikanische Geschichte von erlittenen Militärdiktaturen, von Widerstand und einer politischen Linkswende auf Regierungsebene. Gut vier Jahre vor der Sendung hatten Diego und Pepe gemeinsam Schlagzeilen gemacht: »Kurz vor seinem Amtsantritt am 1. März bekommt der frisch gewählte uruguayische Präsident José ›Pepe‹ Mujica unerwartete Unterstützung«, wurde im Januar 2010 aus Montevideo gemeldet. »Der aktuelle Trainer der argentinischen Nationalmannschaft … sagte ihm seine Hilfe bei einer Anti-Drogen-Kampagne zu – ein Rückschlag für die Opposition, die Mujica im Wahlkampf vorwarf, keine Priorität auf die Bekämpfung der ›Pasta Base‹ zu legen. So wird eine Droge bezeichnet, die aus den Abfällen der Kokainherstellung gewonnen wird, und die vor allem im sozial schwachen Milieu verbreitet ist.« (amerika21, 28.1.2010)

Die Solidarität mit Kuba wurde in »De Zurda« anhand von zwei Briefen ausgedrückt: den einen verlas Víctor Hugo Morales, es waren Grußworte Fidel Castros an Diego; den anderen Maradona: Es war ein Brief des Sohnes von Che Guevara, in dem dieser die Freilassung der »Miami Five« forderte, also von fünf Kubanern, die als politische Gefangene in den USA in Haft waren. Und wenn in der Dokumentation auch mal das Cover eines Buches von Naomi Klein, der kanadischen Schriftstellerin und Aktivistin, aufschien, so wurde deutlich: Die Unterstützung galt auch politischen Bewegungen.

Wenn die Sendung auch ihrem Namen gerecht wurde, so verlief die WM doch alles andere als wunschgemäß. Einem südamerikanischen Credo war jedenfalls kein Happyend vergönnt: Dem 7:1 Deutschlands gegen den Gastgeber im Halbfinale folgte ein für den Gegner nicht minder bitteres 1:0 im Finale gegen Argentinien. Von Manuel Neuer sprach Diego nur als »diesem Torwart«.

Intermezzo bei Dinamo Brest (2018)

Im Juli 2018 wurde Maradona Vorstandsvorsitzender beim weißrussischen Erstligisten Dinamo Brest. Ausgestattet mit einem Dreijahresvertrag, fielen in seinen Verantwortungsbereich unter anderem strategische Fragen des Vereins, die Entwicklung der Jugendabteilung und Sponsorengewinnung. (vgl. dynamo-brest.by) Bei seiner Präsentation, gleich nach der WM im benachbarten Russland, fuhr Maradona auf einem stattlichen Militärjeep ins Stadion ein und winkte den Fans zu. Für große Vehikel hatte er stets geschwärmt, ob man das nun nachempfinden kann oder nicht. Deuten lässt sich der Auftritt als Bekenntnis zu einem Land, das im Westen nicht wohlgelitten war und das einen höheren Sozialstandard aufwies als manch anderes osteuropäische Land. Doch möge man sich von dem Jeep nicht täuschen lassen: Diego bekannte sich nicht – anders als im Fall von Venezuela oder Kuba – als »Soldat« Weißrusslands.

Zugleich drängt sich der Eindruck auf: Diegos Engagement bei Brest wurde in Rückblicken und Nachrufen umso kritischer beäugt, je mehr ab Sommer 2020 die Proteste in Weißrussland aufflammten und je stärker diese vom Westen befeuert wurden. Zu Maradonas Amtszeit bei Brest herrschte dagegen noch eine Phase der weitgehend »friedlichen Koexistenz« zwischen der EU und Belarus vor. Die Bundesregierung warb erklärtermaßen »für eine schrittweise Intensivierung der Beziehungen zwischen der EU und Weißrussland« (bundestag.de, 27.3.2018). Und im Juni 2018 »hatte Bundespräsident Steinmeier gemeinsam mit Präsident Lukaschenko einen Bauabschnitt der Gedenkstätte am früheren Vernichtungsort Maliy Trostenez eröffnet« (auswaertiges-amt.de). Und apropos Militärjeep: Die deutsche Polizei hatte jahrelang Kollegen ausgebildet, wie das Bundesinnenministerium bestätigte, »mindestens hundert Angehörige der weißrussischen Sicherheitskräfte nahmen zwischen 2008 und 2011 an Schulungen in Deutschland teil«. Sie durften sogar der Flankierung des Castor-Transports nach Gorleben beiwohnen. Zudem wurden in Belarus »fast 400 Grenzschützer, leitende

Milizionäre und Kriminaltechniker von deutschen Beamten« geschult. (SZ, 24.8.2012) Diese Phase bilateraler Beziehungen spiegelte sich auch auf kultureller Ebene. Als etwa der 1. FC Köln 2017 sein Europapokal-Spiel bei BATE Borisov bestritt, wurde den FC-Fans nicht vorgehalten, nach Weißrussland gefahren zu sein.

Was das Echo von Maradonas Engagement bei Dinamo betrifft, so mögen dies oberflächliche Eindrücke sein. Doch sei die Sache hier nicht weiter aufgewertet: Diegos Zeit als Vorstandsvorsitzender verkam zum Intermezzo. Rund drei Monate, nachdem ihn die Fans Mitte Juli beim ersten Heimspiel gegen Schachtjor Soligorsk (1:3) begeistert empfangen hatten, war er den Posten wieder los. Er blieb Ehrenvorsitzender, der Verein verwies auf die vertragsmäßige Vereinbarkeit dieser Rolle mit der als »Technischem Direktor eines mexikanischen Fußballclubs«. (dynamo-brest.by, 8.9.2018)

Es sollte eine bewegende Rückkehr in jenes Land werden, in dem er 1986 seinen größten Triumph feierte.

»Energie vermittelt wie kein zweiter«: Diego bei den »Dorados« (2018/19)

»Übermächtige Drogen-Bande: ›El Chapo‹-Sohn entgeht Festnahme«, wusste das ZDF im Oktober 2019 zu »kriegsähnlichen Szenen in Culiacán« zu vermelden. (zdf.de, 18.10.2019) Von Culiacán als der »Wiege des Sinaloa-Drogenkartells von ›El Chapo‹ Guzmán« berichtete derweil das Redaktionsnetzwerk Deutschland. (rnd.de, 18.10.2019) Und wer online im Reiseführer stöbert, kann darauf stoßen, dass sich »auf dem Friedhof des berüchtigten Sinaloa-Kartells« die »mexikanischen Drogenbosse noch zeitlebens ihre eigenen Luxusgräber« bauten. (travelbook.de, 13.10.2017). Als Maradona 2018 in der Mitte Mexikos seine Anker warf, ließen jene Stimmen nicht lange auf sich warten, die das berüchtigte Drogenkartell der Stadt mit der persönlichen Geschichte Maradonas in Verbindung brachten.

Die Zeit bei den »Dorados de Sinaloa« sollte Maradonas vorletzte Trainerstation sein. Dank der beachtlichen sechsteiligen Netflix-Serie »Maradona in Mexiko« ist sie gut dokumentiert, zu sehen ist dort ein Diego, der mit viel Herzblut eine Stadt in Atem hielt; der bei seinen Kabinenansprachen einen Nerv traf; und der bisweilen auch für nachdenklich stimmende Statements gut war.

Das Interesse an Maradona war gewaltig, als er in die Stadt kam. Der Medienrummel fing bei seiner Ankunft am Flughafen an, und er sollte sich die Saison über fortsetzen. »Früher gab's beim Training nur einen Kameramann, heute sind es zehn: drei aus Argentinien, drei aus Europa und vier aus Mexiko«, wird Kapitän Gaspar Servio sagen. (im Folg. nach o.g. Doku)

Während zu Beginn mit Blick auf die »Drogenmetropole« noch frotzelnde Vergleiche etwa mit einem »Diabetiker in einem Süßwarenladen« die Berichterstattung bestimmten, so stand dank einer erfolgreichen Saison bald der Fußball im Mittelpunkt: Diego hatte eine Mannschaft aus den Niederungen der zweiten Liga übernommen, mit der er am Saisonende nur äußerst knapp den Aufstieg verpassen wird. Es war ein Gefüge, in dem Diego seine Stärken ausspielen konnte: Er habe eine »Energie vermittelt wie kein zweiter, auch wenn andere vielleicht mehr taktisches Wissen beibringen«, so Stürmer Jorge Córdoba. Die Verbundenheit zeigte sich etwa an Maradonas Geburtstag: Vor dem Training gab es eine riesige Torte, in die sie Diego zur Freude aller mit dem Gesicht hineindrücken. »Ihr seid meine Familie«, bekannte der Jubilar. »Ich wollte euch doch nur trainieren, und ihr macht mir so eine schöne Überraschung. Aber jetzt los, wir müssen noch arbeiten.« Vor wichtigen Spielen lauten die Kabinenansprachen etwa so wie im Viertelfinale der Aufstiegsrunde gegen Mineros de Zacatecas: »Wir sind heute hier, weil wir zusammenstehen. Ich bin stolz auf euch. Und auch wenn ich nicht auf dem Platz sein kann: Mein Herz ist bei euch, das schwör ich bei meiner Mutter.« Das Rückspiel muss Maradona nach einem Verweis aus dem Hinspiel von der Tribüne aus verfolgen, ein Walkie-Talkie hat er dabei. Seine Jungs setzen sich mit 0:0 und 1:0 durch.

Seine Che- und Fidel-Tattoos zeigt er derweil wie selbstverständlich. Zu den geläufigen Bildern gehören Maradonas Gang in die Fankurve, ein Tänzchen in der Kabine und, nun ja, die Schmähgesänge: »Maradona ist ein Sackgesicht«, schallt es aus den gegnerischen Kurven. In der Kabine fallen auch mal Worte unterhalb der Gürtellinie, er weiß seine Jungs anzusprechen. Rührende Dankesansprachen nach Siegen beantworten die Spieler, indem sie Diego besingen, man liegt sich in den Armen. So auch nach den Halbfinals, in denen sie sich mit 2:0 und 1:0 gegen den FC Juárez durchsetzen. Mitunter muss Maradona beim Ausgang aus dem Stadion gestützt werden.

Bei einem abendlichen Empfang zeigt sich Diego im Tiger-Shirt: »Es hieß, ich würde hier nur Urlaub machen, nun stehen wir vor einem großen Erfolg«, hält er eine Ansprache, bei der er unter Anspielung auf die gesellschaftlichen Verhältnisse dazu mahnt, den »Blick nicht nur auf unser Engagement für den Fußball zu richten«. Er selbst habe »viel verloren«. Vielen Menschen mangele es an vielem, wer »Dinge besitzt«, müsse auch »abgeben« können. Diego habe »mit dieser Stadt, von der viele dachten, sie würde sein Untergang sein, eine enge Beziehung hergestellt«, so die Pressesprecherin des Vereins. »Die Dinge haben sich geändert«, erklären derweil Menschen in einem Café: »Früher kannten die Leute die Stadt nur wegen der Drogen.«

Im Finale gewinnen die Dorados das Hinspiel mit 1:0 gegen Atlético San Luis. Zum Stadtgespräch wird Maradonas neuerlicher Verweis aus der Coaching-Zone nach einem Wortgefecht mit dem Linienrichter. Er war »der felsenfesten Überzeugung«, bei einer Schlüsselszene ein Foul gesehen zu haben, entschuldigt er sich später bei seinen Spielern. Auch in Argentinien ist das Medieninteresse am Rückspiel riesig. 3:2 führt San Luis nach 90 Minuten, das sich in der Verlängerung mit dem Lucky Punch zum 4:2 durchsetzt. »Ich will euch sagen: vielen Dank dafür, dass die Dorados ihren Kopf wieder ganz weit oben tragen können«, so Diego anschließend in der Kabine. Ihm selbst tue es »sehr weh«. Weiter kommt er nicht, die Tränen lassen sich nicht mehr zurückhalten.

»Wir warten darauf, dass er zurückkommt«, ist aus dem Spielerkreis nach den ersten Partien der kommenden Saison zu hören. »Grüß sie von mir, sag ihnen, dass ich sie vermisse«, lässt Diego aus einer Klinik in Buenos Aires ausrichten. Tatsächlich kommt er zurück, die Stimmung in der Kabine ist wie ausgewechselt. Er habe einen »Bruch im Bauch« gehabt, ja: sein Leben aufs Spiel gesetzt. Noch einmal beschwört er die Mannschaft, nach einem verkorksten Saisonauftakt gelingt die Wende indes nicht. Nicht mehr lange wird Diego in Mexiko durchhalten.

»Beim Training war er immer da, hat uns geküsst, das hat geholfen«, hatte einer der vermeintlich harten Jungs noch gesagt.

Ein letztes Tänzchen: Diego bei Gimnasia y Esgrima (2019/20)

»Willkommen Diego«, twitterte Gimnasia y Esgrima La Plata im September 2019. Der Traditionsverein aus der Hauptstadt der Provinz Buenos Aires war gerade Tabellenletzter, als Maradona sein dortiges Trainerdebüt gab. »Ich komme nicht, um den Klub in den Ruin zu treiben. Was ihr mir bezahlen könnt, ist okay für mich«, hatte er verlauten lassen. (zit. n. sport1.de, 5.9.2019) Vor 26.000 Menschen wurde er vorgestellt, mit Jogginghose, Baseball-Kappe und »Tränen in den Augen, als die Menge ihn mit Gesängen und Applaus feierte« (dpa, 9.9.2019). Als Land und Liga rund ein halbes Jahr später in den Lockdown gehen, steht der Verein auf Rang 19 von 24. Ganz reibungslos war es nicht immer zugegangen: Im November 2019 trat Diego überraschend zurück, da Vereinspräsident Gabriel Pellegrino vor dem Ende seiner Amtszeit stand, erklärte nach einer Einigung aber zwei Tage später den Rücktritt vom Rücktritt. (vgl. sport1.de, 19.11.2019; transfermarkt.de, 22.11.2019) Anfang Juni 2020 wurde eine Vertragsverlängerung bekanntgegeben, datiert auf das Ende der Saison 2020/21, das er nicht mehr erleben wird. Ende November 2020 werden die Nachrichten von Diegos

Tod auch unfreiwillig tragische Bilder bereithalten, wie er zuletzt – gefeiert, erfreut, und doch von Dritten gestützt – am Rand des Spielfelds steht.

Noch einmal blitzte bei Gimnasia auch der politische Maradona auf. Der Beginn seiner neuen Trainerzeit fiel mit dem Wahlkampf zusammen, in dem er das linksperonistische Kandidatenduo Fernández/Kirchner unterstützte – mit der Aussicht, den konservativ-marktliberalen Präsidenten Mauricio Macri abzulösen. »Die Schwester der in La Plata geborenen Ex-Präsidentin Cristina Fernández de Kirchner schenkte Maradona zum Abschluss der Pressekonferenz einen Rosenkranz ihrer im April gestorbenen Mutter, die als Gimnasia-Fan bekannt war«, lautete denn auch eine der Meldungen von der Präsentation Maradonas. (dpa, 9.9.2019) Ein Autogramm für Giselle Fernández und deren Dankesworte rundeten das Bild ab. (vgl. cba24n.com.ar, 8.9.2019)

Neben den gefeierten Heimspielen setzten auch die auswärtigen Auftritte von Gimnasia oftmals Emotionen frei, vor allem unten jenen »gegnerischen« Fans, die Diego noch als Spieler erlebt hatten und erst Recht bei jenen Vereinen, bei denen er selbst gewirkt hatte. Von dem Thron, den ihm die Newell's-Fans von Rosario 2019 bei einem Gastspiel aufstellten, war bereits die Rede. Und dann das große Gastspiel bei Boca Juniors, an seiner alten Wirkungsstätte: »Sein ganzes Fußballleben war eine Liebesbeziehung zwischen ihm und Boca«, so der Illustrator Diegolan Dibujos. »Im März 2020 kehrte Diego zurück ins Bombonera, diesmal als Trainer von Gimnasia. Meine Freunde riefen mich an und sagten: ›Bereite eine schöne Zeichnung vor, wir werden ihm eine Fahne und die Hommage vorbereiten, die er verdient.‹« Die Zeichnung würde Diegos Stationen bei Boca wiedergeben: 1981, 1995 und 1997. Und: »An diesem Abend wurde Boca auch noch Meister und verwies seinen ewigen Rivalen auf den zweiten Platz. Was wir uns jedoch nicht vorstellen konnten, war, dass dies das letzte Mal war, dass Diego den Rasen ›seines Zuhauses‹ betrat. Wie wir alle wissen, die Pandemie, der Lockdown, das Ende.« (Dibujos 2021: 39)

Kurz darauf, im April 2020, wurde die Saison coronabedingt abgebrochen. Nachrichten betreffs Maradona kamen in der Zeit unter anderem von einem Mannschaftskollegen aus den 80ern: »Zugunsten von Leidtragenden der Corona-Pandemie brachte ein Trikot von Argentiniens Fußball-Ikone Diego Maradona 55.000 Euro ein. Gespendet wurde das Shirt von Ex-Fußballer Ciro Ferrara, der bei Napoli Maradonas Teamkollege war. … ›Wir haben ein weiteres Spiel gewonnen, Ciro Ferrara‹, schrieb Maradona auf Facebook.« (srf.ch, 26.4.2020)

In einem zwangsläufig leeren Stadion prangten am 30. Oktober 2020 große Banner mit Schriftzügen wie »Feliz Cumple Diego« von den Zuschauerrängen. Es war Maradonas 60. Geburtstag. Mit dunkelblauer Coronamaske und gestützt von zwei Begleitern wird Diego in ein zwangsläufig leeres Stadion geführt, die Spieler auf der Tribüne, über Lautsprecher sind Fangesänge zu hören. Die Medien sind da, und ein paar wenige Leute können ihn in Empfang nehmen. Urkunde, Wimpel und eine Torte mit der Nummer 10 stehen bereit. Von draußen steigt ein Feuerwerk auf.

Abrufen lassen sich auch andere Kurzvideos: Nach dem 3:0-Sieg über Atlético Aldosivi oder dem 4:2 über Godoy Cruz führte Diego, von seinen Spielern rhythmisch beklatscht, in der Kabine einen Solotanz auf. Es sollten seine letzten Tänze sein.

»Un poco loco« – Oder: Diego im »ExZess« in Frankfurt-Bockenheim

Nach Maradona gefragt, erklärte ein Kollege, ein einst ambitionierter Torwart, Anfang 2021: »Diego? Als Fußballer genial, politisch gut und sonst ziemlich verrückt.« Es klang ein bisschen wie: Etwas verrückt musst du sein. Die Dokumentation über Maradonas Trainerstation in Mexiko kannte er vermutlich nicht, dafür mochten ihm genügend andere Szenen Recht geben. Und sicher tat man Diego damit nicht unrecht, verstand er sich doch selbst als *un poco loco*. Zu der angeführten Einschätzung über George Best (»noch verrückter als ich«) kommt etwa die über Bernd Schuster, den sie bei Barça »für verrückt« gehalten hätten und »rauskegeln« wollten: »Er ist schon ein wenig *loco*, genau wie ich, aber ein grandioser Fußballer.« (zit. n. Birkner 2013: 138) Eines der Pendants zu »verrückt« ist »leidenschaftlich«, das war er auch als Trainer oder Fan. Ob auf der Bank oder auf der Tribüne, was er gewiss nicht war: empfindungs- und teilnahmslos, es sei denn, wenn er auf den Rängen mal kurzzeitig einnickte. Doch das passierte erst später, so bei der WM 2018 in Russland, und auch dort werden die Bilder von hitzigen Momenten überdauern. Auf das vom Stinkefinger ist noch zurückzukommen.

Zu den »verrückten« Geschichten gehört wohl noch jene, die sich bald nach der WM 2010 ereignete. Im Oktober hatte Maradona einen Termin auf der Frankfurter Buchmesse, Argentinien war dort Gastland. Ein PR-Termin, großer Trubel, Sehen und Gesehen werden. Wer die Messe kennt, weiß von den gelegentlichen Klagen über medialen Kommerz und das große Einerlei. Zum lange bewährten Kontrastprogramm gehört das Programm der sogenannten GegenBuchMasse: An verschiedenen Orten der Stadt wird ein alternatives Programm mit Lesungen geboten. Zu den Höhepunkten zählt die »Lange Lesenacht« im Herzen von Frankfurt-Bockenheim. Sie findet traditionell in der großen Halle des »ExZess« statt, einer gleichermaßen geachteten wie verrufenen Einrichtung, die Zeugnis von Gegenkultur ablegt und von den Medien stets als regionales Epizentrum »autonomer Politik« beäugt wurde. Schon von außen ist nicht zu übersehen: Es ist ein widerständiger Ort, einer, der Diego offenbar anzog, als er des Abends daherspazierte. Dort blieb er unerkannt, erst anderntags ließ er sich anhand von Bildern in Lokalmedien identifizieren. Auf der Homepage der »GegenBuchMasse« las sich das so: »Die Autor/innenliste der langen Lesenacht im ExZess am 9.10.2010 ist lang, das Buffet ist überwältigend, es wird diskutiert, gelesen und gelacht – und das bis spät in die Nacht hinein. Ob es daran liegt oder am hervorragenden argentinischen Rotwein, der an diesem Abend angeboten wird – keiner weiß das so genau, aber irgendwie haben wir es geschafft, die Prominenz ins ExZess zu locken. So war am Samstagabend wirkliche Prominenz im ExZess, zwar gut getarnt mit großer Sonnenbrille, Monsterzigarre, grauem Anzug und einem Begleiter, der ihm offensichtlich nicht empfahl, dieses Etablissement zu betreten, aber dennoch real und in natura: lustigerweise hatte sich der Popstar unter den Fußballern, Diego Maradona zu uns verirrt. Da ihn aber drinnen niemand erkannte und/oder zu einem Glas Wein einlud, fügte er sich denn doch seinem Begleiter, der schnell wieder gehen wollte. Fehler machen ist eben manchmal doch erlaubt, viele Grüße, wir freuen uns aufs nächste Jahr, alle sind herzlich eingeladen, die Spaß an der GegenBuchMasse, an vielen guten Büchern und Informationen haben.« (gegenbuchmasse.de, 2010) Im Eingangsbereich des ExZess habe sich eine Person »über den Auftritt des Mannes im Anzug« sehr gewundert, wird später einmal ein Nachruf rekonstruieren. »Er ging, ohne erkannt zu werden. Erst als am nächsten Tag ein Foto von ihm in der Zeitung erschien, auf dem er dieselben Klamotten trug, löste sich das Rätsel auf.« (lowerclassmag.com, 27.11.2020) Diego habe sich im Kneipenbereich »die Plakataushänge angeschaut und ist dann wieder gegangen«, erinnerte sich ein Zeuge, der zudem bedauerte: »Leider ist er nicht bis in die vollbesetzte Halle weitergelaufen. Da hätten ihn garantiert sehr viele erkannt. So what! Wir hätten ihm sicherlich nicht die Füße geküsst. Aber mindestens genauso herzlich begrüßt, wie alle anderen auch!« (persönl. Mailwechsel, Juli 2021) Wer im ExZess einmal das Bücher- und Zeitschriftenarchiv gesehen hat, das unter anderem eine Geschichte von Repression und Widerstand in Lateinamerika einfängt, kann sich sicher sein: das hätte auch Maradona beeindruckt, ist es doch eine Geschichte, die sich in seiner Person selbst spiegelt.

Die Episode von Frankfurt fügt sich auf ihre Art in das Gesamtbild von Maradona als Fan und Trainer. Insgesamt knüpft diese Phase, wenn nicht an die Erfolge, so doch an die Leidenschaft an, die er als Spieler verkörperte. Sein zu früher Tod, sein unstetes Leben, das war auch Folge davon, dass die Bürde zu groß war, die ihm als Spieler aufgeladen wurde und die er Zeit seines Lebens nicht mehr loswurde. Noch einmal sein eigener, sein einstiger Trainer Menotti: »Ganz Argentinien trug ihn in seinem Herzen, er trug Argentinien auf seinen Schultern, vielleicht gar ganz Südamerika.« (zit. n. amerika21, 28.11.2020) Das würde nie aufhören, und es sollte sich darin fortschreiben, dass er für ein *anderes* Lateinamerika stritt, geschultert mit einer bolivarischen Alternative, zu der auch Kuba als Beispiel für einen eigenständigen Weg gehörte. Wer ihn dabei nicht ernst nahm, machte es sich leicht: Er sei eben *un poco loco*.

7.
»… die Türen Kubas geöffnet«

Maradonas Therapie auf Kuba und die Begegnung mit Fidel Castro

Auch auf Kuba wurde Diego besungen: »Mara, Mara, Mara, Maradona / una campeón y una buena persona«, so der Refrain eines Stückes, das in dem Film »Amando a Maradona« (2005) dargeboten wird. Doch nach Kuba kam Maradona nicht der Lieder wegen. Anfang Januar 2000 hatte er einen drogenbedingten Zusammenbruch knapp überlebt, zwei Wochen später begab er sich zu einer mehrmonatigen Suchttherapie nach Kuba. Auch wenn er am dortigen Programm »Turismo y Salud« teilnahm: der meist abwertend benutzte Begriff des »Gesundheitstourismus« erscheint unglücklich. Wer ihn dennoch verwenden möchte, kommt kaum umhin, ihn in ein kubanisches Gesundheitssystem einzuordnen, über das sich Maradona schon bei seiner Ankunft anerkennend äußerte. Und es waren nicht medizinische Gründe allein, die ihn nach Kuba führten: Bereits lange zuvor hatte er die Insel besucht und war auch mit Fidel Castro zusammengekommen. Ein paar Jahre später und noch eine Therapie weiter würden die beiden im argentinischen Fernsehen, genauer: in Maradonas Show »La noche del 10« zusammentreffen. Es war die Zeit, da Diego Kuba als Symbol der Unabhängigkeit verteidigen sollte.

Gesundheitstourist Maradona?

Havanna, 18. Januar 2000: »Ich bin auch ein Rebell in dieser Welt. Und ich bin froh darüber«, sprach Maradona, bekleidet mit einem

Che-Guevara-Shirt, in die Mikrophone. Da war der 39-Jährige gerade in Begleitung von Claudia, seinen Eltern, seinem Leibarzt Alfredo Cahe und Guillermo Cóppola mit einer Maschine der »Cubana de Aviacón« am Flughafen »José Martí« von Havanna gelandet. Fidel Castro habe ihm den Aufenthalt auf Kuba ermöglicht, zu dem er sich auch entschieden habe, »weil die Menschen hier Würde haben« (spiegel.de, 19.1.2000). Es mochte mit hineingespielt haben, dass er der ständigen Medienbelagerung in Argentinien entkommen wollte. Doch nach seiner Ankunft in Havanna fügte er noch hinzu, was ihn auch dazu bewog, sich auf Kuba in das dortige »therapeutisch-medizinische Programm zur Suchtbehandlung und Rehabilitation« zu begeben: »Ich vertraue der kubanischen Medizin.« (cubanet.org, 18.1.2000)

Das vollgepumpte, aufgedunsene Bild, das er abgibt, und die Sätze, die er spricht – ein Herz könne »ein kleines Loch haben«, aber mit der Zeit würde seines wieder mit Kopf und Seele »in Einklang gebracht werden« – verraten: Diego ist an einem Tiefpunkt. Sein Anblick ist schlimm, oder besser: traurig. Die kubanischen Ärzte würden »reichlich zu tun haben« (arte), so ein Kommentar.

Vorausgegangen war ein Zusammenbruch am 4. Januar im uruguayischen Punta del Este. Cóppola hatte sich noch beeilt, den Medien zu erklären, das habe nichts mit Drogen zu tun. (vgl. Burns 2010: 247) Doch nach der eiligen Überstellung in ein Krankenhaus in Buenos Aires ergibt sich ein anderes Bild: »Bluthochdruck, Herzrhythmusstörungen, Erschöpfung, Stress, Alkohol, Drogen. 900 mg Kokain im Urin, für einen Normalsterblichen eine tödliche Dosis.« (arte)

Und man ließ ihn nicht in Ruhe: Eine regelrechte Medienmeute verfolgte den Krankenwagen in Buenos Aires. Und noch bei der Ankunft in Havanna gab es Ärger: »Wenn du Gottes Sohn bist, warum bist du dann der Jugend ein so schlechtes Vorbild?«, verfluchte ihn ein Mitreisender. »Du tust mir leid«, entgegnete Diego nur. (spiegel.de, 19.1.2000)

Maradonas Therapie wurde angeführt, um einen »Gesundheitstourismus« zu illustrieren, den die Insel als »Nischenmarkt« entdeckt habe. Der »prominenteste Patient und Urlauber Kubas« machte dort, so etwa *Spiegel online* »eine vielmonatige Drogen-Therapie und erkundete etliche Strände. Als er sich bei einer Pressekonferenz ›outete‹, rührte er damit kräftig die Werbetrommel für Kubas Mediziner und Playas.« (27.2.2003) Von »Schönheitschirurgen« und »Wellness-Reisen« ist da die Rede, »Stars und Sternchen« würden Kuba »für einen Gesundheits- und Schönheitsurlaub unter Palmen« nutzen. Bei aller Anerkennung der medizinischen Qualität: der Beitrag steht für eine Diffamierung Kubas im Allgemeinen und der Motivation Maradonas im Besonderen. Weder werden dessen vorausgegangene Kuba-Besuche erwähnt noch das Programm »Cubanacán Turismo y Salud« in die Gesundheitspolitik des Landes eingeordnet.

Zum kubanischen Gesundheitssystem

Etwa zur Zeit von Maradonas erster Therapie auf Kuba ließen sich folgende Zahlen festhalten: 2002 gab es rund 65.000 Ärztinnen und Ärzte im Land, die Lebenserwartung war von 58 Jahren – aus der Zeit vor der Revolution von 1959 – auf 76 Jahre gestiegen, während man mit einer vergleichsweise niedrigen Kindersterblichkeitsquote »noch vor den USA und nach Kanada zum führenden Land des amerikanischen Kontinents« wurde (LN, Sept. 2002). Die Werte blieben stabil, 2021 meldete die *Süddeutsche Zeitung*: »Auf 1000 Kubaner kommen bis heute mehr als acht Ärzte. Zum Vergleich: In Deutschland sind es nur vier. Die Kindersterblichkeit auf der Insel ist geringer als in den USA, die Lebenserwartung dafür höher als in den meisten anderen Ländern der Region und Krankheiten wie Malaria, Kinderlähmung, Tetanus und Masern gelten als ausgerottet.« (SZ, 6.5.2021)

Der frühe Erfolg gründete auf dem System der »medicina general integral« (MGI, ganzheitliche allgemeine Medizin), bei dem – auch mit Nachbarschaftsprogrammen – auf Krankheitsprävention und schnellstmögliche Behandlung gesetzt wird. (vgl. hch-ev.de) Bereits seit 1960 wird die Gesundheitsversorgung zu den elementaren Grundbedürfnissen gezählt, wie Ernährung, Obdach und Bildung. So konnte man innerhalb eines Jahrzehnts »die Zahl der

Krankenschwestern von 2.500 im Jahr 1958 auf 4.300« erhöhen. (amerika21, 9.3.2021)

Die Versorgung galt nicht bloß der eigenen Bevölkerung. Wenn möglich, folgte man im Bereich internationaler Beziehungen dem Prinzip gegenseitiger Solidarität, so etwa mit Venezuela (Erdöl gegen ärztliche Unterstützung). Man erstellte keine Kosten-Nutzen-Rechnung, als 1963 die erste Hilfsmission nach Algerien aufbrach, das an den Folgen des von Frankreich aufgezwungenen Krieges litt. Oder als man 1966 mit der kongolesischen Regierung die erste Massenimpfkampagne in Afrika organisierte, die 61.000 Kindern zugutekam. (vgl. ebd.) Und als im Westen in Folge einer neoliberalen Gesundheitspolitik die Ressourcen knapp wurden, waren kubanische Ärzte auch in Italien, Andorra oder den karibischen Überseegebieten Frankreichs, Martinique und Guadeloupe, willkommen. Das war Anfang der 2020er Jahre, zu Zeiten der Pandemie. »Grazie, Cuba«, postete Luigi Di Maio, der Außenminister Italiens, der die Unterstützung der EU vermisste. Während die nach Andorra reisende kubanische Brigade am Flughafen von Madrid mit Applaus empfangen wurde, übten die USA Druck auf den kleinen Pyrenäenstaat aus. Deren Außenministerin María Ubach verwies darauf, dass sie »ein souveränes Land« seien und selbst »die Partner wählen, mit denen wir zusammenarbeiten« (zit. n.: CL, 3/2020). Derweil sollte der Impfstoff, den Kuba entwickelte – anders als bei Pfizer/Biontech und Co. –, anderen Ländern kostenlos bzw. kostengünstig zur Verfügung gestellt werden. Natürlich müsse sich das Land um eine »Refinanzierung der Ausgaben für die Entwicklung und Produktion der Impfsera« sorgen, so Klaus Piel, Vorstand von *mediCuba-Europa*. »Aber die Rendite, geschweige denn die Interessen von Shareholdern, stehen nicht auf Kubas Agenda.« (CL, 2/2021)

Wer den »Gesundheitstourismus« kritisiert, sollte auch im Blick haben: Auf der 1999 gegründeten »Lateinamerikanische Schule für Medizin« (ELAM) in Havanna wurde internationales Personal ausgebildet. Für »die ausländischen Student:innen der ELAM werden alle Kosten vom kubanischen Staat übernommen, mit Ausnahme der Flugkosten. Bis 2020 hat ELAM 30.000 neue Ärzt:innen aus mehr als 100 Ländern, hauptsächlich aus Afrika, ausgebildet.« (amerika21, 9.3.2021) Mehr noch: Anfang der 2020er Jahre blickte Kuba auf die Entsendung von 600.000 Ärztinnen und Ärzten in 160 Länder zurück. Nicht darunter waren die USA, denen man 2005 nach dem verheerenden Wirbelsturm »Katrina« Hilfe anbot: So »wollte Kuba 1.598 Fachärzte mit Geräten und Medikamenten schicken. Dies wurde von der US-Regierung unter George W. Bush in ihren öffentlichen Verlautbarungen über internationale Hilfsangebote nicht einmal erwähnt« (amerika21, 28.5.2017). Und doch war das der Anlass, die Ärztebrigade »Henry Reeves« aufzustellen, die 2017 von der Weltgesundheitsorganisation (WHO) mit dem Preis für öffentliche Gesundheit ausgezeichnet wurde. Spezialisiert auf Katastrophen und Epidemien, gab es Einsätze etwa nach Erdbeben wie in Haiti (2010), Nepal (2015) und Ecuador (2016) oder nach Wirbelstürmen (Haiti 2016) und Überschwemmungen (Peru 2017). Zur Ebola-Pandemie (2014) war man in Westafrika gefragt, und zu Corona-Zeiten in mehr als 20 Ländern im Einsatz. Als die »Henry Reeves«-Brigade 2021 für den Friedensnobelpreis vorgeschlagen wurde, habe diese »in den 15 Jahren seit ihrer Gründung rund vier Millionen Menschen in Afrika, Asien, Europa, Mittel- und Südamerika und Ozeanien behandelt« (amerika21, 28.1.2021). Der ehemalige US-Außenminister und Ex-CIA-Direktor Mike Pompeo bezeichnete die Entsendung medizinischen Personals als »Menschenhandel« (zit. n. unblock-cuba.org).

Wie das Programm »Turismo y Salud«, so bilden auch diese Einsätze eine Einnahmequelle, sie tragen »zur Finanzierung der sozialen Dienste bei«, so der kubanische Gesundheitsminister José Ángel. (amerika21, 26.1.2021) Das erscheint umso nötiger, als das Land mit einer umfassenden Wirtschaftsblockade konfrontiert ist, die die USA bereits 1962 verhängten. Die damit verfolgten Ziele definierte Lester D. Mallory, ein damaliger stellvertretender Staatssekretär der US-Administration, im April 1960 prägnant: Es gehe darum, »durch wirtschaftliche Unzufriedenheit und Not das Wirtschaftsleben zu schwächen, indem Kuba Geld und Lieferungen verwehrt werden, mit dem Ziel, die Nominal- und Reallöhne zu reduzieren, Hunger, Verzweiflung und den Sturz der Regierung zu bewirken.« (fgbrdkuba.de, 12.8.2013) Der Plan ging nicht auf, doch mangelt es in vielen Bereichen am Nötigsten, auch an medizinischem Gerät und Medikamenten. Verschärfend kommt hinzu, dass die USA mit dem Embargo auch gegen Unternehmen aus Drittländern vorgehen, die im Austausch mit Kuba stehen. So werden auch Strafen gegen Reedereien verhängt, die Erdöl aus Venezuela nach Kuba transportieren. 2019 erklärte der damalige US-Sondergesandte für Venezuela, Elliott Abrams, seine Regierung verfolge das Ziel, »die kubanische Wirtschaft zu erdrosseln« (zit. n. jW, 27.4.2021). Unterdessen scheint sich die EU uneins. Einerseits wird ersucht, die Sanktionen zu lockern, andererseits wird der eigene Botschafter in Havanna nach Brüssel einbestellt, wenn dieser fordert, die völkerrechtswidrige Blockade aufzuheben – so geschehen im März 2021. Dagegen hatte Maradona einst erklärt, er »würde gern ein Kuba ohne Blockade sehen, mal schauen, was passiert« (Dg. 2002: 400).

Dem Gesundheitssystem kommen die Einnahmen aus dem Programm »Turismo y Salud« zugute, wie deren einstiger Leiter Rolando Rey erklärte. (vgl. LN Sept. 2002) Wenn Maradona an diesem Programm teilnahm, so ist auch von Belang, dass sich daran nicht etwa privatwirtschaftlich organisierte Kliniken bereicherten. Doch zu den Hintergründen der gezeigten kubanischen Politik will man bei Redaktionen wie der von *Spiegel online* nichts wissen, um sich so im Stil kolonialer Überheblichkeit über einen »Gesundheitstourismus« zu mokieren, der auch mit Operationen an »Po und Busen« aufwarte. (vgl. spiegel.de, 27.2.2003)

Zur Suchtbehandlung: Maradona im Gesundheitszentrum »La Pradera«

Ja, warum eigentlich nicht: Ein Pool, reichlich Grünanlagen, Sportmöglichkeiten, Speisen à la carte und, nun ja: auch Palmen, die es auf Kuba gibt wie anderswo Birken oder Fichten. Ausstattung und

Leistungen des 1996 errichteten internationalen Gesundheitszentrums »La Pradera«, in das sich Maradona begab, lassen sich auf einer Webseite nachlesen, die neben dem Programm zur Suchtbehandlung noch mehr als 20 weitere Angebote bereithält und auch die Kosten für die »mindestens 97 Tage dauernde« Behandlung angibt. (cubamundomedico.com) Allgemein lässt sich das Zentrum als eine »renommierte Einrichtung« beschreiben, die »auf neurologische, orthopädische und kardiovaskuläre Rehabilitationsmaßnahmen spezialisiert ist« (kubakunde.de).

Von Klinikchef Pedro Llerena Fernández empfangen (vgl. aerzteblatt.de, 2007), stand Maradona bei dem Therapieprogramm ein »multidisziplinäres Team« aus Psychiatern, Psychologinnen, Ergotherapeuten, Krankenschwestern und Sozialarbeitern zur Verfügung. Geleitet wurde es von Eduardo Bernabe Odaz, einem der führenden Spezialisten des Landes. »Die Behandlung auf Kuba ist sehr effektiv«, bestätigte dieser, »aber man braucht mindestens drei Monate«. (cubanet.org, 19.1.2000) Voraussetzung für den Erfolg war eine »strenge Disziplin« sowie die »Bereitschaft und der Wunsch des Patienten, an der Genesung mitzuarbeiten« (cubamundomedico.com). Was noch empfohlen wird: die Anwesenheit eines Angehörigen. Filmaufnahmen werden Diego und Claudia beim gemeinsamen Joggen zeigen. (vgl. arte)

Die Therapie verlief erfolgreich, auch wenn sich Maradona nach einigen Jahren noch einmal in Behandlung begeben wird. Allein, was sie auch dann nicht hinbekamen – und wie sollten sie auch? –, das war: seine Schuldgefühle abzutupfen. »So viel schöne Momente« habe er verpasst, habe nicht ausreichend mit seinen Kindern zusammen sein, sie nicht genug umarmen können, erzählte er Emir Kusturica in dessen Film. »Ich war nicht immer bei den Geburtstagen von Dalma und Giannina dabei. Weißt Du, warum? Als die Geburtstage anfingen, stand ich längst unter Drogen.« Und über Claudia: Die »gute Hexe« habe immer wieder versucht, ihn »da herauszuholen«. Doch mit diesem Kokain, da habe er sie »manchmal gar angelogen«. Nach seinen Entziehungskuren sei ihm immer wieder gesagt worden, es gehe ihm nun besser, in jedem Fall besser als früher. Doch »in meiner Haut steckte niemand. Diese Schuld ist ein Teil von mir, und ich werde sie nicht mehr los.« (EK)

»Noch ein paar Jahre zu kämpfen«

Noch einmal ein Sprung: »Diego ist nicht gestorben, man hat ihn umgebracht«, werden Fans auf einer Demonstration in Buenos Aires im März 2021 sagen. Vordergründig eine verwunderliche Behauptung, die zu einem vielleicht seltsam anmutenden Gedanken führt: dass es Diego nicht vergönnt war, in einem Land wie Kuba zu sterben. Oder anders: an einem Ort X, an dem das (Gesundheits-)System nicht einer Logik der Bereicherung folgt bzw. die öffentliche Versorgung nicht unterfinanziert ist. Dann wäre wohl weniger Anlass gegeben, über die Umstände seines Todes zu spekulieren. Es kann hier nicht geklärt werden, inwieweit den Leibarzt Maradonas, dem argentinische Ermittler schon sehr früh fahrlässige Tötung vorwarfen, eine Schuld trifft. Ein Bericht der *Süddeutschen Zeitung* gab jedoch zu denken: »Der Anfang vom Ende« sei »eine Operation wegen eines Hämatoms am Kopf« gewesen, »der sich Maradona Anfang November [2020] unterzog. Statt ihn zur Erholung in eine Rehaklinik zu schicken, ließ ihn das medizinische Team rund um Leibarzt Leopoldo Luque in ein Haus in einer abgeschirmten Wohnanlage bringen. In aller Eile war hier ein Zimmer für ihn hergerichtet worden. Es gab ein breites Bett, einen Flachbildfernseher und eine Chemietoilette, weil er die Treppe hinauf ins Badezimmer nicht mehr geschafft hätte. Was es aber nicht gab, war medizinisches Gerät für Notfälle, genauso wenig wie eine ärztliche Rund-um-die-Uhr-Betreuung. Es gab auch keinen Sauerstoff, ja, nicht einmal eine Klingel neben dem Bett.« Dem Leibarzt zufolge wollte Maradona nicht in eine Klinik. Doch es gab »Text- und Sprachnachrichten, die [im März 2021] dem Portal *Infobae* zugespielt wurden.« Diese »zeichnen ein anderes Bild: Luque und sein Team« – der Vor- und Nachname des Arztes deckte sich nur zufällig mit dem des einstigen Sturmkollegen – »kanzelten Maradona wohl gezielt ab, sie gaben ihm Marihuana, Malbec-Rotwein, Tabletten und Bier, auch dann noch, als längst klar war, dass die Drogen und der Alkohol ihn zugrunde richten könnten. Bei alldem ging es um Geld, Einfluss und Posten. Und statt Maradona mit allen Mitteln zu pflegen … fälschte seine Entourage wohl seine Unterschrift, um im Todesfall nicht belangt werden zu können.« (SZ, 12.3.2021) Als »mangelhaft und leichtsinnig« bestätigte ein Ende April 2021 veröffentlichter »Bericht von 20 Experten, die im Auftrag der Staatsanwaltschaft die Todesumstände des Nationalhelden untersucht hatten. Maradona sei vor seinem Tod für eine ›längere und qualvolle Zeit‹ seinem ›Schicksal‹ überlassen worden« (faz.net, 1.5.2021). »Der Fettklops kackt uns ab«, hörte man auf den Aufzeichnungen den Leibarzt noch sagen. (SZ, 27.5.2021)

Selbst wenn man Abstriche an der Geschichte machen kann: sie klingt kriminell. Sie klingt nach den Symptomen eines Systems, mit dem man auf Kuba gebrochen hat. Das gilt auch dann, wenn sich festhalten lässt: Bei dem Lebenswandel gab es andere, die es weit früher traf. Und mehrfach war Diego zuvor dem Tod entgangen. »Ich *war* tot«, sagte er selber Mitte der 2000er Jahre. Und er zeigte gen Himmel: »Der da oben meinte, ich hätte noch ein paar Jahre zu kämpfen.« (EK)

So sollte es kommen. Um wie viel besser es ihm ging, zeigen seine Aktivitäten: Schon Ende Mai 2000 bestreitet er ein Fußballspiel, und das nicht auf einem Bolzplatz von Havanna, sondern im Münchner Olympiastadion. Es ist das Abschiedsspiel von Lothar Matthäus, dem er in der italienischen Liga als Gegenspieler höchsten Respekt gezollt hatte. Bayern-Trainer Ottmar Hitzfeld verleiht Diego standesgemäß die Kapitänsbinde, dieser spielt 42 Minuten lang durch. Bilder zeigen einen recht stämmigen, aber glücklichen Maradona im Bayern-Trikot. Im November 2000 folgt sein eigenes Abschiedsspiel bei Boca Juniors. Und im Dezember nimmt er auf einer FIFA-Gala in Rom die Auszeichnung zum »Fußballer des Jahrhunderts«

entgegen – mit einem politischen Auftritt, den die Presse als »Eklat« bezeichnen wird.

Im April 2004 erleidet Diego einen dramatischen Rückfall. Am Abend nach einem Stadionbesuch bei Boca wird er ins Krankenhaus gebracht: Intensivstation, schwere Herzprobleme, aus dem Koma wird er wieder aufwachen. Schwer übergewichtig, lässt er sich den Magen verkleinern, in den folgenden Monaten nimmt er rund 30 kg ab. Sein Aufenthaltsort: eine psychiatrische Klinik. Bei einem der sonntäglichen Familienbesuche soll er geklagt haben: »Ich bin hier unter Leuten, die sich für Napoléon halten oder den Heiligen Martin. Aber niemand glaubt mir, dass ich Maradona bin.« (zit. n. Fg. 10/2020, 84)

Im September 2004 wird gemeldet, er sei »zur weiteren Behandlung seiner Drogenprobleme auf Kuba eingetroffen. Der stark übergewichtige 43-Jährige landete auf dem Flughafen von Havanna in Begleitung seines Leibarztes Alfredo Cahe ... Der Weltmeister von 1986 soll im abgeschlossenen Zentrum für Psychiatrie des kubanischen Innenministeriums (Censam) eine Entziehungskur antreten.« (ntv.de, 21.9.2004)

In den Jahren zwischen der ersten Therapie auf Kuba und seinem Rückfall von 2004 war es ruhiger um seine Person geworden. 2002 reduzierten sich die Schlagzeilen im Wesentlichen auf eine verweigerte Einreise bei der WM in Japan/Südkorea und auf einen Benefizsong, den er zugunsten eines Kinderkrankenhauses in Buenos Aires aufnahm. Ab und an wusste der Boulevard etwas zu berichten, so auch 2003: Claudia, geb. Villafañe, reichte die Scheidung ein, offenbar hatte sich ihr Gatte zu viel auf Kuba aufgehalten, die Rede war von einer Geliebten. Gefragt, wie es Diego immer wieder geschafft habe zu überleben, entgegnete sie einmal: »Warum fragt eigentlich nie jemand mal mich, wie ich das überlebt habe?« (EK)

Wann und wie oft Maradona auf Kuba weilte, ist müßig nachzuvollziehen. Fest steht: Er kam gern auf die Insel, und es gab weitere Bekanntschaften, darunter zu jemandem, den er wahlweise als Freund oder Comandante bezeichnen sollte.

»Flirt mit der Politik«? – oder: Diego und Fidel

Rückblende, die Geschichte führt noch einmal in die 80er Jahre: Nach der gewonnenen WM und der Meisterschaft mit Neapel wollten auf dem amerikanischen Kontinent zwei fast benachbarte Länder Maradona auszuzeichnen: Die USA »wollten mir einen Preis verleihen, und Kuba wollte auch«. Mit einer wenig wertschätzten Geste in Richtung USA erklärte er Emir Kusturica, diese hätten »ihren Preis doch behalten« sollen, er habe lieber den kubanischen genommen. (EK🎥)

Folgt man den Schilderungen Diegos, kam er sich bei der ersten Begegnung mit Fidel Castro vor, wie er sich wohl vorkommen musste: der Junge aus Fiorito, für den sich ein Leben lang alles um den Ball drehte, trifft jemanden, der ein Stück Zeitgeschichte verkörperte; jemanden, dem in Lateinamerika und anderen Teilen der Welt eine ganz andere Achtung beigemessen wurde, als das in den nördlichen Breitengraden dies- und jenseits des Atlantiks der Fall ist; jemanden, der im Süden noch immer dafür steht, eine (neo-)koloniale Bevormundung abgeworfen zu haben; jemanden, der seinen Gegnern mit der Figur des Don Quijote zu antworten wusste: »Solange die Hunde bellen, Sancho, heißt das, dass wir reiten.« (zit. n.: Hermsdorf 2018: 7)

Kurz: Diego kam sich bei der ersten Begegnung etwas klein vor, das Lampenfieber war entsprechend: »Ich erinnere mich noch genau an unser erstes Zusammentreffen: Es war am Donnerstag, den 28. Juli 1987, fast um Mitternacht. Er hat uns in seinem Büro gegenüber der Plaza de la Revolución empfangen. Ich war so nervös, dass ich kein Wort herausbrachte. Zum Glück begleiteten mich Claudia, mit Dalmita auf dem Arm, denn sie war damals noch ein Baby, meine Mutter und [der Fitnesstrainer] Fernando Signorini.« (Dg. 2002: 398) Doch der frisch gebackene italienische Meister fühlte sich gleich willkommen: Der Gastgeber sorgte sich um das Wohl des Babys, ging in die Küche, um Essen zu holen und »hat sich mit [Mutter] Tota übers Kochen unterhalten« (ebd.: 399). Und so habe man sich »sofort verstanden, obwohl manche Worte für jeden von uns eine andere Bedeutung hatten. Wenn er von Ball sprach«, habe er den kubanischen Nationalsport Baseball gemeint; »wenn ich das tat, sprachen wir von Fußball« (ebd.: 398). »Sag mal, tut dir das nicht weh, wenn du den Ball trittst oder köpfst?«, entfaltete sich der Dialog. »Nein.« – »Aber verdammt noch mal, warum hat mir das wehgetan, wenn ich als Junge Fußball gespielt habe?« – »Weil man früher andere Bälle benutzt hat, die waren schwerer und nicht so gut verarbeitet.« (ebd.)

Was bei dieser ersten Begegnung folgte, daran erinnerte Diego in einem Exklusivinterview für die FIFA. Nach der »unglaublichsten Situation« gefragt, die »Ihnen widerfahren ist, nur weil Sie Maradona sind«, antworte er: »Das Verrückteste, das in meinem Leben geschah, war, als ich Fidel Castro erklären sollte, wie ich Elfmeter schoss. Er fragte mich, wie ich das machte, und ich sagte: ›Ich schaue den Torhütern in die Augen. Wenn einer länger durchhält als ich, kann er parieren; wenn ich länger durchhalte, schieße ich einfach in die andere Ecke.‹ Fidel verschob alle Sessel im Zimmer und sagte zu mir: ›Schieß einen Elfmeter gegen mich, lass uns mal sehen.‹ Man brachte einen Ball und ich sagte zu ihm: ›Nehmen wir an, dass dies hier das Tor ist. Stellen Sie sich in die Mitte.‹ Verstehen Sie? Ich schoss einen Elfmeter gegen Fidel Castro! Das war wirklich verrückt! Er blieb stehen und ich traf. Und anschließend fragte er mich weiter viele Sachen, was für eine Fußstellung ich benutzte, und so weiter.« (fifa.com, 10.8.2009)

Und es gab noch ein Abschiedsgeschenk: »Als wir schon im Gehen waren, habe ich seine Mütze betrachtet, die Augenbrauen hochgezogen, und da ist er mir schon entgegengekommen, er hat kaum abgewartet, was ich ihm sagte: ›Comandante, Entschuldigung, kann ich sie haben?‹ Er hat sich die Mütze vom Kopf gezogen und wollte sie mir gleich aufsetzen, aber dann hat er gezögert.« Nun, das Barett musste noch unterschrieben werden, bevor er »meine ganze Familie verabschiedete«. (Dg. 2002: 399f.) Bei nächster Gelegenheit würden sie »stundenlang über Politik« sprechen, »locker sechs oder sieben

Stunden« (fifa.com, 10.8.2009). 1993 kamen sie das nächste Mal, wieder die ganze Familie – »die Kleine kennst du noch nicht« –, Filmaufnahmen zeigen eine gelöste Stimmung, Diego und Fidel Arm in Arm. »Für Maradona, die zweite Mütze«, lautet die Widmung dieses Mal bei der Verabschiedung.

Oft äußerte sich Maradona tief beeindruckt über Fidel Castro. Wenn auch an den einstigen Fußballer nicht die Maßstäbe wie an einen Historiker gelegt seien, so ist zumindest diese Stelle zu korrigieren: Man könne sich gut vorstellen, wie er »mit nur zehn Soldaten und drei Gewehren das gemacht hat, was er gemacht hat« (Dg. 2002: 400). Einer mit zehn anderen: damit kannte sich Diego aus. Zum Einspruch regt die Aussage deshalb an, weil der Umsturz von 1959 so nach einem Putsch klingt, der er nicht war. Richtig ist: Sie waren tatsächlich zu sehr wenigen, als die 82 Compañeros 1956 mit der »Granma« nach Kuba übersetzten. Doch einmal im Mangrovensumpf angekommen, gelang es ihnen Stück für Stück, in der Bevölkerung Mehrheiten zu schaffen, bis sie am 1. Januar 1959 unter breitem Jubel die Hauptstadt erreichten. In der Folge meldeten selbst US-Diplomaten, »dass die Mehrheit des Volkes hinter der Bewegung des 26. Juli und der Revolutionsregierung steht« (Hermsdorf 2015: 56).

Maradonas Autobiografie, aus der das Zitat stammt, erschien erstmals im Jahr 2000. In der Folge sollte er sich noch weit mehr mit dem Land auseinandersetzen. Und er wird sich noch oft mit dem »Comandante« treffen. In einem Austausch Mitte Januar 2015 sagte Diego: »Fidel, wenn ich etwas von dir im Laufe der ehrlichen und schönen Freundschaft gelernt habe, ist es, dass die Loyalität unbezahlbar ist, dass ein Freund mehr Wert ist als alles Gold der Welt und dass Ideen nicht verhandelbar sind.« Und aus Anlass von dessen Trauerfeier Ende 2016 wird er sich erinnern: »Fidel hat mich um zwei Uhr morgens angerufen und wir haben einen Mojito getrunken und über Politik, Sport oder irgendetwas gesprochen, was in der Welt passierte. Das ist die schönste Erinnerung, die mir bleibt. Wenn es ein Event gab, hat er mich immer angerufen, um zu fragen, ob ich hingehen wollte, ob ich mitarbeiten wollte und so etwas vergisst man nicht so leicht.« (Granma, 26.11.2020)

Auch 2005 sprachen sie gemeinsam darüber, »was in der Welt passierte«, und das auf großer medialer Bühne.

Moderator Maradona:
»La Noche del 10« mit Gästen von Pelé bis Fidel

2005 wird Fidel Castro zu den Gästen gehören, die Maradona in »La Noche del 10« (Die Nacht der 10) empfängt. Die Show lief vom 15. August bis zum 7. November in 13 Folgen auf *Canal 13*, einem der größten argentinischen Sender.

Illustre Gäste | Zum Kreis der Gäste zählten zahlreiche Fußballer wie Ronaldo, Zinedine Zidane, Gabriel Batistuta, Diego Simeone oder der damals 18-jährige Lionel Messi. Die Tennisspielerin Gabriela Sabatini gab sich ebenso die Ehre wie die Boxer Mike Tyson und Roberto Durán. Aus der Musikwelt waren die argentinische Sängerin Mercedes Sosa sowie die Weltstars Julio Iglesias und Robbie Williams vertreten. Neben lokalen Filmgrößen waren auch die italienische Schauspielerin Maria Grazia Cucinotta (»Der Postmann«) oder Emir Kusturica zugegen, der zu der Zeit mit und über Maradona einen Film drehte. Was die Folge mit Fidel mache, fragte der serbische Regisseur. »Nächste Woche«, entgegnete Diego.

Den Auftakt machte mit Pelé ein ganz besonderer Gast. Es wurde eine Mischung aus Eintracht und Sticheleien, offenbar im Sinne der Show. Der Brasilianer fragte nach dem Inhalt einer damaligen Trinkflasche, der Argentinier wollte wissen, wie es mit Pelés »undurchsichtigen Beziehungen zu FIFA-Präsident João Havelange« (Alabarces 2014: 201) aussehe. Und wie es denn um seinen Sohn stehe. Mit Blick auf dessen einschlägige Erfahrungen lobte Pelé sein Gegenüber als großes Beispiel für jemanden, der es schaffte, von Drogen loszukommen. (vgl. Burns 2010: 255) Unter großem Applaus tauschten sie live signierte Trikots mit der Nummer 10 aus.

Gut gelaunt köpften sie fast eine Minute lang einen Ball hin und her, am Ende eine herzliche Umarmung.

Einen Auftritt hatte zudem der ehemalige sowjetische Schachweltmeister Anatoli Karpow, der wie Maradona noch Ende der 2010er Jahre Probleme mit einem Einreisevisum für die USA bekommen sollte. Wie es die Show wollte, spielten die beiden tatsächlich eine Partie, und zwar auf einem Brett mit lebenden Figuren. Die »Kontrahenten« sagten jeweils ihre Züge an, Karpow zog mit verbundenen Augen die schwarzen »Steine«. In einer Spanischen Eröffnung einigte man sich nach vier Zügen auf ein diplomatisches Remis, der Vollständigkeit halber hier der Verlauf: 1.e4 e5 2.Sf3 Sc6 3.Lb5 d6 4.Sc3. Anschließend übergab Karpow dem »König des Fußballs« ein russisches Schachbrett, Diego revanchierte sich mit einem signierten Ball.

Die Sendung war Show durch und durch. Publikum, Effekte, Tanzeinlagen: ein großer kommerzieller Kanal, der sich auf Telenovelas und Reality-TV verstand, zog die gängigen Register, die Einschaltquoten waren beachtlich. Die Gespräche der einzelnen, teils online abrufbaren Sendungen auszuwerten, sparen wir uns hier. Der Moderator mochte am Ball mehr überzeugt haben, doch welchen Grund gab es für den harschen Ton einer akademischen Kritik? In den »Talksendungen« habe der einstige Fußballer »triviale Sätze von sich« gegeben (Fischer 2014: 204), und das bei »kompletter Sinnlosigkeit der Fragen und Antworten«, wie es in einer auch auf Deutsch in einem großen Verlag erschienen Abhandlung heißt. (Alabarces 2014: 200) Vielleicht ist das Ross etwas zu hoch, wenn moniert wird, ein »von der Kulturindustrie als Ware vereinnahmter Maradona« (ebd.: 202) habe sich als »volkstümliches Symbol des Vaterlands« samt seiner in der ersten Reihe sitzenden Familie »zur Schau« gestellt (ebd.: 201) – in einer Show mit »drittklassigen Tänzerinnen« (ebd.: 200). Was ist dabei gewonnen, von Maradonas »Fernseh-Wiederverwertung als Moderator«, von Diego als »massenmediale Ware« oder von einem bloßen »Flirt mit der Politik« zu sprechen und dabei das Interview mit Fidel Castro als Ausdruck von »zunehmendem Showcharakter selbst der progressiven Politik« (ebd.: 198, 202) zu werten? Als Teil des weniger als drei Monate währenden Sendeformats kann gemäß den Gesetzen der Branche auch diese Folge nicht spontan zustande gekommen sein. Demnach muss mit dem Sender etwas ausgehandelt worden sein – nach dem Motto: Ich mach' euch 'ne Show, dafür schluckt ihr das Gespräch mit Fidel.

***»Diego y Fidel« auf* Canal 13** | Die Folge mit Fidel Castro erscheint als derart großer Kontrast zu den übrigen Teilen der Sendung, dass sie sich kaum als Bestandteil der Serie begreifen lässt. Doch der Kubaner ist unter der vollständigen Besetzungsliste aufgelistet (imdb.com, Episode 1.12), und am Anfang der Ausgabe ist auch der Schriftzug »La noche del 10« zu sehen, während das Logo von *Canal 13* eingeblendet bleibt.

Gedreht wurde exklusiv auf Kuba, die Ausgabe firmiert unter »Diego y Fidel – el encuentro« (»Die Begegnung«, Videolink: kubakunde.de). Diego betritt im Che-Guevara-Shirt einen einfachen Raum, eine Umarmung, und die beiden nehmen jeweils auf einem Sessel Platz, spartanisches Ambiente, ein großes Bild mit Bergen im Hintergrund. Der Auftakt verläuft wie unter alten Bekannten: »Ich habe auf dich gewartet, seit dein Besuch angekündigt wurde«, so Castro. »Ich hätte nie geglaubt, dass du mal selber Interviews machen würdest.« Sie wären ja »immer im Kontakt« geblieben, eine »gute Beziehung«, seit »dem ersten Mal, als du herkamst, mit deinen – damals noch so kleinen – Kindern«. Und nun habe er ihm den Freund seiner Tochter vorgestellt. »Tja, Comandante, aber was will man machen, er ist ein guter Junge.« Und was für einen Schwiegervater dieser doch habe. Galant wird zu dem übergeleitet, was man in »Argentinien wissen will«. Auf Kuba würden sie auch, erinnerte Castro, medizinisches Personal nach Argentinien schicken, etwa nach La Matanza, eine Millionenstadt im Ballungsraum von Buenos Aires. Zudem bildeten sie »argentinische Ärzte auf Kuba aus«. Diego erkundigt sich nach der »Operación Milagro«, einem

Abkommen zwischen Kuba und Venezuela zur Behandlung von Augenkrankheiten.

Eingeblendet werden zudem historische Filmaufnahmen von Castro-Reden ebenso wie von antikubanischen Anschlägen. So dreht sich das Gespräch eine Zeitlang um den in Miami (USA) geachteten Luis Posada Carriles, einen »Anti-Castro-Kämpfer und ehemaligen CIA-Agenten« (New York Times, 23.5.2018). Bekannter noch als dessen Teilnahme an der Invasion in der Schweinebucht (1961) sind ihm zugeschriebene Terroranschläge. Dazu zählte 1976 jener auf ein Flugzeug der Linie »Cubana de Aviación«, bei dem 73 Menschen umkamen, »darunter eine gesamte kubanische Jugendsportmannschaft« (amerika21, 29.5.2018). Im »La Noche«-Gespräch fiel auch der Name von Orlando Bosch Ávila, einem »der Köpfe« (Huhn 2008: 13) bei der Planung des Anschlags. Man sprach zudem über die Miami Five, fünf Kubaner, die in den USA unter dem Vorwurf der Spionage zu langen Haftstrafen verurteilt waren, weil sie versucht haben sollen, Pläne zu derlei Anschlägen im Vorfeld aufzuklären. Die Sendung kam einer kleinen Geschichtsstunde gleich, indem Castro unter anderem an die erwähnte Operación Cóndor aus der Zeit der Militärdiktaturen in Chile, Argentinien und anderswo erinnerte. Und er warnte Diego davor, wie schnell man in Lateinamerika zu einem »Subversiven« erklärt werden könne. Doch blieb man obenauf: Auch wenn versucht werde, Lateinamerika zu »balkanisieren«, so lasse sich dem mit der Einheit des Kontinents begegnen.

Von diesem Ziel war die Sendung getragen, und sie war ein regelrechter Clou: Der »Comandante« spricht ausgiebig im argentinischen Fernsehen, und das zur besten Sendezeit auf einem der führenden Kanäle. Wenn sich Maradona dereinst als »kubanischer Soldat« bezeichnen sollte, dann war dies sein Bravourstück. Um im militärischen Jargon zu bleiben: die Sendung glich dem Streich des Trojanischen Pferdes. Die Folge von »La noche del 10« ist zudem in einer Reihe mit einem weiteren Ereignis zu sehen: Wenige Wochen später sollte US-Präsident Bush, der in der Sendung auch nicht verschont wurde, nach Argentinien kommen. Bei den Protesten, zu denen auch »Diego y Fidel« aufrufen, wird Maradona in der ersten Reihe stehen.

»Para siempre«: Diegos Haltung zu Kuba

Dem karibischen Ballsport konnte Maradona keine entscheidenden Impulse verleihen, auch wenn er im Februar 2000 den Ehrentitel »Aktivist des kubanischen Fußballs« verliehen bekam. (vgl. Fg. 10/2020) Was er Fidel Castro bei der ersten Begegnung auf dessen Frage nach sportlicher Unterstützung antwortete, ist vor allem für Diegos eigenes Verständnis über fußballerische Voraussetzungen interessant. Es gäbe alle Möglichkeiten zur Entwicklung, »das einzige, was die Sache etwas kompliziert« mache, sei die Hitze. Sonst wäre alles vorhanden: »Gewandtheit, Hüfte, innere Musik, körperliche Widerstandskraft und Spielfreude.« (Dg. 2002: 399) Den einen oder anderen jungen Spieler mochte Diegos Anwesenheit im Land beflügelt haben; doch selbst die Bemühungen seines berühmten früheren Trainers – in den 2000er Jahren war César Luis Menotti als Referent für den Trainernachwuchs auf Kuba tätig (vgl. SZ, 7.10.2005) – konnte die Jugend der Insel nicht zu Höhenflügen bewegen. Die sportlichen Nebengeräusche sind indes zu vernachlässigen, entscheidend für Maradonas Beziehung zu Kuba war die politische Dimension.

Seine Haltung, die in dem Gespräch auf *Canal 13* zum Ausdruck kam, hatte die gezeigte Vorgeschichte in den 1980er und 90er Jahren, als Maradonas Freundschaft zu Kuba und zu Fidel, was kaum voneinander zu trennen ist, ihren Anfang nahm. Und schon früh hatte sich die Sache herumgesprochen. Symptomatisch dafür ist die Anekdote von dem Freundschaftsspiel Deutschland–Argentinien (1:2) Anfang Dezember 1993 in den USA, genauer: in Miami. Wegen eines gebrochenen Knochens hatte Diego es verpasst, doch er hätte »auf jeden Fall gern gespielt«: »Wegen Deutschland? Ach was! Nein, weil ein paar kubanische Castro-Gegner gesagt hatten, wenn ich in Miami einen Fuß auf den Boden setzen würde, würden sie mich umbringen, bloß weil ich ein Freund von Comandante Fidel Castro war. Ich hätte sie mir gerne aus der Nähe betrachtet, von Angesicht zu Angesicht, aber das ist mir entgangen.« (Dg. 2002, 262f.)

Es zeigte sich: Wer zu Kuba hält, macht sich nicht nur Freunde. Und das umso mehr, als sich Maradona auch neben dem Platz als angriffslustig erwies. Das wiederum beflügelte die genannten Erklärungsversuche über das Aus bei der WM 1994, die ausgerechnet in den USA stattfand. Dort habe man es nicht zulassen können, dass Maradona als Weltmeister die Trophäe Fidel Castro widmen würde, den er erst im Jahr zuvor zuletzt getroffen hatte – so eine der Thesen. (vgl. Niembro/Llinás 1995) Es waren, wie bereits angesprochen, Schlussfolgerungen, die ihren Widerhall auf allen Kontinenten hatten und die ihren Reiz darin haben mögen, dass sie auf ein *Motiv* verweisen, das nicht ganz abwegig ist. Doch die Frage danach, *wem es nutzt*, belegt noch keine *Täterschaft*.

Auf etwas kleinerer Flamme kam es im Jahr 2000 zu einem realen Déjà-vu dieser These. Im Dezember nahm Maradona in Rom auf einer Gala im »Auditorium Foro Italico« von FIFA-Präsident Sepp Blatter die Auszeichnung zum »Fußballer des Jahrhunderts« entgegen. Es war eine Doppelehrung mit Pelé: der Brasilianer gemäß FIFA-Jury, der Argentinier nach Publikumsentscheid, so der Formelkompromiss. Es war alles angerichtet, die Weltpresse vor Ort, da erklärte Diego, er widme die Trophäe nicht nur all den »Fußballern, die ich liebe«, sondern auch dem »argentinischen und dem kubanischen Volk« sowie »Fidel Castro und Che Guevara«. Letzterer sei »der größte Argentinier aller Zeiten« gewesen. Es war ein Stich ins Herz. »Und dann war er weg«, notierte *Spiegel online* unter der Überschrift »Eklat um Maradona« (12.12.2000). Unterdessen verschwiegen andere die Sache, wenn sie schon nicht zu verhindern gewesen war, lieber ganz (z. B. welt.de, 12.12.2000).

Wovon auszugehen ist: Die Gespräche mit Fidel Castro hatten ihren Anteil daran, dass jenes intuitive soziale Bewusstsein, das Diego mitbrachte, zu gefestigten Standpunkten reifte. Seine oftmals instinktiven Einordnungen, die er mit Blick auf die Politik der FIFA ebenso wie auf soziale Verhältnisse unter Beweis gestellt hatte, fügten sich mehr und mehr in ein klares politisches Koordinatensystem. Die Entwicklung dahin setzte noch vor dem ersten Besuch auf Kuba ein. So hatte er sich zu seiner Zeit in Neapel mit Che Guevara beschäftigt, den er »natürlich gerne kennengelernt hätte« (Dg. 2002: 401). Seine Solidarität mit Kuba knüpfte er nicht an Bedingungen. Sie entsprang dem Bedürfnis nach einer Welt jenseits von kolonialen Abhängigkeiten und sozialer Not, was er für *ganz* Lateinamerika einforderte. Kritik an Fidel Castro begegnete er mit den Worten, man könne »in einigen Punkten anderer Meinung sein«, aber man möge »ihn doch in Ruhe arbeiten« lassen. (Dg. 2002: 400) Man könne nicht behaupten, »dass er sein Volk bestohlen hat, obwohl ihm die USA gerade das immer nachsagen«. Er sei der »einzige Politiker, der wirklich von sich sagen kann, seine Haut aufs Spiel gesetzt zu haben«; einer, der sein »sein Land zu verteidigen« wusste. (EK▭)

Die Nachricht vom Tod Castros erreichte Maradona in Zagreb, wo er sich direkt äußerte. Videoaufnahmen zeigen einen sichtlich bewegten Maradona. Man habe ihn von Buenos Aires aus angerufen, es sei »sehr schockierend« gewesen. »Man sagte mir, dass der Größte in der vergangenen Nacht gestorben ist. Er war der Größte ohne Zweifel.« Und: »Es tut furchtbar weh, denn er war wie ein zweiter Vater für mich.« (FAZ, 27.11.2016) Aus Anlass der Trauerfeiern kam Diego im Dezember 2016 ein letztes Mal auf die Insel. Er verabschiedete sich mit einem »Ciao, para siempre, comandante« und bekannte: »In einem grauen Moment meines Lebens hat Fidel mir die Türen Kubas geöffnet. Er war derjenige, der mich beraten hat, was ich tun konnte.« (kubakunde.de)

Mit dem 25. November sollte Diego und Fidel auch noch der Todestag einen. »Ein doppelt schmerzhafter Tag«, würde der kubanische Staatspräsident Miguel Díaz-Canel im Herbst 2020 über zwei »Freunde auch in der Ewigkeit« sagen. Unterdessen erklärte Außenminister Bruno Rodriguez, Diegos »Freundschaft mit Kuba und besonders mit Fidel« habe diesen »zu einem Teil des Volkes gemacht«. (ebd.)

Es bleibt, auf die Tattoos zurückzukommen. Deren acht wurden bei Diego gezählt, auf Onlineportalen wie »Body Art Guru« werden sie allesamt analysiert. Unter den eingestochenen Namen sind die seiner Töchter Dalma und Gianinna, jeweils auf den Unterarmen. Von Belang ist: Ab und zu wird die Platzierung von Che Guevara und Fidel Castro verwechselt. Richtig ist: Che zierte, gut sichtbar, den rechten Oberarm. Fidel trug er auf der linken Wade, auch die versteckte er nicht. Die Symbolik: Mit seinem noch stärkeren linken verteilte er die Bälle, damit zirkelte er, zog er ab, eigentlich unbesiegbar. Die Botschaft: Auch dem Kuba, für das Fidel stand, soll kein Gegner etwas vormachen.

Auch für Verbündete Kubas, wie vor allem Venezuela und Bolivien, machte sich Maradona fortan zunehmend stark.

8.
Für einen Weg der Unabhängigkeit

Der Einsatz für ein anderes Lateinamerika

»Ich war, ich bin und ich werde immer Peronist sein«, erklärte Maradona noch im Oktober 2020 laut der *Buenos Aires Times* (28.11.2020). Bis heute streiten Links- und Rechtsperonisten um das Erbe Juan Peróns, eine Auseinandersetzung, die kaum entschieden werden dürfte: der einstige argentinische Präsident (1946-55, 1973-74) war je nach Lage sowohl nach links wie auch nach rechts offen. Dank einer Politik, die auch für soziale Verbesserungen stand, hatte er, mit Evita an seiner Seite, eine Massenbasis gerade in jenen Vierteln, aus denen auch die Maradonas stammten. Und es kommt noch etwas hinzu, was sich Diego mehr und mehr auf die Fahnen schreiben sollte und wofür der Peronismus immer auch stand: die Souveränität des eigenen Landes gegen die nordamerikanische Einmischung zu verteidigen. Wenn es dabei in ökonomischer Hinsicht um die Hoheit über die eigenen Ressourcen ging, so waren Fragen auf der symbolischen Ebene stets aufgeladen. Als Spieler war die *Albiceleste* Diegos größter Stolz, »der Wert der Nationalelf« konnte für ihn »nicht mit Geld aufgewogen werden« (Diego 2002: 403). In dem Maße erklärte sich Maradona 2017 politisch bereit, gegen jene zu kämpfen, »die sich unsere Flaggen aneignen wollen – das Heiligste, was wir haben« (zit. n. t-online.de, 8.8.2017). Damit stellte er nicht eine Farbe über die andere, er meinte gleichermaßen etwa die argentinische, die venezolanische, die bolivianische oder die kubanische Flagge.

Aufschlussreich für die Tradition, in der er damit stand, ist ein Detail im Leben eines damals weniger bekannten jungen Kubaners.

Die 1940er Jahre waren eine Zeit, in der es »den jungen Studenten« sowohl »um Kuba als auch um Lateinamerika« ging. Diese »begehrten gegen die US-Vorherrschaft auf und solidarisierten sich mit Bewegungen in Argentinien, Venezuela, Kolumbien und Panama, die ein Ende der kolonialistischen Politik auf dem Kontinent forderten« (Hermsdorf 2018: 18). Nun begab es sich, so der Essayist Diego Siragusa, »dass am 9. April 1948 anlässlich der IX. Interamerikanischen Konferenz der Außenminister in Kolumbien der lateinamerikanische peronistische Patriot Jorge Eliécer Gaitàn, ein angesehenes Mitglied der ›Liberalen Partei‹ und von den Massen der Unterprivilegierten verehrt, deren Bedürfnis nach Gerechtigkeit er vertrat, in Bogotá ermordet wurde. Unmittelbar danach entflammte ein blutiger Volksaufstand, bekannt als ›El Bogotazo‹«. (Siragusa 2019: 34) »Blutig« bedeutete, dass bei den Auseinandersetzungen »über 3.000 Menschen getötet« wurden, »vor allem auf Seiten der Demonstranten« (Hermsdorf 2018: 18). Bei dieser Gelegenheit wurde »ein junger Mann von der Polizei verhaftet, der am Kongress der ›Lateinamerikanischen Studentenvereinigung‹ teilgenommen hatte, die gegen die Einmischung der USA in allen Ländern Südamerikas protestierte. Es wurde von der kolumbianischen Polizei wie folgt registriert: Fidel Castro Ruz, junger Peronist kubanischer Herkunft.« (Siragusa 2019: 34)

Unerheblich ist, wie die Bezeichnung Castros als »Peronist kubanischer Herkunft« ihren Weg in die Polizeiakten fand. Ebenso wenig spielt eine Rolle, ob in den häufigen Unterhaltungen zwischen Fidel und Diego je die Rede von diesen Ereignissen war. Entscheidend ist, worauf die Begebenheit hinweist: Bei allen ideologischen Unterschieden war die Ablehnung einer nordamerikanischen Einmischung eine gemeinsame Klammer zwischen jenen politischen Richtungen, auf die sich Maradona bezog: auf den Peronismus, die Kubanische Revolution, den Chavismus und den Bolivarismus. Dass diese Modelle bzw. Strömungen eine Massenbasis haben, liegt an ihren sozialen Inhalten und – damit zusammenhängend – an den tiefen Wunden, die eine koloniale Politik auf dem Kontinent hinterlassen hat. Diese setzte sich fort in der geschilderten Ära von Militärdiktaturen und anderen Formen der »Integration Lateinamerikas unter dem Sternenbanner« (Galeano 1985: 283).

In Venezuela unterstützte Maradona Wahlkampfauftritte von Chávez-Nachfolger Nicolás Maduro. Es mangelte ihm nicht an Pathos, sich bereitzuerklären, gegen Destabilisierungsversuche aufzustehen, wahlweise als »Soldat der Bolivarischen Revolution« oder als »kubanischer Soldat«, der immer da sei, »wenn Kuba mich braucht«. Wenn diese Überzeugung Maradonas im Mittelpunkt des Kapitels steht – mit einem aufschlussreichen Beitrag des Lateinamerika-Kenners André Scheer –, so ist hier auch der Auftritt gegen den Amerika-Gipfel von 2005 einzuordnen. Dabei führte Maradona in Argentinien eine Großdemonstration mit an, die sich gegen den Staatsbesuch von US-Präsident Bush richtete.

Der Peronist Maradona

Noch einmal müssen wir zurück nach Villa Fiorito. Doña Tota habe Evita »verehrt« (Buenos Aires Times, 28.11.2020), jene weithin geachtete Eva »Evita« Perón also, die als »madre dei descaminados«, als »Mutter der Hemdlosen«, bekannt war. Der Grund für die hohe Achtung: Die Mutter Diegos »arbeitete als Hausangestellte in dem Haus einer reichen Familie und bekam den von Perón garantierten Mindestlohn« (Burns 1998: 27). In der Amtszeit Juan Peróns galt die *Primera Dama* als »Architektin« einer »ambitionierten Sozialpolitik« (Eisenbürger 2021: 133), die als Klassenkompromiss kritisiert werden mochte, in jedem Fall aber eine Massenbasis in den Armenvierteln und Elendsquartieren bedingte. Ideologische Versatzstücke einer christlichen Soziallehre fielen in einem zutiefst katholisch geprägten Land zudem auf fruchtbaren Boden. Selbstverständlich war auch der Vater, Don Diego, ein Anhänger der Peróns.

»Anders als heute«, so Gert Eisenbürger, »hatten die in den *Villas* Lebenden noch Hoffnungen auf einen sozialen Aufstieg.« Die Gründe dafür sind auch in einer Außenpolitik zu sehen, die auf den

Schutz der Wirtschaft aus war: »Perón trieb die rasche Industrialisierung Argentiniens voran, um das Land unabhängig vom bis dahin starken Einfluss der USA und Großbritanniens zu machen. Dafür sollten Unternehmen und Belegschaften an einem Strang ziehen. Den Unternehmen wurden staatliche Unterstützung und Schutzzölle versprochen, den Arbeitenden soziale Verbesserungen. Die von Evita Perón durchgesetzten Arbeitsgesetze räumten den Arbeitenden erstmalig Rechte ein. Soziale Reformen brachten spürbare Fortschritte, etwa im Gesundheitswesen und der Altersversorgung. Überall – gerade in Armenvierteln – entstanden Gesundheitsposten und Krankenhäuser. Diego Maradona wurde 1960 in einer Poliklinik geboren, die den Namen ›Evita Perón‹ trug. Während die städtischen Armen das Ehepaar Perón regelrecht verehrten, neigten die Wohlhabenden, der Mittelstand und die meisten Intellektuellen dazu, es zu verteufeln.« (ebd.)

Dieses Erbe des Peronismus wird Maradona prägen. Es lässt sich hier nicht die offene Flanke nach rechts nachzeichnen, die Perón und der Peronismus auch immer hatten, nicht nur im militärischen Bereich. In die erste Amtszeit Peróns fällt auch die Flucht von Nazikadern nach Argentinien, die über die sogenannten Ratten- und Klosterlinien gekommen waren. In der zweiten Periode werden – im Vorfeld des Putsches – die erwähnten Todesschwadronen (Triple A) unter Regie von Sozialminister López Rega gebildet. Wenngleich Perón dafür mitverantwortlich war, muss hier offenbleiben, inwieweit er die Zügel noch in der Hand hatte. Aufschlussreich ist jedenfalls ein freundschaftlich gehaltener Briefwechsel aus dieser Zeit, und zwar mit Carlos Prats, der im benachbarten Chile Vizepräsident der Volksfrontregierung Allende und General der Armee gewesen war, bis der Militärputsch unter Pinochet im September 1973 auch ihn entmachtete. Perón ließ sich in den Briefen wenig diplomatisch zu dem Staatsstreich sowie zur »nordamerikanischen Politik« und deren »gigantischer Kriegsmaschinerie« aus. Er mahnte Prats zu »absoluter Vorsicht«, der auch selbst um konkrete Drohungen wusste, wie er der Generalsekretärin der Kommunistischen Partei Chiles,

Gladys Marín, anvertraut hatte. Rund drei Monate nach Peróns Tod wurde Prats Ende September 1974 in Buenos Aires durch eine Autobombe ermordet, den Anschlag verantwortete der chilenische Geheimdienst DINA. (vgl. Calloni 2010: 83ff.)

Vergleichbare Gegensätzlichkeiten setzten sich in der Politik des Peronismus fort. Als Beispiel soll genügen: Der Linksperonismus reichte bis hin zum »Movimiento Peronista Montonero«, einer Guerillaorganisation, die tausende Mitglieder zählte, von denen viele die Zeit der Junta nicht überlebten. Dem Rechtsperonisten Carlos Menem gelang es während seiner Amtszeit wiederum, etliche »Montoneros« nach deren Begnadigung politisch zu integrieren. (vgl. Weber 2001: 87f.)

Derlei Widersprüchlichkeiten seien hier benannt, weil sie sich teilweise auch in der Haltung Maradonas spiegelten. Allein: Dem Fußballer hielt man gerne vor, seine Positionen seien nicht immer eindeutig gewesen, er habe in seinen Ansichten geschwankt. Auf seinen Spagat gegenüber Menem ist zurückzukommen. Doch auch für die Zeit vor den 2000er Jahren wird sich sagen lassen: einen rechtsperonistischen Maradona gab es nicht.

Mit dem Peronismus über den Peronismus hinaus: auf dieses Motto ließe sich der Weg des späteren Maradona bringen. Um sich dem zu nähern, mag eine Einschätzung von Pieter Siemsen interessieren, der aus einer linkssozialdemokratischen Familie stammte und 1938 in Argentinien im Exil lebte. Es sei Perón gelungen, »den wesentlichsten Teil ausländischen Besitzes – 43.000 km Bahnlinien, Telefongesellschaft und Zentralbank – zu nationalisieren« und »die Auslandsverschuldung zu tilgen«. Zudem habe er »das große Ziel der Eigenständigkeit Südamerikas … niemals aus den Augen verloren. Natürlicher Gegner eines solchen Zieles mussten selbstverständlich die USA sein. Und es sei hier ausdrücklich betont, dass der argentinische Präsident immer dann mit der Unterstützung aller fortschrittlichen Kräfte nicht nur Argentiniens rechnen konnte, wenn er sich zum Verfechter der nationalen Unabhängigkeit gegen den Expansionsdrang Nordamerikas machte.« (zit. n. ila, 9/1995:

59f.) Es ist dieser wesentliche Bestandteil des Peronismus, auf den Maradona in den 2000er Jahren aufbauen konnte, als er sich für den kubanischen Weg und die bolivarische Alternative einsetzte.

Bereits in der Mitte der 1990er Jahre verfassten Biografie »Die Hand Gottes« schälte Jimmy Burns heraus, *wie* bedeutend Perón für Maradona war. Es sei »bezeichnend, dass er bis heute ein Foto immer bei sich hat, das er wie eine Reliquie verehrt: Es zeigt den erwachsenen Maradona Seite an Seite mit General Perón. Der ehemalige Präsident und der Fußballspieler sind sich nie begegnet: als Perón starb, war Maradona erst 14 Jahre alt, aber diese Fotomontage legte die Rolle fest, zu der er sich verpflichtet fühlte.« (1998: 29)

Maradonas Unterstützung der Kirchner-Kandidaturen

Vor diesem Hintergrund unterstützte Maradona in den 2000er Jahren die Politik der Kirchners. Präsident Néstor Kirchner (2003-07) und seine Nachfolgerin Cristina Fernández de Kirchner (2007-15) standen für einen progressiven Peronismus und prägten die Phase einer gemäßigten Linksregierung. Sie ist unter anderem verbunden mit der Forderung nach einem Schuldenschnitt gegenüber dem Internationalen Währungsfonds (IWF) und mit einem Sozialprogramm. Die Maßnahmen mochten moderat gewesen sein, gewannen ihren Stellenwert aber im Lichte des marktradikalen Präsidenten Mauricio Macri (2015-19), unter dem Maradona »die Menschen in Argentinien nicht mehr lächeln« sah (dpa, 9.9.2019). Zudem begann man mit der juristischen Aufarbeitung der Militärdiktatur, die Cristina Fernández de Kirchner als »Staatsterrorismus der Streitkräfte« bezeichnete (vgl. argentinisches-tagebuch.de). Um der Straffreiheit für Generäle zu begegnen, wurden Amnestiegesetze aufgehoben (2005), zudem wurden Geheimarchive geöffnet (2010). Die als »Kirchnerismus« bezeichnete Politik unterstützte Diego auch im Wahlkampf 2019, aus dem Alberto Ángel Fernández als Präsident und Cristina Fernández de Kirchner als Stellvertreterin hervorgingen. »Diese Regierung sind nicht Alberto und Cristina, sondern alle«, twitterte er – ein typischer Maradona.

Wenn er zugleich den Weg Kubas und im eigenen Land eine gemäßigt linke Politik unterstützte, so war das kein Gegensatz. Es resultierte vielmehr aus der Überzeugung, im Rahmen der Möglichkeiten für soziale Verbesserungen und zugleich für den Weg einer eigenständigen lateinamerikanischen Integration einzutreten. Wie unter den Kirchners in Argentinien, so pflegte auch die Regierung Lula in Brasilien (2003-11) wohlwollende Beziehungen zu Kuba und Venezuela.

Warum nur die Treue zu (Ex-)Präsident Carlos Menem?

Wenn es denn einen größeren und oft genannten Widerspruch gab, dann war das Maradonas Unterstützung von Carlos Menem, argentinischer Präsident von 1989 bis 1999, der auch auf dem Ticket des Peronismus fuhr. Als dieser im Februar 2021 verstarb, erschienen Nachrufe mit gutem Grund auch auf den Wirtschaftsseiten. »Unter Anleitung des IWF unterzog Menem sein Land einer neoliberalen Radikalkur«, resümierte die *Süddeutsche Zeitung*. »Staatliche Unternehmen wurden privatisiert, Handelsschranken abgeschafft und Preiskontrollen aufgehoben«, zudem wurde der Wechselkurs mit eins zu eins an den Dollar gekoppelt. In der Folge brach »die heimische Industrie unter dem Druck der billigen Konkurrenz aus dem Ausland zusammen. Dazu kamen Massenentlassungen der privatisierten Staatsbetriebe. Vor den Jobbörsen bildeten sich lange Schlangen, genauso wie vor den Suppenküchen.« (SZ, 16.2.2021) Und wegen seines außenpolitischen Kurses erklärte US-Präsident William Clinton Argentinien 1997 zum »besonderen Verbündeten außerhalb der Nato« (zit. n. welt.de, 30.3.1998).

Es war zwar der junge Maradona, dessen politische Entwicklung zu einem großen Teil noch vor ihm lag, als er Menem unterstützte. Doch das erklärt nicht, warum er ihm noch die Treue hielt, als Menem wegen Korruptionsvorwürfen unter Hausarrest stand. Ein Deutungsversuch führt in den Filz Argentiniens ebenso wie zu persönlichen Eigenschaften Maradonas.

Viele fühlten sich von der Hemdsärmlichkeit angesprochen, mit der Menem im Wahlkampf auftrat und den einfachen Mann mimte. Mit seinem »buschigen Backenbart zu Ehren des Gaucho-Führers Facundo Quiroga« wurde er von den feinen Herrschaften zunächst kritisch-ablehnend beäugt. Er konnte links blinken, doch der Kandidat, »der 1989 seinen Wahlkampf noch im Poncho der Gauchos führte und bei den Armen Argentiniens die Hoffnung auf einen zweiten Perón weckte, wandte sich schnell der Oberschicht und deren Bedürfnissen zu« (nd, 8.4.2003). So mochte auf Menem ein schon älteres Bonmot zutreffen, wonach man in Argentinien »nur mit einem revolutionären Programm gewählt werden und nur mit einem konservativen regieren« könne. (zit. n. Hell 1968: 30)

Das politische Geschäft mit Maradona nahm 1990 seinen Lauf, nach den ersten Drogenskandalen also. Für den Wahlkampf wollte man den unsicheren Kantonisten, als der er galt, lieber nicht ansprechen. Doch im Mai des Jahres »fand ein seltsames Treffen zwischen Maradona und einem argentinischen Journalisten namens Fernando Niembro in der Kellerbar eines Hotels in Wien statt« (Burns 1998: 211), wo Diego für ein Freundschaftsspiel weilte. Der bereits erwähnte Niembro, ein ehemaliger Sportkommentator, kam im Auftrag von Menem, dessen offizieller Sprecher er zwischenzeitlich war. Zum »Botschafter für den Sport« wollte man Maradona machen. Im Kern ging es darum, dass Maradona einen Diplomatenpass bekam. Wie stillschweigend erwartet, funktionierte der PR-Coup: Auf einer überfüllten Pressekonferenz bedankte sich Maradona auch im Namen seiner Eltern für den Pass. Er werde »Argentinien würdig vertreten und verteidigen, und zwar auf dem Spielfeld«, versprach er. (Dg. 2002: 222) Zum Hintergrund gehört auch: Menem, der Diego auch einmal einlud, um mit ihm über die Drogenprobleme zu sprechen, ging es auch darum, etwaigen (Reise-)Beschränkungen entgegenzuwirken. Nach der Sperre von 1994 setzte er sich erklärtermaßen für Maradona ein, »damit dieser seine Sportlerlaufbahn nicht als von der FIFA bestrafter Spieler beenden muss, sondern weiter die Fans auf der ganzen Welt mit dem Zauber seines Spiels erfreuen kann« (Burns 1998: 264).

Doch die Verflechtungen gehen noch weiter, Menem wusste, mit wem er sich umgab: Zum Organisator seines Wahlkampfes hatte er den genannten Jugendfreund und langjährigen Manager Diegos, Jorge Cyterszpiler, gemacht. Auch nach der Trennung in Neapel soll dieser ein »loyaler Freund Maradonas« (ebd.: 212) geblieben sein. Auf ihn folgte der etwas windig wirkende Guillermo Cóppola, der mit Carlos Facundo Menem, dem Sohn des Präsidenten, befreundet war. Menem jr. kam 1995 bei einem Hubschrauberunfall ums Leben. Ob der »Unfall« in Wirklichkeit ein »Mordfall Menem« (vgl. welt.de, 30.3.1998) war, wie spätere Gutachten nahelegten, ist hier nicht weiter erheblich. Wichtig erscheint allein, dass Maradona die Sache bewegte: »Carlos Menem hat mir viel geholfen, ohne dafür eine Gegenleistung zu erwarten«, so die vielleicht etwas arglose Erinnerung. »Ich bin im März 1995 näher mit ihm bekannt geworden, als die Tragödie mit seinem Sohn Carlitos passiert ist. Ich dachte, ich könnte ihm etwas Gutes tun. Ich weiß nicht, irgendwie helfen.« (Dg. 2002: 401)

Und was machte Maradona, als Menem 1999 mit gebeuteltem Ruf abtreten musste? Da »bin ich ihn besuchen gegangen, weil ich das Gefühl hatte, dass ich auch in schlechten Zeiten zu ihm halten musste, und um allen zu beweisen, dass ich keinerlei Machtinteressen oder so hatte. Ich bin zu ihm gegangen, als er nicht mehr auf der Siegerstraße war. Bloß die Blödmänner springen auf die Siegerkutsche auf.« (Diego 2002: 401) Zweifellos: Die Sache ist widersprüchlich.

Ein genauerer Blick auf das Thema Maradona und die argentinischen Präsidenten muss hier ausbleiben, so seine Haltung zu Raúl Alfonsín (1983-89), Fernando de la Rúa (1999-2001), Eduardo Duhaldo (2002/03) oder mögliche Äußerungen zu kurzzeitigen Interimspräsidenten. Weitaus relevanter ist die Unterstützung der bolivarischen Alternative: Diego trat aktiv für die venezolanischen Präsidenten Hugo Chávez (1999-2013) und Nicolás Maduro (2013ff.) sowie für den bolivianischen Präsidenten Evo Morales (2006-19) ein. Darin – und in der Unterstützung Kubas – liegt das eigentliche politische Vermächtnis Maradonas.

Auf der Straße und im Wahlkampf: Für eine bolivarische Alternative

»Bolivarischer Soldat«, »kubanischer Soldat«: das waren Losungen, die bei den großen Medienhäusern nicht gerade verfingen. Und in der Tat lässt sich auf einen ersten Blick fragen, ob da nicht jemand überzogen hat. Doch die Ausführungen zur Militärdiktatur von 1976ff. mochten bereits deutlich gemacht haben: In Lateinamerika stößt eine fortschrittliche Politik auf unerbittliche Gegenkräfte, meist auch von außen gefördert. Noch instruktiver als der Militärputsch von Argentinien war derjenige von Chile (1973), der die Volksfrontregierung unter Präsident Salvador Allende beseitigte. Wenn einige Jahrzehnte später die Politik Allendes mit der von Hugo Chávez in Venezuela verglichen wird, so sind auch Parallelen zwischen den jeweiligen Umsturzversuchen zu ziehen. Wurden die Staatsstreiche der 70er Jahre unter dem geschilderten Dach der Operación Cóndor koordiniert, so nahmen die USA auch in späteren Jahren maßgeblich Einfluss auf eine Politik des *Regime Change*.

Einer der Unterschiede ist: Während in Argentinien 1976 Juntachef Videla gleich fest im Sattel saß, wurde in Venezuela 2002 ein Staatsstreich mit breiter Unterstützung aus der Bevölkerung abgewehrt. Putschpräsident Pedro Carmona wurde unter Hausarrest gestellt, bevor ihm die Flucht in die USA gelang. Auch der Versuch westlicher Staaten von 2019/20, den selbsternannten Übergangspräsidenten Juan Guaidó anzuerkennen, schlug fehl. Vergleichbar rigide Maßnahmen wie einst – mit zehntausenden »Verschwundenen« – zu ergreifen, erscheint heute weniger vermittelbar. Welcher DFB-Präsident würde noch, wie Hermann Neuberger zur WM ’78, erklären, dass »die Wende zum Besseren« mit der »Übernahme der Macht der Militärs« eingetreten sei? Was zu Beginn des 21. Jahrhundert als Mittel gegen eine fortschrittliche Politik vorläufig dominiert, das sind Sanktionen, die Unterstützung einer rechten Opposition – bis hin zu gewaltsamen Gruppierungen – oder, wenn es sein muss: die Förderung von kalten bzw. leisen Putschen, so geschehen in Honduras (gegen Präsident Manuel Zelaya), Paraguay (Fernando Lugo) oder Brasilien (Lula da Silva/Dilma Rousseff). In Bolivien traf es 2019 Evo Morales, dem Maradona daraufhin seine Solidarität bekundete: »Ich bedaure den organisierten Staatsstreich in Bolivien«, teilte er mit, Morales habe »immer für die Ärmsten gearbeitet« (sid, 12.11.2019).

Wenn die Methoden auch variieren, so sind die Interessen geblieben. Mit Blick auf Rohstoffe und Absatzmärkte ist das Begehren des Westens bzw. Nordens groß: etwa das Öl von Venezuela, das Lithium von Bolivien, das Kupfer von Chile. Und wenn im Fall von Argentinien einst von den »Verschwundenen von Mercedes-Benz« die Rede war, so zählte man in Kolumbien zwischen 2002 und 2016 470 ermordete Gewerkschafter, wie die Stiftung *ethecon* mit Bezug auf den Film »The COCA-COLA Case« angibt. (vgl. ethecon.org) In dem Land habe »das, was als ›schmutziger Krieg‹ gegen die Opposition bezeichnet wird, eine lange Tradition«, bilanzierte Raul Zelik, Autor von »Die kolumbianischen Paramilitärs« in einem Interview. Es sei »eine bewaffnete Form der Aufstandsbekämpfung gegen die ›gefährlichen Klassen‹. Der Kapitalismus schlägt in armen, rohstoffreichen Ländern oft in einen Krieg gegen die Bevölkerung um, wenn sie der Erschließung von Rohstoffen im Wege steht.« (konkret 3/2021)

Solcherlei »Frontverläufe« zeigen: die Präsenz von Gewalt ist in Lateinamerika wesentlich unmittelbarer als anderswo. Und wo es reichlich Erfahrung damit gibt, soziale Errungenschaften auch gegen militärische Einmischungen verteidigen zu müssen, da schlägt das auch auf die Wortwahl durch. Das führt noch einmal zu Kuba: Nach der Revolution musste sich das Land der CIA-gestützten Invasion in der Schweinebucht (1961) erwehren. Dem war Ende 1959 ein Aktionsplan des US-Geheimdienstes unter Zustimmung von Präsident Dwight D. Eisenhower vorausgegangen. Er sah »›den Sturz Castros innerhalb‹ eines Jahres und die Einsetzung einer USA-freundlichen Junta vor« (Hermsdorf 2018: 46). Jahrzehnte später tauschte der »Comandante« die Uniform gegen den Trainingsanzug, es war die Zeit, da er sich vor allem als »Soldat der Ideen« verstand. Eine Begrifflichkeit, die zeigt: ein Maradona musste es nicht unbedingt wörtlich gemeint haben, mit Ende fünfzig die längst an den Nagel gehängten Fußballschule gegen das Barett zu wechseln. Genauso wenig dürften sich die Spieler Nigerias bei der WM 2010 bedroht gefühlt haben, als der Trainer Maradona auf einer Pressekonferenz im Vorfeld des Spiels die Stimmung anheizte: »Meine 23 Männer sind Monster, Krieger. Denn ich sterbe mit ihnen. Für diese 23 Spieler töte ich.« (zit. n. Fg. 10/2020, 86) In dem Maße, wie er sich damit vorbehaltlos hinter seine Spieler stellte, demonstrierte er mit dem Bekenntnis zum »bolivarischen Soldaten« seine unbedingte Solidarität mit einer Bewegung, die ab den 1990er Jahren für einen Richtungswechsel in Lateinamerika stand.

Die Solidarität mit der bolivarischen Alternative

Simón Bolívar (1783-1830) ist in Lateinamerika weithin als »El Libertador« bekannt: als Befreier. Als Unabhängigkeitskämpfer gegen die spanische Kolonialherrschaft spielte er historisch unter anderem in Venezuela und Bolivien eine Rolle, wo man sich rund 200 Jahre später am ausdrücklichsten auf ihn bezog.

Mit der »Bolivarischen Alternative für die Völker Unseres Amerika« (ALBA) wurde 2004ff. ein Bündnis aus mehreren Staaten geschaffen, um dem Süden Souveränität zu verleihen. Erfolgreich wurde damit die geplante US-dominierte Freihandelszone ALCA abgewehrt. Der Auftakt der »Morgenröte«, die »Alba« auch bedeutet, bestand in einem bilateralen Handelsabkommen zwischen Venezuela und Kuba, mit dem die Lieferung von Erdöl im Tausch gegen die Entsendung von Ärztinnen und Ärzten beschlossen wurde. Neben kleineren Karibikstaaten schlossen sich Bolivien, Nicaragua, Honduras und Ecuador dem Bündnis an. Die Beziehungen zu Argentinien und Brasilien waren freundschaftlich, solange dort gemäßigt linke Regierungen in der Verantwortung waren. Projekte, die man anging, waren unter anderem die Schaffung einer Bank des

Südens (Banco del ALBA) und einer Regionalwährung (SUCRE). Derweil wurde der in Venezuela betriebene Sender *Telesur*, ein »CNN des Südens«, gegründet, um auch mehr Deutungshoheit über die eigenen Geschicke zu gewinnen.

Es galt, die Zeit der US-amerikanischen Hinterhofpolitik zu überwinden, und an klaren Worten mangelte es nicht. Als den »Teufel höchstpersönlich« bezeichnete Hugo Chávez den US-Präsidenten 2006 vor der UN-Vollversammlung. »Es riecht hier noch immer nach Schwefel«, erklärte der venezolanische Präsident am Rednerpult, an dem tags zuvor George W. Bush gestanden hatte; diesem empfahl er die Lektüre des berühmten US-Intellektuellen Noam Chomsky, um zu verstehen, dass die USA »die größte Gefahr für unseren Planeten sind« (nach: Der Spiegel, 20.9.2006). Gut möglich, dass derlei resolutes Auftreten Diego beeindruckte. Als argentinischer Nationaltrainer stand er 2010 zusammen mit Chávez auf den Treppen von Miraflores, dem Sitz des venezolanischen Präsidenten; später sollte er sich als »Chavista bis zum Tod« bezeichnen.

Er wird auch um die sozialen Maßnahmen in Venezuela gewusst haben, die jenen Schichten galten, aus denen er selber kam. In einer Reportage von 2013 gibt André Scheer eine Momentaufnahme aus einem Viertel von Caracas, dessen Hütten an Diegos Kindheit in Villa Fiorito erinnern: »Die Haltestellen der Seilbahnlinie, die in einem großen Bogen über das Hüttenmeer hinwegführt, dienen zugleich als Standort für zahlreiche Sozialprogramme der Regierung. Kubanische Ärzte bieten im Rahmen der Mission *Barrio Adentro* kostenlose Gesundheitsbetreuung an, alleinerziehende Mütter finden Hilfe bei der Mission *Madres del Barrio* und auch die Kinder finden Ansprechpartner, die ihnen Hilfestellung geben. Zugleich werden die Bewohner der Hütten auch angesprochen, in die neuen Häuser der Mission *Vivienda* zu ziehen. Einige dieser neuen Wohnblocks entstehen bereits in unmittelbarer Nähe – und wessen Hütte dem Bau der ›Metrocable‹ oder den neuen Wohnhäusern weichen muss, wird entschädigt. Auch das ist neu, nicht nur in Venezuela, sondern in ganz Südamerika. Normalerweise werden die

Elendsquartiere in Brasilien oder anderen Ländern des Kontinents ohne Umschweife geräumt und dem Erdboden gleichgemacht, wenn sie etwa einem neuen Einkaufszentrum im Wege stehen.« (Scheer 2013: 146) Es mag Unzulänglichkeiten gegeben haben, doch zum Erbe Chávez' gehört eine Sozial-, Bildungs- und Gesundheitspolitik, die vorzeigbar ist. 2005 konnte erklärt werden, dass Venezuela nach Kuba das zweite Land Lateinamerikas war, das gemäß UNESCO-Kriterien vom Analphabetismus befreit war. (vgl. Azzellini 2006: 10)

Den gleichen Erfolg bescheinigte die UNESCO 2014 Bolivien, wo ähnliche soziale Maßnahmen wie in Venezuela auf den Weg gebracht wurden. Vor allem das wird Diego überzeugt haben, Evo Morales zu unterstützen. Dass dieser der erste Präsident Lateinamerikas mit indigenen Wurzeln war, mochte ein zusätzliches Argument gewesen sein, hatte doch Maradona über die Linie seines Vaters einen vergleichbaren Hintergrund. Bestenfalls als Ironie der Geschichte ist zu werten: Morales kam politisch aus der Organisierung der Koka-Bauern, für die er sich auch später noch einsetzte. 2009 fuhr er auf eine UN-Drogenkonferenz, auf der er die mit Erstaunen quittierte Losung »Ja zum Kokablatt – Nein zu Kokain« ausgab und den Wert der traditionellen Nutzpflanze betonte. 2014 erkannte die UNO den Erfolg seiner Politik an, die Schlagzeilen lauteten: »Koka-Anbauflächen 2014 um neun Prozent reduziert, illegale Kultivierung halbiert. Regierung setzt auch auf Zusammenarbeit mit Bauern« (amerika21, 15.7.2014).

In einem Nachruf wird Morales den »Bruder« Maradona als »besten Fußballspieler der Welt« bezeichnen und als »einen Mann, der mit den einfachen Menschen fühlte und für sie kämpfte«. »Hasta siempre, Junge Amerikas!«, twitterte derweil Maduro. »Große Traurigkeit« hinterlasse die »Fußballlegende«, der »geliebte und unbeugsame ›Pelusa‹«, der »ein bedingungsloser Freund Venezuelas« gewesen sei. (zit. n. Granma, 26.11.2020) Sie werden sich auch an das Jahr 2005 erinnert haben, als Maradona in Buenos Aires mit Chávez und Morales zusammenkam.

Argentinien 2005: Maradona und der Amerika-Gipfel

Rückblick, Oktober 2001: Seinen 41. Geburtstag begeht Maradona auf Kuba. In dem Jahr befindet sich Argentinien in einer verheerenden Wirtschaftskrise. Der Internationale Währungsfonds (IWF) senkt den Daumen über das Land, Bilder von Protesten, Wasserwerfern und Toten gehen um die Welt. Wieder sucht Diego das Gespräch: »Ich sagte zu Fidel: Sie haben Argentinien kaputtgemacht. Sie haben es beraubt und geschändet.« Und er wird vor die Presse gehen, es seien »immer dieselben, die uns alles nehmen«. Unter den supranationalen Einrichtungen ist es nicht allein der IWF, der darauf drängt, zulasten des Südens wirtschaftliche Schranken aufzuheben. Im November 2005 kommt es im argentinischen Mar del Plata zu einem Gipfeltreffen der Organisation Amerikanischer Staaten (OAS), die von den USA dominiert wird. Deren Ziel: die erwähnte gesamtamerikanische Freihandelszone ALCA unter Beteiligung von 34 Staaten. Der Besuch von US-Präsident Bush ist durch weltweite Proteste gegen den Irakkrieg zusätzlich aufgeladen. Im Vorfeld erklärte Maradona bei einem gemeinsamen Auftritt mit Fidel Castro im kubanischen Fernsehen, er denke, Bush sei »ein Mörder. Ich werde den Protestzug gegen ihn anführen«. (spiegel.de, 28.10.2005)

Die Medienschelte folgte prompt. Die Kritik kam kübelweise, hier soll es reichen, auf die *New York Times* (*NYT*) zu verweisen. Ein »Phänomen wie Diego Maradona« verstehe man am besten mit dem Bestseller »Guide to the perfect Latin American idiot«. So wird Álvaro Vargas Llosa, einer der Autoren dieses »Leitfadens für den perfekten lateinamerikanischen Idioten« angeführt: Der einstige Fußballer verkörpere »die wunderbaren Möglichkeiten der Globalisierung, doch er tut alles, was in seiner Macht steht, um jenen, die ärmer sind als er selbst, abzusprechen, an dieser Welt teilzuhaben« (NYT, 8.11.2005). Und »alles, wofür Maradona und Chávez stehen«, wird der Sohn des peruanischen Literaturnobelpreisträgers Mario Vargas Llosa weiter zitiert, sei in der Geschichte Lateinamerikas »schon ausprobiert« worden, etwa bei der Mexikanischen Revolution. Doch John Tierney, der Kolumnist der *New York Times*, brauchte eigentlich keine Kronzeugen, um eine »neue Welle von Populisten« zu brandmarken, die »von Chávez angeführt« werde. Mit der von Bush vorgetragenen Freihandelspolitik, die dem Beispiel Chiles folgen sollte, habe es »die richtige Botschaft, aber den falschen Botschafter am falschen Ort« gegeben, der unbeliebte US-Präsident mache sich »zu leicht zur Zielscheibe«. Bei den Tagelöhnern oder in den Wellblechhütten der Vorstädte, auf den Feldern und in den Betrieben fragte die stolze *New York Times* nicht nach, wie man denn dort gedenke, an den Verheißungen teilzuhaben. Man hätte wohl einräumen müssen: dort sind die Verlierer einer Politik des freien Handels zu finden.

Und der »Populist« Maradona? Nun, dem wurden sein einstiges Millionengehalt und seine Werbeeinnahmen vorgerechnet. Bei allem Irrsinn des Fußballbusiness: auf wessen Kosten hatte sich Maradona eigentlich bereichert? Unterdessen darf als gewiss gelten: die großen Medienhäuser hätten Maradona gerne auf einem Wohltätigkeitsball gesehen, unter großem Applaus 'ne Million für Bedürftige spendend. Doch wenn an den Ursachen von Armut gerührt, gegen Freihandel und Krieg demonstriert wird, gehen die Alarmglocken an.

Zurück zur »Zielscheibe«: Diego trug ein polarisierendes T-Shirt mit dem Bild von einem blutverschmierten George W. Bush und dem Schriftzug »War Criminal«. Doch warum fragte, wer es geschmacklos fand, nicht erst einmal nach den Kriegsverbrechen der USA im Irak? Schon damals waren etwa der Angriff auf Falludscha, die Folterungen von Abu Ghraib oder der Einsatz abgereicherten Urans samt Missbildungen bei Kindern bekannt. Rund anderthalb Jahre nach Beginn der Angriffe kam eine in der britischen Medizinzeitschrift *The Lancet* veröffentlichte Studie, gemeinsam durchgeführt von der Johns-Hopkins-Universität (USA) und der Al-Mustansirija-Universität (Irak), auf rund 100.000 Tote in Zusammenhang mit Krieg und Besatzung. (vgl. jW, 30.10.2004)

Warum benannte solche Zusammenhänge nicht auch, wer – wie bei weitem nicht nur die *New York Times* – Maradona dafür zurechtwies, Bush als »menschlichen Müll« bezeichnet zu haben? Ok, wohl keine glückliche Formulierung, eine Entmenschlichung sollte eher auf die Kriegspolitik anstatt auf Personen abzielen. Doch nur eine Nuance weiter hätte gelegen, dass jener »War on terror«, den die USA erklärtermaßen führten, auf den »Müllhaufen der Geschichte« gehörte. Einem erfahrenen Redner, einem gestandenen Journalisten oder einem langjährigen Aktivisten hätte man wohl mit etwas mehr Recht vorhalten können, darauf nicht gekommen zu sein. Auch wenn Maradona 1995 bei einem Vortrag an der ehrwürdigen University of Oxford ein etwas befremdlich wirkender Doktorhut aufgesetzt wurde: Seine Wortwahl war nie akademisch, sie mochte gerne auch mal derb sein. Er selbst verstand sich als »Diego de la gente«, als »Diego des Volkes«, und ein »Rächer der Gerechten«, den viele in ihm sahen, durfte schon mal übers Ziel hinausschießen. Schließlich sind Proteste gegen Raubbau und Krieg nicht allein eine Frage von guten Sitten.

Mithin waren die Antikriegsproteste weltweit stark auf die Person des US-Präsidenten fokussiert – anders als bei dessen Nachfolger Barack Obama. Dass man sich die Proteste auch in Lateinamerika zu eigen machte, mochte von der allgemeinen Sorge um die bestehende Weltordnung getragen sein. Sie zeugte zudem vom Bewusstsein um die eigene Geschichte. Denn in dem Maße, wie die Militärdiktatur im Argentinien der 1970er Jahre auch mit dem Krieg gegen Vietnam oder den Gemetzeln in Indonesien zusammenhing, blieb 2005 die Hinterhofpolitik der USA gegenüber Lateinamerika nicht vom Krieg gegen den Irak zu trennen. Eine Politik der »schmutzigen Kriege« hatte man in Lateinamerika lange genug erfahren müssen.

Die Ausführungen zu den Demonstrationen gegen den Amerika-Gipfel lassen sich hier abkürzen, der folgende Beitrag von André Scheer wird auch darauf eingehen.

Ein »Soldat Venezuelas«: Der Chavista Maradona

Ein Beitrag von André Scheer

Die Avenida Bolívar war voll. Hunderttausende Menschen hatten sich an diesem 11. April 2013 im Zentrum der Hauptstadt Venezuelas versammelt, um ihre Unterstützung für Nicolás Maduro zu demonstrieren. Erst rund ein halbes Jahr zuvor, am 7. Oktober 2012, war Hugo Chávez zum Präsidenten der Bolivarischen Republik gewählt worden – ein weiteres Mal. Doch der an Krebs erkrankte Comandante konnte sein Amt nicht mehr antreten und starb am 3. März 2013. In seiner letzten Fernsehansprache hatte Chávez seinen Anhängern empfohlen, den langjährigen Außenminister und nunmehrigen Vizepräsidenten Maduro zu seinem Nachfolger zu wählen.

Die Verfassung Venezuelas legt fest, dass beim Tod des Präsidenten innerhalb eines Monats ein Nachfolger gewählt werden muss – und so vermischte sich die Trauer um Chávez mit dem fast unmittelbar beginnenden Wahlkampf für Maduro. Dieser tourte durch alle Bundesstaaten des südamerikanischen Landes, und der Höhepunkt dieser kurzen Kampagne war die Kundgebung auf der traditionsreichen Hauptverkehrsachse in Caracas, wo auch Chávez seine Wahlkämpfe regelmäßig abgeschlossen hatte.

Wir waren für die Tageszeitung *junge Welt* nach Venezuela gereist, um über die Wahlen zu berichten, und natürlich waren wir auch bei dieser großen Massenversammlung dabei, für die Maduro drei Millionen Anhänger mobilisieren wollte. Ob es wirklich so viele waren, hat niemand gezählt. Aber Hunderttausende Menschen waren es in jedem Fall, die deutlich zeigten, dass sie eine Fortsetzung des unter Chávez ab 1999 eingeleiteten Prozesses wollten. Die »Bolivarische Revolution« hatte das Leben von Millionen Menschen spürbar verbessert – der Analphabetismus konnte beseitigt werden, mit kubanischer Hilfe wurde ein System der Gesundheitsversorgung auch in den Armenvierteln aufgebaut, staatliche Lebensmittelmärkte sollten die Versorgung der Bevölkerung sicherstellen. 2005 hatte Chávez den Aufbau des Sozialismus zum Ziel seiner Politik erklärt. Diese Errungenschaften standen nun auf dem Spiel.

Die sechsspurige Avenida Bolívar war schon in den frühen Morgenstunden mit Menschen gefüllt, obwohl die Kundgebung offiziell erst um 14 Uhr beginnen sollte. Die ersten Teilnehmer hatten sich schon mitten in der Nacht dort eingefunden, um einen Platz in unmittelbarer Nähe der Hauptbühne zu ergattern. Andere trafen sich am Vormittag in ihren Vierteln, um gemeinsam in das Stadtzentrum zu ziehen. So stießen wir auf unserem Weg auf der *Sabana Grande*, einer Einkaufsstraße im Westen von Caracas, auf mehrere hundert Jugendliche, die einen Demonstrationszug gebildet hatten und sich lautstark auf den stundenlangen Weg zur Avenida Bolívar machten. Die Züge der Metro, der U-Bahn von Caracas, waren zu diesem Zeitpunkt, gegen 11 Uhr vormittags, bereits überfüllt mit Menschen, die mit ihren roten T-Shirts leicht als Chavistas zu erkennen waren. Nach 14 Uhr war es dann praktisch nicht mehr möglich, auf die gut zwei Kilometer lange Hauptstraße vorzudringen, wenn man noch nicht auf ihr stand. Sie war voll, und die Menschenmassen nahmen auch von den umliegenden Verkehrsadern Besitz. In den staatlichen Medien hieß es später, die Demonstranten hätten nicht weniger als sieben Avenidas gefüllt und damit die Ausmaße der legendären Abschlusskundgebung von Chávez im Oktober des Vorjahres erreicht. Es herrschte Volksfeststimmung. Fahnen der Maduro unterstützenden Parteien wehten, auf Transparenten präsentierten sich Berufsgruppen und Gewerkschaften, bunte Luftballons stiegen in die Luft. Viele Eltern hatten ihre Kinder mitgebracht.

Neben der Hauptbühne waren auf dem gesamten Kundgebungsgelände kleinere errichtet worden, auf denen Bands spielten, Musik lief und Reden gehalten wurden. Auch auf dem Hauptschauplatz der Kundgebung lösten bekannte Sängerinnen und Sänger einander ab und präsentierten die Hymnen der bolivarischen Bewegung, etwa des populäre Wahlkampflied »Chávez, Corazón del Pueblo« (Chávez, Herz des Volkes). Wir hatten das Glück, das Geschehen auf der »Tarima« aus der Nähe verfolgen zu können, denn eine offizielle Akkreditierung verschaffte uns Zugang auf die an einer Seite der Hauptstraße errichtete Pressetribüne.

Auf einmal erkannten wir auf der Bühne eine kleine, etwas rundliche Person. Der Mann trug rote Kleidung wie die meisten der Teilnehmer, doch auf dem Rücken leuchtete die Nummer 10. Ein Sprechchor brandete auf: »Diez, diez, diez« – »Zehn, zehn, zehn«. Diego Armando Maradona war da, und seine legendäre Rückennummer wurde zum Slogan seiner Fans. Für die Venezolaner kam hinzu, dass »zehn« auch eine Anspielung auf das Ziel von zehn Millionen Stimmen sein konnte, das Chávez 2012 ausgegeben hatte. Mit 8,2 Millionen Voten hatte er dieses Ziel trotz eines unangefochtenen Wahlsiegs gegen seinen Konkurrenten Henrique Capriles Radonski zwar verfehlt, aber in diesen Tagen vor der Neuwahl 2013 erschien es Beobachtern für nicht ausgeschlossen, dass Maduro einem solchen Ergebnis nahekommen könnte. Tatsächlich erreichte Maduro lediglich 7,6 Millionen Stimmen und blieb nur knapp vor dem erneut angetretenen Capriles – das war an diesem 11. April 2013 aber noch unbekannt.

Während die auf der Avenida Bolívar versammelten Chavistas den Fußballstar aus Argentinien feierten, betrat der Kandidat die Bühne, und Arm in Arm sangen Maduro und Maradona die Wahlkampfhymne mit: »Für immer Chávez – mit Maduro als Präsident«. Maradona unterschrieb Fußbälle, die er in die Menge schoss. Einen der Bälle köpfte auch Maduro in das Publikum.

Die Unterstützung Maradonas für Maduro kam nicht überraschend. Aus seiner Bewunderung für Hugo Chávez hatte er schon seit Jahren keinen Hehl gemacht und fühlte sich an dessen Aufruf gebunden, nun Maduro zu unterstützen. Kennengelernt hatte er Chávez durch Fidel Castro, und ihren ersten gemeinsamen Auftritt vor der Öffentlichkeit hatten beide im November 2005 bei einer Großkundgebung im argentinischen Mar del Plata.

Dort fand der »IV. Amerika-Gipfel« statt, bei dem nach ursprünglicher Planung die »Amerikanische Freihandelszone« ALCA/FTAA aus der Taufe gehoben werden sollte. Das Treffen wurde jedoch zu einer historischen Niederlage für US-Präsident George W. Bush, der sich plötzlich mit dem Widerstand linksgerichteter Staatschefs unter der Führung des argentinischen Präsidenten Néstor Kirchner und von Hugo Chávez gegenübersah. Zahlreiche linke Organisationen des Landes und des Kontinents hatten außerdem zu einem Gegengipfel in der Küstenstadt im Süden der Provinz Buenos Aires aufgerufen. Dorthin machte sich ein Sonderzug aus der argentinischen Hauptstadt auf den Weg, der »Tren del Alba«. Wörtlich übersetzt heißt das »Zug der Morgenröte«, doch Alba stand auch für die im Dezember 2004 von Chávez gemeinsam mit Fidel Castro gegründete »Bolivarische Alternative für die Völker Unseres Amerikas«. Der für die Medien bekannteste Passagier war Maradona, der klar Position gegen das US-Projekt bezogen und vor einer Annexion Lateinamerikas durch die Vereinigten Staaten gewarnt hatte. Obwohl die besondere Fahrt von dem linksperonistischen Parlamentsabgeordneten Miguel Bonasso organisiert worden war, galt Maradona als der »Lokführer des Tren del Alba«. Sein Platz war in dem Prominenten vorbehaltenen letzten Wagen des Zuges, doch er nahm sich Stunden Zeit, um durch alle fünf Waggons zu gehen und die Mitreisenden – vor allem Journalisten und mehr oder weniger bekannte Persönlichkeiten – zu begrüßen. An seiner Seite Evo Morales, der zwei Monate später Präsident Boliviens werden sollte, und der jugoslawische Filmemacher Emir Kusturica, der Maradona 2008 mit der Dokumentation »Die Hand Gottes« ein filmisches Denkmal setzte. Der kolumbianische Journalist Juan Alberto Sánchez berichtete, wie er im Zug einige Worte mit Maradona wechseln und einen Gruß für den gerade gegründeten lateinamerikanischen Fernsehsender *Telesur* aufzeichnen konnte. In Erinnerung geblieben seien ihm jedoch die Worte, die Maradona vor Abfahrt des Zuges bei einer tumultartigen Pressekonferenz im Bahnhof Constitución den Reportern in die Aufnahmegeräte diktiert hatte. Darauf anspielend, dass Bush mit der »Air Force One« in Buenos Aires gelandet war und beim Aussteigen wie üblich in die Kameras gewunken hatte, kommentierte Maradona: »Heute ist dieser Typ angekommen und hat von Ohr zu Ohr grinsend mit der Hand gegrüßt – aber niemand hat ihn erwartet! Bush ist der Mann, der das Nichts grüßt!« Der US-Präsident verachte die Lateinamerikaner, sagte Maradona bei dieser Pressekonferenz. »Ich bin hier, um die Würde Argentiniens zu verteidigen. Er soll wissen, dass wir ihn nicht brauchen, dass wir ihn nicht willkommen heißen, dass wir ihn nicht wollen.« (Pagina 12, 5.11.2005)

Als der Zug am 4. November 2005 morgens gegen 6.30 Uhr in Mar del Plata eintraf, wurde er von einer großen Menschenmenge erwartet, und vor allem Maradonas Fans sorgten für Tumulte. Der einstige Fußballstar musste sich mit einem Polizeifahrzeug in Sicherheit bringen lassen und versteckte sich in seinem Hotel, bis er sich zur Großkundgebung gegen die US-Politik im Sportstadion der Stadt bringen ließ. Wie er Jahre später in einem von *Telesur* übertragenen Fernsehgespräch mit Maduro erzählte, wurde er dort von Fidel Castro angerufen. »Bleib an der Seite von Chávez«, sagte ihm der kubanische Comandante, und Maradona antwortete: »Ich stehe hier neben ihm, genau an seiner Seite.« – »Dann lass ihn nicht alleine.«

Chávez habe ihn wenig später lächelnd zur Seite genommen und gefragt, mit wem er da telefoniert habe. »Mit Fidel«. »Dann kommst du mit mir«, habe Chávez gesagt und ihn untergehakt. In diesem Augenblick habe es zu regnen angefangen, während mehr als 15.000 Menschen im Stadion versammelt waren. Chávez habe zu den Umstehenden gesagt, sie sollten einige Worte wiederholen und dann dreimal in die Luft pusten, dann würde es aufhören zu regnen. »Und nach zehn Minuten kam die Sonne raus und es wurde wieder warm«, berichtete Maradona. Chávez habe ihn angelächelt: »Der da oben hat uns gehört!« (vgl. youtube-Video)

Es war der Beginn einer Freundschaft, die bis zum Tod des venezolanischen Präsidenten andauerte. Als Maradona im März 2013 die Nachricht von dessen Ableben erreichte, würdigte er ihn mit den Worten: »Was mir Hugo hinterlassen hat, ist eine großartige Freundschaft und unglaubliche politische Weisheit. Hugo Chávez hat das Denken Lateinamerikas verändert. Wir hatten uns den Vereinigten Staaten hingegeben, aber er hat uns in den Kopf gesetzt, dass wir auch alleine gehen können.« Wenige Wochen später besuchte Maradona sichtlich bewegt die letzte Ruhestätte von Chávez im Cuartel de la Montaña, der über der Hauptstadt Caracas thronenden »Bergkaserne«. Begleitet wurde er bei dieser Gelegenheit von Nicolás Maduro, der die Nachfolge von Chávez angetreten hatte.

Maradona blieb der Bolivarischen Revolution verbunden, auch in Zeiten, in denen andere ihr den Rücken kehrten. Als es 2017 zu gewaltsamen Protesten der Opposition gegen die Regierung kam, stellte sich der Fußballstar demonstrativ per dreisprachigem Facebook-Eintrag hinter den Präsidenten: »Wir sind Chavistas bis zum Tod. Und wenn Maduro es befiehlt, werde ich gekleidet als Soldat bereitstehen für ein freies Venezuela, zum Kampf gegen den Imperialismus und gegen diejenigen, die sich unsere Banner aneignen wollen, die das Heiligste sind, was wir haben. Es lebe Chávez! Es lebe Maduro! Es lebe die Revolution!« Henrique Capriles, der zweifach unterlegene Präsidentschaftskandidat der venezolanischen Opposition, forderte Maradona daraufhin heraus. Im argentinischen Privatsender *Radio Mitre* sagte er: »Wer Maduro verteidigt, soll nach Venezuela kommen. Wir sind es leid, schlecht zu leben. Diejenigen, die weiterhin Maduro verteidigen, sollen kommen, um in Venezuela zu leben. Oder wir schicken ihnen Maduro.« (elpais.com, 8.8.2017)

Maradona hat Venezuela immer wieder besucht. So moderierte er während der WM in Brasilien 2014 eine Sportsendung im Fernsehsender *Telesur*, der 2005 auf Initiative von Hugo Chávez gegründet worden war. 2018 unterstützte er im Präsidentschaftswahlkampf Maduro ein weiteres Mal demonstrativ. Bei dessen Abschlusskundgebung am 17. Mai war er wieder mit auf der Bühne dabei. Wie schon fünf Jahre zuvor schoss er Bälle in die Menge der auf der Avenida Bolívar versammelten Menschen und schwenkte eine venezolanische Fahne, als der Staatschef die Bühne betrat.

Diese Wahl war von den meisten großen Oppositionsparteien boykottiert worden. Das diente den USA und den meisten Regierungen der Europäischen Union dazu, Maduro die Anerkennung als Präsident zu entziehen und sich stattdessen auf die Seite des Oppositionspolitikers Juan Guaidó zu stellen, der sich im Januar 2019 selbst zum »Übergangspräsidenten« Venezuelas ausrief. Maradona zögerte auch in dieser Situation nicht, klar Stellung zu beziehen. Auf Instagram veröffentlichte er am 9. Januar 2019 ein Foto, das ihn gemeinsam mit Maduro zeigt. Auf dem Text daneben schrieb er: »Trotz der Verräter und dem Imperialismus, die Venezuela regieren wollen, hat das Volk weiter seinen Präsidenten Nicolás Maduro gewählt. Hugo Chávez zeigt uns den Weg, und dieser Weg ist Nicolás Maduro, der nur das Beste für sein Land will. Sie kamen nicht gegen Fidel an, sie kamen nicht gegen Hugo an und sie kommen noch weniger gegen dich an. Venezuela wird siegen!« (vgl. instagram.com)

Zum letzten Mal kamen beide im Januar 2020 zusammen. Die internationale Presse wertete die Begegnung als Versuch des Chavismo, die internationale Initiative zurückzugewinnen, nachdem Guaidó mehrere Länder Europas besucht hatte. Maduro und Maradona wollten davon nichts wissen. Man habe sich über Sport und die aktuelle Weltlage unterhalten, kommentierte Maduro, fügte aber hinzu: »Danke, Diego! Venezuela dankt dir für deine bedingungslose Unterstützung für unser Heimatland!«

9.
Das Echo des globalen Südens

Und zu einem Maradona in einer Welt des *racismo* und des *machismo*

»Yo soy el Diego de la gente« heißt die Autobiografie Maradonas auf Spanisch, sie handelt also vom »Diego des Volkes« – ein Zusatz, der in der deutschen und englischen Ausgabe fehlt. Er mag im Spanischen eingängiger klingen, ist für das Selbstverständnis Maradonas aber von großer Bedeutung. Wer den deutschen Begriff des Volkes scheut, bevorzugt wohl die Wortwahl aus Maradonas Band »Mein Leben in Bildern«, in der er auf »die schönen Momente« abstellt, und auch auf »die anderen, die wir gemeinsam erlebt haben, denn ich bin der Diego, ja, aber der Diego der einfachen Leute« (MLiB: 7). Als ein Mann *des Volkes* oder *der einfachen Leute*, der zudem für deren Interessen Partei ergreift: So verstand sich Diego nicht nur selbst, so wurde er auch wahrgenommen, insbesondere im globalen Süden. Mehr noch dann, wenn darunter auch der »Süden im Norden« (Süditalien) und der »Süden im Süden« (die Elendsviertel in Argentinien) verstanden wird. »Die einfachen Menschen«, hielt die kubanische Zeitung *Granma* (26.11.2020) etwas feierlich fest, »reisten immer in seinem mächtigen linken Bein mit, dem Urheber seiner Werke, dasselbe, das in den Schlamm von Fiorito trat und das ihn später zu Weltruhm brachte. Sie grüßte er immer mit einem ›Hasta la victoria siempre‹.«

Doch auch jenseits von Neapel und Argentinien, von Bolivien, Venezuela und Kuba aus erkannte man in Maradona jemanden, der aufrecht ging. Mit am größten war der Widerhall in Bangladesch und im Osten Indiens, wo man sich mit der britischen Kolonialmacht auskannte. Diese historisch widerständige Region erlebte in der Folge des WM-Viertelfinales von 1986 eine regelrechte »Maradonamania«, die noch 2008 bei Diegos Besuch in Kalkutta andauerte.

Wenn man Diego im Süden anrechnete, gegen Armut und koloniale Vorherrschaft die Stimme erhoben zu haben, so schloss das seine Haltung in der Kriegsfrage ein. Die Falklandinseln, Afghanistan, Irak, Syrien: Kaum ein Schauplatz, zu dem Maradona nicht Stellung bezog.

Zu seiner Zeit in Italien gehörten die erwähnten Schmähgesänge des Nordens zur ständigen Begleitmusik. »Neapel liegt in Nordafrika und Maradona ist der größte Afrikaner von allen«, gab man sich auch auf Bannern überzeugt. (zit. n. amerika21, 28.11.2020) Die Verhöhnung der *Negritos* gehörte auch in Argentinien zum Ton von Überlegenheit, den Maradona zu beantworten wusste. Wie sehr der Kolonialismus mit dem Rassismus einhergeht: auch das lässt sich an und mit Diego aufzeigen. Er wird Antworten geben, die in die Richtung des Grußes wiesen, den der neapolitanische Schauspieler Massimo Troisi einst in den Norden sandte: »Es ist besser, Meister von Nordafrika zu sein, als Transparente im Südafrika-Duktus aufzuhängen.« (zit. n. Birkner 2013: 167)

Wenn sich in Diegos Person Widersprüche verdichteten, dann kaum irgendwo so sehr wie in der Frage des *machismo*. Auch Maradona war ganz sicher nicht frei von patriarchalem Verhalten bzw. Sexismus. Es wird hier der Versuch bleiben, das zu einzuordnen.

Der »Bannerträger« Maradona

Den *Diego de la gente* würdigte in einem Nachruf auch die Wochenzeitschrift *The Nation*, die von sich sagen kann, die älteste der USA zu sein: »Nehmen wir uns einen Moment und erheben das Glas auf Diego Maradona, Genosse, Freund und leidenschaftlicher Anwalt all jener, die versuchen, in einer Welt von brutalen Ungleichheiten zu überleben. Viele schreiben heute, dass Maradona nun in der ›Hand

Gottes‹ ruht. Ich ziehe es vor zu glauben, dass er hart daran arbeitet, die Engel zu organisieren. Diego Maradona: ¡Presente!« (25.11.2020)

Es mangelte nicht an den Hoheliedern auf den »Kämpfer« Maradona, und manche mögen die Rolle des »D10S« auch neben dem Platz überhöht haben. Es sei hier nicht abgewogen, wie viel Pathos einer Würdigung gerecht wird. Jemand, der Maradona lange Zeit mit den Waffen von Stift und Pinsel begleitete, drückte es so aus: »Diego ist der Bannerträger aller, die von unten kämpfen. Der Engagierten, Bescheidenen, der Barrios, des Fortschritts und derjenigen, die nie vergessen, wo sie herkommen«, so der argentinische Illustrator Diegolan Dibujos. »Vom kleinen Jungen, der auf einem Ball sitzt und davon träumt, in der Nationalmannschaft zu spielen und Weltmeister zu werden, der sogar in der Lage sein würde, seinen Leuten eine bessere Zukunft zu verschaffen. Bis zum erwachsenen Diego, hingebungsvoll, mit immer den gleichen Kämpfen und stets auf der Seite des Volkes … Das war er, deshalb wurde er so geliebt, deshalb wurde er so gehasst.« (Dibujos 2021: 42)

Sein Sinn für Gerechtigkeit machte ihn noch nicht zum »Bannerträger«, doch es war Voraussetzung dafür. Emir Kusturica fragte nach, woher er ihn habe. »Weil ich viel gesehen habe, als ich herumkam. Und ich habe viel von Che Guevara gelesen und gelernt.« Der Filmemacher wollte es genauer wissen und begab sich Mitte der 2000er Jahre mit Diego nach Villa Fiorito, wo das alte Obdach der Familie als Maradona-Stätte erhalten geblieben ist. In dem kleinen Wohnzimmer erinnerte er sich an die Zeit mit dem Vater: »Wir saßen am Tisch, keiner erwartete, dass er reden würde. Man sah in seinem Blick die Müdigkeit von der Arbeit.« Er erinnerte an die Mühen des Alltags, zeigte sich überzeugt, dass »die Menschen hier mehr Würde besitzen als an anderen Orten«, und wurde schnell grundsätzlich: In seinem Land würden sich »die Politiker bereichern«. Man habe ihm »oft vorgeschlagen, in die Politik zu gehen«. Doch er habe abgelehnt, weil er »nicht fähig« sei, »die Menschen zu betrügen«. Und: »In all den Jahren wurde das Gefälle zwischen Reichtum und Armut immer größer.« Dafür machte er auch die USA und deren Politik der Kreditvergabe verantwortlich. Dies würde anderen Ländern nicht erlauben, »dass sie sich erholen«. (EK) Andere hätten hier noch Weltbank und IWF ergänzt, von Landnahme und Strukturanpassungsprogrammen, von Auflagen zur Privatisierung gesprochen. Diego selbst sagte einmal: Sich »mit den Mächtigen anzulegen«, habe er stets »mit dem Wortschatz eines Fußballers und nicht mit dem eines Politikers« getan. (Dg. 2002: 404) Und seine Worte reichten, um zu wissen, was gemeint war. Und um die Gegenseite auf den Plan zu rufen.

Mit Blick auf seinen Aufenthalt in Kuba, auf die Che- und Fidel-Tattoos schäumte die Presse mitunter, er sei Kommunist. Diego war klug genug, nicht in die Falle zu laufen, und gab kokettierend zurück, er sei ein »Ultrakapitalist«. (WOZ, 3.12.2021) Er ließ sich in keine Schublade stecken. Kommunist? Das wäre wohl auch zu viel des Guten gewesen. Ultrakapitalist: Nun, er verprasste viel. Aber bereicherte er sich auch an der Arbeitskraft anderer? Er verkörperte den Traum vieler, aus den einfachen Verhältnissen auszubrechen, sich das leisten zu können, was im Schaufenster steht: teure Autos und protzige Uhren. Dass im Showbusiness auch das Koks lauert, ist bekannt. Manche können damit umgehen, andere macht es kaputt. Dem Aufstieg nachzugehen, dem Es-geschafft-zu-haben wie auch dem Tief-gefallen-zu-sein, erscheint indes ermüdend im Vergleich zu dem, wofür Diego zugleich stand: Verhältnisse hinter sich zu lassen, in denen sich Fragen nach dem Schaufenster genauso wenig stellen wie die nach der Sicherung sozialer Grundbedürfnisse für alle.

Vor allem im globalen Süden sah man in Diegos Verhalten auf und neben dem Platz das Verlangen bestätigt, sich nicht klein machen zu brauchen. Diese Haltung war ausschlaggebend für seine Positionen zu Lateinamerika, aber auch für den Widerhall aus anderen Gegenden des globalen Südens – und sei es aus Kalkutta. Nicht zuletzt wegen seiner Antikriegshaltung sah man in Diego zunehmend den »antikolonialen Rebellen« (nd, 1.12.2020). Seine Äußerungen aus den 2000er Jahren bestärkten die Hochachtung im Süden nur, während seine beiden Tore gegen England bei der WM ’86 – gerade die Kombination aus der »Hand Gottes« und dem Sololauf – eine Art Urknall dafür waren: »Die europäischen Imperien bauten auf eine doppelzüngige Kombination aus roher Gewalt und Rechtsstaatlichkeit. Maradona knipste an diesem Tag beides aus«, so das Portal *Africa Is a Country* (2020).

Der »antikoloniale Rebell« Maradona

In den 1980ern hatte die Kommerzialisierung des Fußballs längst Fahrt aufgenommen, und auch Maradona entzog sich nicht den Werbeverträgen mit großen Sportartikel- oder Brauseherstellern. Doch alles hatte seine Grenzen. 1987 wies er laut der indischen Tageszeitung *The Hindu* ein 100-Millionen-Dollar-Angebot der International Management Group (IMG), einem großen Player im Sportbusiness, zurück. Das »Unternehmen wollte, dass er eine doppelte Staatsangehörigkeit annimmt«: neben der argentinischen auch die US-amerikanische. (Mitra/Naha 2017: 672)

Mit einer solchen Ablehnung trug Diego zu seiner steigenden Popularität bei, die er in weiten Teilen der Welt genoss. Doch mindestens so sehr wie seine Haltung trug sein Spiel selbst, das für die Möglichkeiten des David gegen den Goliath stand, zu der immensen Wertschätzung bei, die er im globalen Süden genoss. Dort war Maradona »ein Symbol der Aufsässigkeit gegen die Fußballaristokratie, gegen die Konzernbosse, gegen das Imperium selbst« (Africa Is a Country, 2000), so John Reynolds mit dem manchmal vielleicht nötigen Pathos. Denn »was er gegen England auf dem Platz machte und was er repräsentierte, indem er sich nicht vereinnahmen ließ, sprach so vielen aus dem Herzen – nicht nur in Argentinien und den Amerikas, sondern in der gesamten kolonisierten und postkolonialen Welt. Wie es ein Kommentar auf den Punkt brachte, bestand die Magie von Maradona darin, ›dass er uns auf viele verschiedene Arten gelehrt hat, von Argentinien bis Neapel, dass die Peripherie gewinnen kann.‹« Weiter werden die Reverenzen angeführt, die man Diego nach Bekanntwerden seines Todes erwies, etwa in Syrien und Südafrika, im Iran, in Indien und Irland. Er war, gibt Reynolds Stimmen wieder, eine »Ikone nicht nur des Fußballs, sondern auch der Armen im Barrio«, ein

»subalterner Held«, der »für die Menschen in Südamerika« gewesen sei, »was Muhammad Ali für das schwarze Amerika war«. Er sei »der Malcolm X« jener, die in Argentinien als Schwarze rassifiziert würden dank einer »etwas dunkleren Hautfarbe wegen einer indigenen oder afro-argentinischen Herkunft«. Und, ja, er sei ein »Genosse des globalen Südens«. Reynolds erinnert an den »bolivarischen Kampf gegen den Neokolonialismus« und sieht in Maradona »ein Beispiel für Thomas Sankaras Vision von Nonkonformität als revolutionärem Mut« (ebd.). Tatsächlich gilt Sankara, der in Burkina Faso 1987 nach nur vierjähriger Präsidentschaft ermordet wurde, »als eine der wichtigsten politischen Persönlichkeiten des postkolonialen Afrikas«, so der Verein *AfricAvenir International* (2016: 6). Emir Kusturnica mutmaßte in seinem Film: Wenn Maradona »kein Fußballer geworden wäre, dann Revolutionär. Er war revolutionär im Herzen.« (EK🎥)

Was den Nahen Osten betrifft, so hatte Maradona dort weiter an Sympathien gewonnen, als er sich in der ihm eigenen Art als »Fan Nummer 1 des palästinensischen Volkes« bekannte. »In meinem Herzen bin ich Palästinenser«, erklärte Diego, als er am Rande der WM von Russland 2018 den PLO-Vorsitzenden und Präsidenten der Palästinensischen Autonomiebehörde, Mahmud Abbas, traf. 2014 hatte er den Angriff Israels auf den Gazastreifen als »schändlich« bezeichnet. (middleeasteye.net) Ein UN-Untersuchungsbericht von 2015 mochte ihm Recht geben: »Israel habe seine Attacken selbst dann unvermindert fortgesetzt, als die immense Zerstörung ziviler Infrastruktur und die hohe Zahl ziviler Opfer klargeworden seien, kritisiert der Bericht. Während des Krieges waren 18.000 Häuser und Wohnungen zerstört worden«, fasst der *Tagesspiegel* zusammen. Beide Seiten kritisierend, hielt der Bericht fest: »Während des 50-tägigen Gaza-Kriegs waren 2250 Palästinenser getötet worden, darunter 1400 Zivilisten. Auf israelischer Seite starben mehr als 70 Menschen. Unter ihnen waren sechs Zivilisten.« (tagesspiegel.de, 22.6.2015) Die Gerüchte, Diego würde zur Asienmeisterschaft 2015 Trainer der palästinensischen Nationalmannschaft, die sich erstmals für das Turnier qualifiziert hatte, bestätigten sich indes nicht. (vgl. thenation.com)

Freilich mochte es hier und da Ungenauigkeiten, ja Widersprüche auch in Maradonas Äußerungen zu Fragen der Weltpolitik geben. Doch was die groben Linien anbelangt, da wusste Maradona in aller Regel, auf wessen Seite er stand. Die Reaktionen des Westens gaben ihm Recht. So nutzte der französische Präsident Emmanuel Macron noch die Nachricht von Diegos Tod zur Diffamierung: Dessen »›Expeditionen‹ zu Fidel Castro und Hugo Chávez hätten ›den Geschmack einer bitteren Niederlage‹« (amerika21, 28.11.2020). Die Ursache von solcherlei Herabwürdigung ließ sich nicht zuletzt in der sozialen Herkunft ausmachen. »Dieselben Medien«, merkte der argentinische Historiker Tomás Bartoletti an, die Maradona »als Champion in den Himmel loben sollten, sprachen von der internationalen Schande, die dieser ›Drogensüchtige‹ darstelle. Hinter solchen Angriffen war der Klassenhass zu erkennen, den beliebte Persönlichkeiten wie Maradona oder die Schauspielerin und Präsidentengattin Eva Perón in Argentinien hervorriefen. Da sie aus marginalisierten Schichten stammten, verzieh ihnen die Elite von Buenos Aires nie, dass sie die breite Bevölkerung begeisterten und weltweit als Ikonen Argentiniens galten. … dies konnte die Oberschicht nicht akzeptieren: Mochte er noch so ein guter Spieler und noch so reich sein, er war und blieb einer aus dem Elendsviertel.« (WOZ, 3.12.2020)

Derweil hallte aus den *Barrios* anderer Kontinente der Ruf zurück, den er mit seinem Spiel und seinem ganzen Auftreten in die Welt sandte. Mit einem Nachruf des aus Argentinien berichtenden Gerhard Dilger lässt sich einmal mehr die Bedeutung von ’86 festhalten: »Mit seinen beiden einzigartigen Toren gegen England bei der WM 1986, vier Jahre nach dem Malwinen-Krieg, hat sich Diego Maradona selbst als antikolonialer Rebell verewigt. Vor allem die ›Hand Gottes‹ wurde in Irland und Indien, bei schwarzen Aktivist*innen in London oder Lagos, als Rache am Empire gefeiert. Kein Wunder also, dass heute unzählige ›Verdammte dieser Erde‹ in Syrien und Bangladesch, in Osttimor und Südafrika um Diego Maradona trauern.« (nd, 1.12.2020) Tomás Bartoletti zog gar eine Parallele zu Maradonas »Landsmann Ernesto Che Guevara«. Wie dieser habe Diego ein »Gefühl« verkörpert, »das sich angesichts der fanatischen Begeisterung, die er in Indien, China und den entlegensten Regionen Afrikas auslöste, auch als antikoloniales Heldentum lesen lässt« (WOZ, 3.12.2020).

Der Hinweis auf Indien und Bangladesch ist bemerkenswert. Eduardo Galeano wurde bereits damit angeführt, dass dort nach Maradonas Sperre von 1994 »eine große Gruppe Demonstranten auf den Straßen ihre Ablehnung der FIFA hinausbrüllte und die Rückkehr des Ausgestoßenen forderte« (2000: 251). Die weitere Suche führt in das Gangesdelta und nach Westbengalen: mitten in die Metropole von Kalkutta.

Diego in Kalkutta

2008 wurden Samik Lahiri und zwei seiner Genossen eine Audienz von 10 Minuten bei Maradona gewährt. Lahiri kam von der »CPI (M)«, der »Communist Party of India (Marxist)«, die den indischen Bundesstaat Westbengalen von 1977 bis 2011 regierte. Lange genug hatten sie in Buenos Aires angeklopft, um Diego einzuladen. Dank Claudia Villafañe kam das Treffen schließlich zustande, und es dauerte eine gute Stunde. »Er betrat die Halle in T-Shirt und Shorts und empfing uns mit offenen Armen«, blickte der damalige Abgeordnete des indischen Parlaments zurück. »Er umarmte uns alle drei, als wären wir alte Bekannte von ihm. Uns wurde gar nicht bewusst, dass wir die Fußballlegende zum ersten Mal trafen.« (The Siasat Daily, 26.11.2020) Wie sie ihn überzeugten? Spekuliert wurde, dass es »scheinbar« am »kommunistischen Outfit« Lahiris lag sowie an der Aussicht, »Mutter Teresa Respekt zu zollen« (Mitra/Naha 2017: 670). »Ich erinnere mich«, erzählte indes der Mann mit dem einschlägigen Outfit, »ihm erzählt zu haben, dass auch wir eine kommunistische Legende haben, Jyoti Basu, und er sei für uns wie Fidel Castro. Da bekundete er sofort Interesse, Basu zu treffen.« (The Siasat Daily, 26.11.2020) Basu, langjähriges Politbüromitglied der CPI (M), war von 1977 bis 2000 Ministerpräsident von Westbengalen.

Es mag erstaunen, dass ein indischer Bundesstaat jahrzehntelang von einer kommunistischen Partei regiert wurde. Der Hintergrund erklärt auch die Begeisterung für Maradona. Die Region Bengalen, deren östlicher Teil in Bangladesch liegt, war bereits zur Zeit der britischen Kolonialherrschaft als widerständig bekannt. Seit den 1950er Jahren gehört Westbengalen zu einem »Roten Korridor« von 13 indischen Bundesstaaten. (vgl. International II/2021: 43) So führten vor allem die Bewegungen der Naxaliten, benannt nach einem Ort in Westbengalen, in den 1960er Jahren Bauernaufstände an. Deren Hauptursachen »waren die Konzentration des Landes in den Händen weniger Großgrundbesitzer, die im Wesentlichen aus der britischen Kolonialzeit herrührte, sowie die gesellschaftliche und ökonomische Diskriminierung nicht-hinduistischer ›Ureinwohner‹ und Stämme Indiens« (ebd.).

Als hätte man dort auf Maradona gewartet. Wer Kurzvideos zu dessen Besuch in Kalkutta von 2008 abruft, kann jubelnde Massen und einen politisch unzweideutigen Empfang beobachten. Es ist einem Aufsatz von Sarbajit Mitra und Souvik Naha aus der Zeitschrift *Sport in Society* zu verdanken, die Bedeutung von Maradona in der Region einordnen zu können. Dessen Untertitel »*La Albiceleste*, Maradona, and Marxist Kolkata« macht neugierig, und der Beitrag führt noch über Indien hinaus: Als Diego bei der WM 1994 gesperrt wurde, da wurden in Westbengalen »Figuren von FIFA-Offiziellen verbrannt, viele öffentliche Busse mit Slogans wie ›Lang lebe Maradona‹ oder ›Maradona, wir sind bei dir‹ bemalt. Jenseits der Grenze« – in der Millionenmetropole Dhaka (Bangladesch) – »fand eine fast 20.000-köpfige Demonstration statt, auf der skandiert wurde: ›Dhaka wird brennen, wenn Maradona nicht spielen darf‹«. Und neben der erwähnten Intervention des Fußballverbandes von Bangladesch »erhob auch die Filmindustrie von Dhaka in einer Pressekonferenz Einspruch« (Mitra/Naha 2017: 668). Nicht zuletzt die Leserbriefspalten von Tageszeitungen zeigten: Die Annahme, bei dieser WM in den USA habe die FIFA bewusst Maradona vom Turnier verbannt, um einen Kuba-Freund und US-Kritiker zu verbannen, war in der Region verbreitet.

Bei Weltmeisterschaften hatte man es in der Region traditionell mit Brasilien und Argentinien gehalten, Ländern des Südens also, mit denen man einen »unterprivilegierten Hintergrund« (ebd.: 665) teilte, in denen man vergleichbare soziale Bedingungen wie in Indien sah und die am Ball in der Lage waren, die alten europäischen Kolonialmächte erfolgreich herauszufordern. Spätestens 1986 schlug das Pendel zugunsten der *Albiceleste* aus: Schnell hatten sich am Golf von Bengalen die Bilder und die Kunde von einem Maradona verbreitetet, der die ungeliebten Briten am Nasenring durch die Manege geführt hatte. In den Sportkolumnen fiel zugleich ein Pelé durch, der Maradona vorwarf, mit der »Hand Gottes« geschummelt zu haben. (vgl. ebd.: 667). Angesichts einer verbreiteten »Kritik an neokolonialen Mächten« war es »nicht schwer zu verstehen, warum die Fußballfans mit Maradonas rebellischer Persönlichkeit sympathisierten« (ebd.: 666). Doch es blieb nicht bei Sport und Politik allein: Diego sollte es als Figur in einen bengalischen Liebesroman wie »Maradona Hey« (Oh Maradona) schaffen.

Mit den Jahren mochte das Feuer nur noch glimmen. Dass es nie erlosch, zeigte der erwähnte Besuch Diegos Ende 2008. Dafür putzte sich Kalkutta regelrecht heraus: »Seit dem Abend des 5. Dezember begann sich die Stadt, auf seinen Besuch vorzubereiten. Etliche Geschäfte nutzten die Gelegenheit, mit dem Image von Maradona zu werben. Ankündigungen, die Maradona in der ›Stadt der Freude‹ willkommen hießen, erschienen nicht nur in den Printmedien, sondern auch auf Plakatwänden der ganzen Stadt. Die bengalische Folk-Band ›Dohar‹ veröffentlichte ein Loblied auf Maradona. Lange bevor Maradonas Flug landete, versammelten sich die Fans am Flughafen. Auf Fahrrädern begleiteten Jugendliche, gekleidet in argentinischen Farben, sein Auto zum Hotel. Die Organisatoren der Tour hielten in den folgenden Tagen einen engen Zeitplan für Maradona bereit. Nach einer Stippvisite bei der [Mutter-Teresa-Stätte] ›Missionaries of Charity‹ traf er sich mit … Jyoti Basu. Er fand tatsächlich eine gemeinsame Basis mit dem älteren, hochrangigen Kommunisten, der ein alter Bekannter von Fidel Castro war.« (Mitra/Naha 2017: 670)

In der Stadt Maheshtala, nur wenige Kilometer von Kalkutta gelegen, legte Maradona den Grundstein für die »Mutter-Teresa-Fußballakademie«. Auf dem Nachrichtenkanal *Kolkata TV* bekannte er: Nach den fanatischen Feiern in Neapel bei der ersten Meisterschaft sei dies der größte Empfang gewesen, den man ihm je bereitet habe. Das scheint noch nicht einmal übertrieben, wie online abrufbare Kurzvideos zeigen. Dort ist zunächst ein Empfang unter freiem Himmel zu sehen, bei dem einem körperlich fitten Diego ein großes Che-Guevara-Porträt überreicht wird. Noch weit bemerkenswerter sind die Bilder aus einem übervollen Fußballstadion – mit Maradona auf einem Podest inmitten der Menge. In dem ebenfalls zugänglichen Interview auf *Kolkata TV* wurde er unter Anspielung auf das erhaltene Geschenk gefragt, was ihm Che Guevara bedeute: Dieser sei der »größte Revolutionär, den es jemals gab«, bekundete Diego im indischen Fernsehen und verwies auf die Che-Flaggen, die er bei Demonstrationen und Streiks in Italien gesehen habe, das sei ihm »zu Herzen« gegangen. Nach einem »vereinten Lateinamerika« gefragt, verwies er unter anderem auf »Fidel und Chávez«. Der in Kalkutta erscheinenden Tageszeitung *Aajkal* (7.12.2008) zufolge übte Maradona »zur Freude seiner kommunistischen Gastgeber« scharfe Kritik an US-Präsident Bush und verurteile die US-Kriege gegen Afghanistan und den Irak. (vgl. Mitra/Naha 2017: 671)

Das Amt des argentinischen Nationaltrainers, das Diego seit wenigen Wochen bekleidete, litt unter den Äußerungen nicht.

Der Kriegsgegner Maradona

Maradonas Haltung in der Frage von Krieg und Frieden ist eines der Themen, die den Film »Hand Gottes« prägen. Vielleicht brauchte es dazu einen Regisseur aus einem Land, das im 20. Jahrhundert dreimal mit Krieg und Besatzung durch Deutschland und weitere westliche Staaten konfrontiert war. Emir Kusturica erklärte selbst: »Ich komme aus einem der 24 Länder, das nach 1954 von [den USA] mit Bomben beworfen wurde, Serbien. Wenn du sagst ›Werft keine Bomben auf unser Land‹, dann bist du ein Nationalist. Dieser Film ist mehr als meine politische Einstellung. Es zeigt die gemeinsame Einsicht der Dritte-Welt-Länder. … Es war sehr heilend für mich, mit Diego den Film zu machen – mit seiner Sicht der Dinge und seiner Resistenz. Es war – wie einen guten Freund zu finden. Ich weiß nicht, ob ich so einen vorher hatte.« (br.de, 17.5.2018). Auf einen ersten Blick klingt die Empathiebekundung übertrieben in Anbetracht einer Branche, die nicht frei von Selbstbeweihräucherung ist. Doch der Film selbst zeigt die gemeinsame Freude, die die beiden bei ihrer Begegnung hatten. Und es ist zu erkennen: Die gegenseitige Achtung ist sowohl persönlich als auch politisch geprägt.

Prinz Charles? Nein, dessen Einladung sei er nicht gefolgt, der habe »Blut an den Händen« gehabt, rekapituliert der Film. Er habe ihn nicht näher kennenlernen wollen, »nach all dem, was auf den Falklandinseln passiert ist«. Der ebenfalls genannte Widerspruch Diegos zum Irakkrieg kommt in Sequenzen zum Besuch von US-Präsident Bush in Argentinien zum Tragen: Aufnahmen zeigen Emir und Diego im »Tren del Alba«, dem »Zug der Morgenröte«, der mit vielen anderen auf dem Weg zu den Protesten ist.

Immer nur auf die USA? Nun ja, deren Auftreten gegenüber dem Süden Amerikas – etwa die Unterstützung von Militärdiktaturen oder eine Politik der »schmutzigen Kriege« – wurde weiter oben aufgezeigt. Wenn andere »die USA verteidigen, dann verteidige ich Kuba. Ich muss nicht vor allen gut dastehen«, bekannte er gegenüber Kusturica. Und: »Es wäre für mich leichter zu sagen: Ok, dann lassen wir die USA in Frieden.« Doch er konnte nicht – und verurteilte die großen Kriege, darunter den von 2001ff.: »Sie geben den Befehl zu Blutbädern in Afghanistan.« (EK) Starker Tobak. Zumal 2021, als die NATO nach rund 20 Jahren am Hindukusch ihren Rückzug verkündete, und gerne Erfolge wie etwa die Errichtung von Mädchenschulen in den Vordergrund gestellt wurden. Von strategischen Interessen war dabei meist genauso wenig die Rede wie von der Zahl der Opfer. Die Wochenzeitung *der Freitag* bilanzierte: »Mehr als 100.000 seit 2001 ausgelöschte afghanische Zivilisten gerieten nicht einfach so zwischen die Fronten und verkörperten die vielen, bedauernswerten Kollateralschäden. Sie starben durch Streubomben, Minenfelder, Infanterie-, Drohnen- und Luftangriffe – als Kriegsopfer. Bei den 134 Afghanen, darunter Kinder, die am 4. September 2009 bei einem NATO-Raketenangriff auf gekaperte Tanklaster im Raum Kundus umkamen, reichte die Empathie deutscher Behörden gerade so zu einer sparsamen Entschädigung für die Angehörigen. Zur Entschuldigung nicht. Die den Afghanen versprochenen Menschenrechte hatten ihre Grenze, wo die Menschlichkeit begann.« (22.4.2021) Zu ergänzen ist: Der »Befehl zum Blutbad« an den genannten »134 Afghanen« kam von Oberst Georg Klein, der 2013 bei der Bundeswehr zum General befördert wurde.

Auch zum Syrienkrieg verhielt sich Maradona. Man »braucht nicht auf die Universität zu gehen, um zu wissen, dass die USA Syrien ausradieren wollen«. (vgl. middleeasteye.net) Mit »wipe Syria out of existence« wird die Stelle meist auf Englisch wiedergegeben, was sich auch mit »auslöschen« oder »vernichten« übersetzen lässt. Das mag sich übertrieben anhören, und die Meinungen gehen darüber auseinander, ob das das Ziel der USA war. Diesen hätte es wohl auch gereicht, wenn sich Syrien prowestlich verhalten hätte. Doch für den Fall, dass das nicht gelingen sollte, gab es Teilungspläne für Syrien, die – über die Kriegsschäden hinaus – auch die Zerstörung Syriens als Staat bedeutet hätten. So schlug die traditionsreiche RAND Corporation, die die US-Armee berät, eine »Friedenslösung« vor, die in der Aufteilung des souveränen Staates in verschiedene Territorien entlang religiöser und ethnischer Zugehörigkeiten bestand. (vgl. Leukefeld 2017: 290)

Aus dem Zweiklang von Kolonialismus und Krieg wird bei näherem Hinsehen ein Dreiklang: Mit dem »Schwarzkopf« Maradona werden Fragen nach Rassismus aufgeworfen.

»La cabecita negra«, der »Schwarzkopf« Maradona

»Gracias, negrito«, hatte Edinson Cavani, uruguayischer Stürmer in Diensten von Manchester United, Ende 2020 an einen Freund gepostet – samt einem wertschätzenden Text. Die Maßregelung des englischen Fußballverbands FA blieb nicht aus: Er verurteilte die Worte als »beleidigend« und brummte Cavani drei Spiele Sperre, eine Geldstrafe von 100.000 Euro und, aufgepasst: den Besuch eines Antirassismus-Kurses auf. Derlei Kuriosität im Mutterland des Kolonialismus, pardon: des Fußballs, sowie die Reaktionen aus Uruguay ordnete Javier Cáceres in der *Süddeutschen Zeitung* so ein: »Der Kontinentalverband Conmebol forderte die FA auf, die Strafe aufzuheben; ebenso der uruguayische Verband AUF, der sich darüber echauffierte, dass die FA die kulturellen und linguistischen Zusammenhänge komplett ignoriert habe und damit in sich diskriminierend agiert habe. Der Verband verwies auf die uruguayische Sprachakademie. Diese wiederum hatte daran erinnert, dass Termini wie *negrito* oder *negrita* in Uruguay genauso als Kosenamen verwendet werden wie etwa *gordito* oder *gordita*, also: Dickerchen – ohne dass sich zwingend Rückschlüsse auf die Hautfarbe oder den Body Mass Index« ziehen ließen. (SZ, 7.1.2021) Cáceres erinnerte an Spieler wie den »Kapitän der Weltmeisterelf von 1950, Obdulio Varela, alias ›El Negro Jefe‹, der schwarze Boss, dem in Montevideo eine Skulptur gewidmet ist« und eingedenk deren Biografien man sich »ungern Lektionen in Sachen Antirassismus geben« lasse. Und so betonte der stolze Fußballverband des Landes, er »sei Vorreiter des Antirassismus gewesen, ›sogar zu Zeiten, da noch Regimes herrschten, die Freiheiten und die Menschenwürde unterdrückten‹ – eine Anspielung auf den britischen Kolonialismus.« (ebd.) Der Sportjournalist Christoph Ruf kommentierte mit Blick auf die Sprachpolitik des englischen Verbands süffisant, »die Welt« sei eben doch »größer als Europa und die USA, auch außerhalb von Universitäten unterhalten sich Menschen«. Und als die *Football Association* zurückruderte, merkte er lapidar an: »Dass die Welt an den eigenen Maßstäben genesen soll, hat die FA … auf beeindruckende Art und Weise selbst bestätigt. Cavani wurde vom Vorwurf des Rassismus freigesprochen … Zweierlei Verbrechen habe er sich aber dennoch zuschulden kommen lassen. Zum einen das des unabsichtlichen Rassismus. Vor allem aber das des unbritischen Verhaltens, wie man das in vergangenen Zeiten noch genannt hätte. ›Die FA akzeptierte die Argumentation, dass Cavani ... in der Kürze der Zeit die Bedeutung des in Südamerika harmlosen Begriffs in Großbritannien nicht habe einschätzen können‹, heißt es dazu unfreiwillig komisch in einer Meldung. Übersetzt heißt das: Wenn die dummen Negritos nicht verstehen, wodurch sie rassistisch beleidigt werden, sind sie selbst schuld. Wir weißen Briten von der FA sind da eben ein bisschen weiter. Und wer ist jetzt noch mal der Rassist?« (nd, 11.1.2021)

Man mag den Vorfall als Posse abtun. Doch er ist mehr als das. Mit Cáceres und Ruf und mehr noch mit dem Kommentar des uruguayischen Verbandes lässt er sich als das verstehen, was er ist: Ausdruck einer Überheblichkeit, die in kolonialen Traditionen wurzelt. Eine Tradition weißer Vorherrschaft über den Süden, in der sich heute ein galanter »Antirassismus« der Belle Etage spiegelt. Die Bedeutung Maradonas ist auch deshalb nicht hoch genug einzuschätzen, weil er Sinnbild für einen Süden war, der mit dieser Vorherrschaft brach. Für einen Süden, der in Maradona jemanden sah, der ihm die Würde zurückgab. Zunächst innerhalb von Argentinien, später im gebeutelten Süden Italiens und nicht zuletzt im Weltmaßstab. Gerade die Verwünschten, die Verachteten, ja die *Verdammten* dieser Erde fieberten mit ihm, und umgekehrt ergriff Diego deren Partei. Denn er selbst war: *el negrito*.

Das Portal *Africa Is a Country* (2010) wusste das lange vor dem Fall Cavani einzuordnen. »In Argentinien«, erklärte Sean Jacobs, Gründer des Online-Forums, lägen soziale Widersprüche und rassistische Verhältnisse »nicht weit unter der Oberfläche«. Dort werde mitunter jemand, der aus den Elendsvierteln von Buenos Aires kommt, »verächtlich als ›El Negrito‹ bezeichnet. Wie der Schriftsteller Colm Tóibín 1991 in einem Maradona-Porträt für das Magazin *Esquire* schrieb, beziehe sich der Begriff ›El Negrito‹ auch auf jemanden mit dunklerer Hautfarbe, als sie diejenigen der herrschenden Klasse (grundsätzlich weiße Argentinier) hätten: besonders jemand ›aus den Barackensiedlungen jenseits der Stadt, von bolivianischer oder paraguayischer Herkunft, vielleicht gar mit indianischem Blut.‹

Maradona stellte diese Beleidigung auf den Kopf.« Ursprünglich war *cabecita negra* ein »für die Zuwanderer aus dem Landesinneren gebrauchtes Schimpfwort« (Alabarces 2015: 166). Diego war sicherlich nicht der erste, der einen diffamierenden Begriff wendete. Doch er wurde mehr gehört als andere, wenn er selbstbewusst sagte: »Y sí, soy cabecita negra. Nunca renegué de mis orígenes« – »Und ja, ich bin ein kleiner Schwarzkopf. Ich habe meine Herkunft nie verleugnet.« (espn.com.ar, 25.10.2020) Damit konterte ein 29-jähriger Diego die Kritik an seiner imposanten Hochzeitsfeier in Buenos Aires mit 1.200 Gästen. »Es schmerzt sie«, fügte der »Schwarzkopf« noch hinzu, »dass ich eine Party wie diese geschmissen habe.« (ebd.)

Es war der Schriftsteller Eduardo Galeano, der zum Kern der Sache vorstieß, indem er mit Blick auf Maradona den Rassismus mit der sozialen Frage und einer politischen Haltung zusammenbrachte: »Das Stigma einer bescheidenen sozialen Herkunft oder einer mehr oder weniger dunklen Haut wird aktiviert, wenn diese Menschen – arm, schwarz, indigen – Dinge sagen, die den Mächtigen unbequem sind. Wenn sie der Macht jedoch zujubeln, sie also ein ›yes man‹ oder eine ›yes woman‹ sind, dann ist es kein Problem, Schwarzer, Mulatte, Indianer, Armer, Ärmster oder Kokabauer zu sein. Als Maradona vor Jahren Erklärungen zugunsten des argentinischen Präsidenten Carlos Menem abgab – und das hat er auch getan! –, hat das keinen gekümmert. Da war keiner, der meinte, ein Fußballer dürfe sich nicht in die Politik einmischen. … Ein Fußballer darf keine Politik betreiben, wenn diese der Politik der Herren der Welt widerspricht. Oder den Herren der allmächtigen FIFA.« (Galeano/Hübener 2006: 213)

An demütigenden bis gehässigen Beiträgen über Maradona bestand selten Mangel, bis man bei der WM 2018 auch noch gegen ihn selbst den Rassismusvorwurf parat hatte. »Seit Jahrzehnten«, war in der *Welt* zunächst zu erfahren, »erscheinen in Medien rund um die Welt regelmäßig skandalgetränkte Abgesänge auf Maradona, die im Ton zwischen verständnislos und mitleidig schwanken« (welt.de, 17.6.2018). Wie es sich für einen tendenziösen Journalismus gehört, wird bei einer »langen Kette aus Negativschlagzeilen« zwar zugestanden, dass »Zuhälterei« und »Handel mit Drogen« bei Maradona »unter die Kategorie Gerüchte« fielen; und doch wurde mit dieser Erwähnung zugleich alles dafür getan, um das Gerücht in der *Welt* zu halten – über jemanden, dem »schon vor über 20 Jahren« ein Arzt »gar ›irreparable Hirnschäden‹« bescheinigt habe. Nun also Rassismus. Laut einer britischen TV-Moderatorin ging es um eine »Gruppe junger südkoreanischer Fans«, die »den Ex-Star in ihrer Nähe entdeckt und ihm begeistert zugejubelt haben« soll. »Maradona, so die Schilderung der Reporterin, winkte, lächelte, warf einen Kussmund herüber – und zog sich dann mit den Fingern die Augen in die Länge, um damit wohl einen asiatischen Menschen darzustellen.« Gewiss, eine Geste, die auf äußerliche Merkmale abstellt. Und doch fragt sich bei dem Furor der *Welt*: Ist das vergleichbar, sagen wir mal: mit der Rede eines Günther Oettinger (CDU), der 2016 vor Konzernvertretern Chinesen als »Schlitzohren und Schlitzaugen« bezeichnete? Es war dieselbe *Welt*, die sich fein genug war, dem angehenden EU-Kommissar den Raum zu geben, den »Vorwurf der Fremdenfeindlichkeit« als »saloppe Äußerung« zurückzuweisen. (welt.de, 29.10.2016) Mithin ging es da um Fragen von Vorherrschaft, um Hegemonialansprüche und also den Umgang mit internationaler Konkurrenz. In solchen Fällen hilft vermutlich kein Antirassismus-Kurs der *Welt* mehr. Und bei dem Rassismusvorwurf gegen Maradona? War es da für die Springer-Presse noch erheblich, ob die Geste des *el negrito* in herabstufender Absicht erfolgte oder nicht? Hier trat bestenfalls ein gutgemeinter »Antirassismus« zutage, der in der bürgerlichen Mitte – und auch bei der FIFA, beim englischen Verband oder beim DFB – ankommen konnte, weil er seinen Gegenstand, den Rassismus, von sozialen Kategorien löst, vom Sozialchauvinismus ebenso wie von einer anhaltenden Tradition des Kolonialismus. Gegen beides war Maradona aufgestanden. Immerhin gestand der *Welt*-Bericht ihm freudiges Verhalten zu, er habe »die Fans, darunter einen asiatischen Jungen mit argentinischem Trikot, entdeckt und einfach wohlwollend reagieren wollen. ›Ich wollte aus der Entfernung zeigen, dass ich es toll fand, dass sogar die

Asiaten uns anfeuern. Und das ist alles, Leute. Kommt schon.‹« Um am Ende aber offen zu lassen, ob die »Rassismusvorwürfe sich zu einem handfesten Skandal ausweiten oder im Strudel einer aus dem Ruder gelaufenen Biografie untergehen«.

Nicht bekannt ist, ob sich Cavani zu dem Fall äußerte.

Die verfluchten Widersprüche – oder: Der Macho Maradona?

Versuchen wir's mit einem Übergang vom »antikolonialen Rebellen« zur Frage nach dem »Macho« Maradona: Castro sei jemand gewesen, der noch »Eier hatte«, so Diego. (zit. n. Burns 2010: 6) Vornehmer: Fidel war einer, der den Yankees noch die Stirn bot. »Eier zu haben«, ist eine Wendung, die fast auf jedem Platz zu hören ist, und als sich ein Bastian Schweinsteiger 2012 mit dem FC Bayern im Elfmeterschießen gegen Real Madrid durchsetzte, durfte er anschließend dem Publikum erklären, er habe »auf dem Weg zum Punkt« seine »Eier kurz verloren«, sie dann aber »rechtzeitig wiedergefunden« (tz, 11.1.2013).

Dass es bei Maradona mitunter noch deftiger ging, zeigt eine Dokumentation über seine Zeit als Trainer bei den mexikanischen Dorados. Bei »seinen Jungs« traf er bisweilen mit Sprüchen einen Nerv, die hier nicht weiter zitiert zu werden brauchen. Auch auf offizieller Bühne konnte er zu einer Wortwahl greifen, die manchen zu weit ging. So etwa, als er mit Argentinien die Qualifikation für die WM 2010 in Südafrika schaffte. Die Medien hatte den Trainer Maradona zuvor heftig kritisiert, und so holte er im Herbst 2009 auf einer Pressekonferenz zum Gegenschlag aus: »Die Damen mögen meine Worte entschuldigen. Aber ihr könnt mir alle einen blasen.« Die FIFA verhängte dafür eine zweimonatige Sperre samt Geldstrafe in Höhe von 16.565 Euro. Zwar habe er bei der FIFA-Anhörung strafmildernd um Entschuldigung gebeten, aber seine Worte »nicht bereut«. Sie seien »eine große Befreiung« gewesen, und er habe gewusst, dass er sich »mit der WM-Qualifikation an den Journalisten rächen« würde, die auf ihn und die Mannschaft nichts mehr hatten geben wollen. (welt.de, 15.11.2009)

Inwieweit sich an solcherlei Worten außer den Herren der FIFA auch die Damen Argentiniens stießen: dem lohnt kaum nachzugehen; denn die Kritik an dem »Macho« Maradona machte sich mehr an konkreten Vorkommnissen fest. In seiner wöchentlichen Kolumne »Latin Lovers«, für einen Nachruf eigens in »Diego Lovers« umbenannt, fasste André Dahlmeyer zusammen: »Gegenüber Frauen hat sich Maradona bisweilen unschön verhalten. Als seine paraguayische Freundin Verónica Ojeda mit Diego Fernando schwanger war, warf er ihr vor, ihm ein Kind untergejubelt zu haben. Während der WM 2014 war er Kommentator bei *Telesur*, unterbrach seinen Job, um nach Dubai zu fliegen und seine Freundin Rocío Oliva von Interpol jagen zu lassen, weil sie ihn angeblich beklaut hätte – er wollte seine Geschenke zurück. Gegen die Mutter seiner Töchter Dalma und Giannina, Claudia Villafañe, führte ›D10S‹ bis zu seinem Tod einen schmutzigen Prozess, weil sie 5,2 Millionen Euro von seinem Konto gestohlen haben soll.« (jW, 2.12.2020)

Im Fall von Rocío Oliva, einer ehemaligen argentinischen Nationalspielerin, mit der Maradona bis 2018 vier Jahre lang zusammen war, gehen die Vorwürfe noch weiter. Das Portal *Africa Is a Country*, das eben noch Maradona aufs antikoloniale Schild hob, zieht hier die Haltelinie: Zwar könne man ihn nicht beurteilen, »ohne zugleich die patriarchale Gesellschaft und die des Konsums zu verurteilen«. Doch gebe es »Übergriffe, die kein größerer Zusammenhang rechtfertigen kann«. Der »Vorwurf der Gewalt gegen seine Freundin Rocío Oliva lässt sich mit seinem umfassenderen Vermächtnis nicht Einklang bringen.« (2020)

Worin die Vorwürfe bestanden? Im britischen *Guardian* notierte die Journalistin Joan Smith anlässlich des »Internationalen Tags gegen Gewalt an Frauen«, an dem Diego verstarb: Ein Video »scheint zu zeigen, wie Maradona seine damalige Freundin … schlägt. Unsicher auf den Beinen, schreit Maradona sie an und scheint sie dann zweimal zu schlagen. Die Schläge sind auf der Tonspur deutlich zu hören, ebenso wie Oliva, die ihm auf Spanisch zuruft: ›Stopp, stopp.‹« Zweimal »scheint« mag einmal zu viel sein, und doch sind die Vorwürfe auch dann ernst zu nehmen, wenn Maradona zwar »nicht die Authentizität des Videos in Frage stellte, aber bestritt, Oliva geschlagen zu haben. ›Ich habe mir das Telefon geschnappt, aber ich schwöre bei Gott, dass ich nie eine Frau geschlagen habe.‹« (The Guardian, 27.11.2020)

Der weitere Ton des Beitrags bewegt sich mit dem Akzent auf die soziale Herkunft auf schmalem Grat. Auch der kurz zuvor verstorbene Schauspieler Sean Connery sei jemand gewesen, der aus einfachsten Verhältnissen kam und seine Frau geschlagen habe. Dass die Autorin in einem Ausschuss des Bürgermeisters von London angesiedelt ist, mag die Untertöne zur Kinderstube erklären. Entscheidender ist: Es war gerade der Zusammenhang von sozialen Verhältnissen und patriarchalem Verhalten, den feministische Standpunkte in Argentinien bei der Einschätzung zum »Fall« Maradona betonten: »In diesen Tagen der Trauer diskutieren Feministinnen in Argentinien über die Würdigungen Maradonas. Einige meinen, ihm zu huldigen, bedeute ein Lob des Machismo. Andere wiederum sind der Ansicht, dass seine Mängel und Widersprüche ihn der breiten Bevölkerung näherbrachten und Diego auch ein Opfer des Patriarchats gewesen sei«, beobachtete der Argentinier Tomás Bartoletti für die Schweizer *Wochenzeitung* (3.12.2020). »Die allermeisten linken Feministinnen«, berichtete zudem Gerhard Dilger aus Buenos Aires, »reklamieren den ›Kämpfer voller Widersprüche‹ für sich und ihre Sache, dessen wohlbekannte Macho-Fehltritte erklären sie mit dem System des Patriarchats.« (nd, 1.12.2020)

Eine Gegenposition dazu erscheint zunächst radikaler, sie nimmt Bezug auf die »Communities« und verortet sich im anarchistischen und trotzkistischen Spektrum »ohne Parlamentspräsenz«. Für die »Non-Maradonian feminists«, also erklärtermaßen keine Anhängerinnen Diegos, steht die argentinische Wissenschaftlerin Graciela Monteagudo, stellvertretende Direktorin eines Programms für soziales Denken an der Universität von Massachusetts (USA). In der

Online-Ausgabe des *Roar Magazine*, einer Zeitschrift für »radikale Fantasie«, verurteilte sie, dass in Argentinien »paradoxerweise« auch »einflussreiche Feministinnen« um Maradona trauerten. (roarmag.org) Ihre Kritik an der linksperonistischen Regierung geht einher mit einem feministischen Ansatz, der auf Distanz zu einer staatlichen Strafverfolgung in Communities geht. Auch unter Bezug auf die Bewegungen der *People of Color* in den USA verweist sie auf die Erfahrungen der »piqueteras«, die in den *Barrios* einen communitybasierten Ansatz gegen männliche Gewalt verfolgten. Gruppen von Männern und Frauen hätten in der Nachbarschaft »mit den Aggressoren geredet«. Wenn ein Gespräch das Verhalten des Mannes nicht ändere, würde man ihn »aus dem Haus zwingen und die Frau samt Kindern beschützen«. Auf diese Weise hätte man auch Maradona die Gelegenheit geben können, die »Gewalt einzugestehen und nach Unterstützung zu suchen, um sein Verhalten zu ändern«.

Beide Ansätze – um bei Monteagudo zu bleiben: der der *Maradonian* und der *Non-Maradonian feminists* – machen gesellschaftliche Verhältnisse für die männliche Gewalt verantwortlich, nämlich das System des Patriarchats bzw. den Neoliberalismus und die »Hegemonie der Kolonisierung« (roarmag.org). Es sei nachgesehen, dass das Gewicht der jeweiligen Strömungen hier nicht konkreter ermessen werden kann.

Wenn für die Frage von häuslicher Gewalt schon die sozialen Verhältnisse bemüht werden, so lässt sich auch ein Licht auf Diegos eigene Sozialisation werfen – nicht zur Entschuldigung, sondern als Beitrag zur Erklärung. »Mein Papa hat sich nicht geschont«, blickte Maradona auf den Arbeitsalltag seines Vaters und seine eigene Kindheit zurück. »Deshalb versuchte ich, möglichst wenig anzustellen, aber manchmal, wenn mein Papa Lohn bekam, kaufte er mir Schuhe, und ich machte sie gleich kaputt, weil ich den ganzen Tag damit Fußball spielte. Es war zum Heulen! Und wir heulten auch wirklich, denn außer dass sie kaputtgingen, verprügelte mich mein Papa. Aber wohlgemerkt, das sage ich nicht als Vorwurf. … Mein Papa hatte nicht die Zeit, mir zu sagen: ›Komm her, komm, ich will dir das mal erklären‹, wie ich das heute zu Dalma oder Giannina sagen kann. Mein Papa musste schlafen, und selbst wenn es nur kurz war, damit er am nächsten Tag um vier Uhr morgens wieder in die Fabrik gehen konnte, denn sonst wäre alles im Haus den Bach heruntergegangen.« Das sei für ihn eine »wichtige Erfahrung« gewesen. »Noch heute halte ich meinen Papa, Don Diego, für den liebsten Menschen, den ich in meinem Leben kennengelernt habe.« (Dg. 2002: 18)

Derweil lassen sich die in Rede stehenden Delikte wohl nie konkreter werten. Das liegt, Achtung Binsenweisheit: am Gegenstand der Vorwürfe, bezogen auf Handlungen hinter verschlossenen Türen. Es sei hier nicht in Frage gestellt, dass es weitere Vergehen als die genannten gegeben haben mochte. Und doch ist Vorsicht bei Darstellungen geboten, wie sie in »Social Media«-Kanälen, mitunter auch in gedruckter Form zu finden sind. Wenn etwa von Maradonas »zahlreichen Geschichten von Übergriffen gegen Frauen« oder von »sexuellen Verhältnissen mit Minderjährigen« die Rede ist (Pfeiffer 2021: 107), so wären Hinweise darauf wünschenswert, woher die Vorwürfe überhaupt stammen. In den »Sozialen Netzwerken« wird das ohnehin nicht so genau genommen. Bezeichnend dafür ist eine Geschichte, über die das Boulevardblatt *Express* (26.11.2020) unter der Überschrift »Kölner Sänger trauert um Maradona – dann rudert er zurück« berichtete. Gemeint war Henning May von der weit über das Rheinland hinaus bekannten Band AnnenMayKantereit, die auch mal auf Demonstrationen von *Fridays for Future* spielt oder auf der Kölner Keupstraße ihre Solidarität mit den Opfern eines NSU-Attentats bekundet. Auf dem Bolzplatz sei er Podolski, Zidane »oder eben Maradona« gewesen, und als er sieben war, habe ihm sein Bruder »ein Trikot aus Neapel mitgebracht«. »Dieser Mann hat schnell gelebt und schnell gespielt und trotz all seiner dunklen Seiten war er mal mein strahlender Stern. … Danke Diego«, schrieb May in einer Trauerbekundung. Doch kaum *gepostet*, erntete er »viele wütende Nachrichten« aus den Reihen seiner 600.000 Follower. Die Vorwürfe der »Community« gegen Maradona lauteten: Gewalt gegen Frauen, Schläge, Vergewaltigungen, Sex mit Minderjährigen. (vgl. mads.

de) So einem *Shitstorm* hältst du nicht unbedingt stand, und Raum zur Diskussion gibt es auf diesen Kanälen kaum. Und so zog May seinen Nachruf zurück. »Ich bin einfach der Überzeugung, dass ein gescheiter Nachruf nicht nur die guten Seiten zeigen sollte«, so May.

Unterdessen bliebe die Frage nach dem »Macho Maradona« unvollständig, ohne eine wesentliche Forderung der Frauenbewegung zu erwähnen, für die Diego einstand. Deren Durchsetzung erlebte er nicht mehr, als der argentinische Senat Ende Dezember 2020 ein Gesetz zur Legalisierung von Schwangerschaftsabbrüchen annahm. Bilder von Jubelfeiern gingen um die Welt: »Die Emotionen, die wir nach so vielen Jahrzehnten des Kampfes empfanden, waren enorm. Wir weinten vor Freude, wir feierten und tanzten«, so die Aktivistin Doris Quispe. (ak, 19.1.2021) Die Jubelfeiern versteht, wer sich auch vor Augen führt, was die Bedingungen für viele Frauen bedeutet hatten. Eine »anstehende Aufgabe«, erklärte eine andere Aktivistin Mitte der 1990er Jahre, »ist der Kampf um ein Gesetz, das alle Gesundheitseinrichtungen verpflichtet, Empfängnisverhütungsmittel anzubieten, und die Legalisierung der Abtreibung. Abtreibung ist in Argentinien eine gängige Praxis und die häufigste Todesursache bei schwangeren Frauen. Die Opfer sind meist Frauen aus den einfachen Volksschichten«, so Ana Isabel Gonzales, einst aktiv in der Bewegung »Peronismo de Base«. (Gonzalez 1994: 149f.) Und auch Maradona habe gewusst, was es für die »Frauen in den Villas bedeutete, wenn sie schwanger wurden und das Kind nicht haben wollten«, so Gert Eisenbürger von der Informationsstelle Lateinamerika (ila). »Gerade in den Villas kommen ständig Frauen bei illegalen Eingriffen ums Leben. An diesem Punkt hat er die feministische Bewegung unterstützt.« (zit. n. blog, 1.12.2020) Und »Maradona erklärte, es sei ein Skandal, dass Frauen, die einen Abbruch vornehmen lassen wollten, dies nur unter großer Gefahr tun könnten« (Eisenbürger 2021: 139).

Es war ein Kampf, der weder einem Papst aus Polen noch einem aus Argentinien gefallen konnte – bei allen Unterschieden zwischen Johannes Paul II. und Franziskus, die auch für Maradona entscheidend sein sollten.

10. Der »menschlichste aller Götter«

Oder: Auf einen Kaffee mit dem Papst?

»Dass ich überhaupt noch am Leben bin, verdanke ich nur den beiden Bärtigen: Gott und Fidel«, bekennt Maradona gegen Ende seiner Autobiografie. (Dg. 2005: 279) Bei Fidel waren wir schon, kommen wir zu dem anderen der beiden, zu jenem, für den er vielfach selber gehalten wurde. Mit »D10S« – die Kombination aus der Rückennummer 10 und dem spanischen »dios« (Gott) – war bald die entsprechende Bezeichnung gefunden. Und wer mochte das verdenken, bei jemandem, dessen Spiel tatsächlich nicht von diesem Stern zu kommen schien. Eduardo Galeano sah sich vor, all jene – und es waren unzählige –, zu brüskieren, für die Maradona Heiligenstatus hatte. Für ihn war Diego der »menschlichste aller Götter«, eine Formel, die nicht am Sockel rührt, die genug Verehrung zulässt und doch ausreichend Ironie mitbringt – fast so gelungen wie das Wort von der »Hand Gottes«.

Doch bevor es um jene Heldenverehrung gehen soll, die ohne überirdisches Vokabular nicht auskam, ist zumindest schlaglichtartig zu fragen: Welchen Bezug hatte Maradona als Mensch, der er war, zur Religion bzw. zur katholischen Kirche? Aus Argentinien kommend, nach Neapel gegangen, bewegte er sich mit dem Kreuz an der Halskette wie der Fisch im Wasser. Und er wäre kaum Maradona gewesen, hätte er sich nicht auch zur Politik des Vatikans deutlich positioniert. Wenn die beiden Päpste Johannes Paul II. und Franziskus für eine so unterschiedliche Politik standen, so sagt es viel über den vermeintlichen Gott Diego aus, wenn er explizit gegen den einen und für den anderen Partei ergriff.

Maradona und die Päpste: Johannes Paul II. und Franziskus

Gerne umgibt sich der Heilige Stuhl mit irdischer Prominenz, und so war es an Papst Johannes Paul II., ein wenig von dem Licht der Popularität auf sich abstrahlen zu lassen, in dem Maradona spätestens seit der WM '86 stand. »Ja, es stimmt, ich habe mit dem Papst gestritten«, wird Maradona später mit Blick auf seinen Vatikan-Besuch sagen. »Das ist der Beweis, ich kann es nicht leugnen: Ich war beim Papst«, notierte er neben ein Foto. Und weiter: »Aber später war ich dann gegen ihn. Ich war im Vatikan, habe die goldenen Dächer gesehen und hab es nicht ausgehalten, dass der Papst sagte, die Kirche würde sich um die armen Kinder Sorgen machen. Dann verkauf doch die Dächer, Mensch.« (MLiB: 107) Täuschen lassen wollte sich Diego auch nicht, als ihm der Papst einen Rosenkranz mit den Worten schenkte, das sei »ein besonderer, er ist für dich«. Maradona zeigte sich unbeeindruckt: »In Wirklichkeit war der Rosenkranz der gleiche, den er meiner Mutter gegeben hat. Ich sagte es ihm. Er sah mich nur an, gab mir einen Klaps und lächelte.« (zit. n. Der Spiegel, 13.11.2000)

Es kann nicht verwundern, dass Maradona von Franziskus, der 2013 auf Joseph Ratzinger alias Benedikt XVI. folgte, eine ganz andere Meinung hatte. Von jenem Papst also, der in Bezug auf die heutige Ordnung der Welt von einer »Wirtschaft, die tötet« sprach. Sicherlich hat die Wertschätzung für Jorge Mario Bergoglio, so dessen bürgerliche Name, nicht bloß mit der gemeinsamen argentinischen Herkunft zu tun. Nach mehrfacher Audienz nahm Maradona beim Vergleich der beiden Päpste kein Blatt vor den Mund: »Alle wissen, was ich über den Vatikan von '86 dachte. Mit diesem Papst – den ich besuchte und dem ich die Hand gab – hätte ich noch nicht einmal einen Kaffee trinken wollen, selbst wenn sie mir dafür Gold in der Menge meines Körpergewichts gegeben hätten. Aber nun, da Franziskus Papst ist, geht der Kaffee auf mich.« (TbG: 103)

Maradona zeigte sich überzeugt von »Francisquito, wie ich ihn gerne nenne«, dessen bescheidenes Auftreten ihn beeindruckte: »Sie brachten ihm rote Schuhe von einer Marke wie Prada, und er sagte, er habe schon Schuhe, ein Paar Mokassin, die er in Boedo, einem [Arbeiter-]Viertel von Buenos Aires, gekauft hatte und die er sehr bequem finde«. Das sei »großartig«, resümierte Maradona, und schob hinterher: »Eines Nachts gelangte er an seinen Wächtern vorbei, und Leute sahen, wie er als kleiner alter Priester auf der Straße ein Stück Pizza aß. Ein anderes Mal ging er zu einem ganz alltäglichen Optiker, um sich seine Brille machen zu lassen.« (ebd.: 103f.)

Doch Maradonas Beurteilung erschöpfte sich nicht in alltäglichen Kleinigkeiten, in denen er auch ein Stück von sich selbst, dem Jungen aus Fiorito, sah. Franziskus habe sich »zumindest die Frage gestellt«, warum »wir eine Vatikan-Bank brauchen«. Und er sei einen »Typen losgeworden, der monatlich achttausend Euro ausgegeben« habe. Nun gut, räumte Maradona ein, er selbst möge ja auch solch einen Betrag nach Hause bringen, »aber ein Priester, der keinen Haushalt unterstützen, kein Essen auf den Tisch stellen muss, dessen Kosten vollständig gedeckt sind, wofür will der Geld, wenn nicht, um den Armen zu helfen?« (ebd.: 103f.)

Zugleich zeigte sich ein geschichtsbewusster Maradona in Sorge: »Es ängstigt mich auch, denn für gute Päpste kann der Tod an jeder Ecke lauern. Das habe ich Francisquito auch gesagt.« Der habe entgegnet, er solle sich »keine Sorgen machen«, er wüsste schon »auf sich aufzupassen« (ebd.: 104).

Zu »Francisquito« und einem, der »dem Volk half«

»Wenn ich den Armen Essen gebe, nennen sie mich einen Heiligen. Wenn ich frage, warum sie arm sind, nennen sie mich einen Kommunisten.« (zit. n.: freitag.de, 21.3.2013) In diesen Worten des brasilianischen Erzbischofs Dom Hélder Pessoa Câmara (1909-1999) kommen all die Gegensätze zum Tragen, in denen sich die katholische Politik gerade in Lateinamerika befand. Denn im Widerspruch zur offiziellen Politik der Kirche hatte auch die so genannte Theologie der Befreiung großen Einfluss unter jenen Gläubigen, die die vorherrschende Politik ablehnten – und dadurch mitunter massiver

Verfolgung ausgesetzt waren. Gerade unter der Ägide von Papst Johannes Paul II. stand der Vatikan für ein faktisches Bündnis mit lateinamerikanischen Militärdiktaturen. Kaum etwas symbolisiert das mehr als zwei nebeneinander abgebildete Fotos (vgl. Siragusa 2019: 136f.), die der *Freitag*-Redakteur Michael Jäger prägnant beschrieb: »Rechts Johannes Paul II., wie er am Flughafen der Hauptstadt von Nicaragua den Pater Ernesto Cardenal, Minister der sandinistischen Regierung und wichtiger Vertreter der Befreiungstheologie, mit erhobenem Zeigefinger ermahnt. Es ist eine widerliche Szene: Cardenal, ein Greis mit weißem Bart und Haupthaar, kniet vor dem Papst und schaut demütig zu ihm auf, sein Mund ist zum Lächeln verzerrt, indes der harte Herrenmensch über ihm seine Macht ausspielt und auskostet. Das Foto links zeigt denselben Papst, wie er neben dem chilenischen Mörderdiktator Pinochet auf dem Balkon stehend irgendwelchen Massen zuwinkt, die man nicht sieht. Beide lächeln hoheitsvoll und sind ein Herz und eine Seele. Johannes Paul verbot Cardenal die Ausübung des Priesteramts. Die Suspendierung wurde erst 2014 aufgehoben: durch Papst Franziskus.« (der Freitag, 20/2019)

Franziskus selbst kommt nicht von der Theologie der Befreiung her; manche sagen: im Gegenteil, andere meinen, er habe sich zu seiner Zeit in Argentinien bestenfalls diplomatisch gegenüber der Bewegung verhalten. Und doch verweist die Formel »Von Johannes Paul II. geschasst, von Franziskus rehabilitiert«, so eine Überschrift zum 95. Geburtstags Cardenals (vgl. katholisch.de), auf andere beachtliche Ereignisse. So sprach Franziskus 2015 den Befreiungstheologen Óscar Romero selig. Der einstige Erzbischof von El Salvador war 1980 während einer Predigt von einem Scharfschützen erschossen worden. Spätere Untersuchungen ergaben: Den Befehl dazu hatte der stellvertretende Geheimdienstchef Roberto D'Aubuisson erteilt, der an der »School of Americas«, einem Trainingscamp der US-Armee, ausgebildet worden war.

Vordergründig mögen das Einzelheiten sein, die etwas zu weit von Maradona wegführen. Doch der Kreis schließt sich wieder, wenn man sich nicht nur die tiefkatholische Prägung unseres Helden samt seinen Äußerungen zum Vatikan vor Augen hält, sondern auch bereits genannte Umstände und Begebenheiten, die sich ihm einbrannten, von der Militärjunta über die Mütter bzw. Großmütter vom Plaza de Mayo bis hin zum bolivarischen Prozess ab Ende der 1990er Jahre.

Das Geflecht einer Ära, für die auch der politische Maradona steht, lässt sich etwa in Bolivien entwirren. Der einstige Präsident des Landes, Evo Morales, der 2005 an der Seite von Maradona gegen den US-Präsidenten demonstriert hatte, erwartete im Juli 2015 zusammen mit etwa einer halben Million Menschen Besuch. »Bruder Papst«, wie ihn Morales nennen wird, brachte ein ganz besonderes Gastgeschenk mit: Ein Kreuz mit Hammer und Sichel. Das sorgte weltweit für Schlagzeilen, weniger beachtet wurde, wer das Kruzifix gestaltet hatte: ein Mann mit dem Spitznamen »Lucho«, dem der Papst gleich nach seiner Ankunft den späten Respekt der Kirche zollte: »Nach der Landung in La Paz ging Franziskus zum Gebet an den Ort, an dem der spanische Jesuit Luís Espinal Camps 1980 vom Militärregime gefoltert und getötet worden war, als er die Bergleute verteidigte. … Seine Freunde gravierten einen einzigen Satz auf seinen Grabstein: ›Getötet, weil er dem Volk half.‹« (Siragusa 2019: 117f.) 70.000 Menschen nahmen an seiner Beerdigung teil, so der Jesuit Xavier Albó. Die Wunden waren tief in Bolivien, auch dieses Land war von der genannten Operación Cóndor betroffen.

Auch vor dem Hintergrund der lateinamerikanischen Geschichte war Diegos Respekt für diesen Papst, für »Francisquito«, enorm – anders als für Papst Johannes Paul II., der Figuren seligsprechen ließ wie etwa einen kroatischen Kardinal mit Sympathien zur faschistischen Ustascha-Bewegung. Und nicht geringer war sein Respekt für eine Politik, für die etwa der Name Evo Morales steht. Den wohl größten Respekt hatte er indes vor jenen, mit denen er die soziale Herkunft teilte. Vielleicht all das zusammen ließ ihn 2018 als Trainer der Dorados auf eine knifflige Frage gelassen antworten: Wie er mit dem Druck umgehe, wollten Reporter von einem Maradona wissen, der aus gesundheitlichen Gründen zu spät zum Saisonstart zurückgekommen war und dessen Mannschaft bereits nach drei Spieltagen mit dem Rücken zur Wand stand. »Druck?«, entgegnete er. »Nein, Druck ist etwas, was jene verspüren, die kein Dach überm Kopf haben. Wir sind bloß ein Haufen privilegierter Leute, die sich mit Fußball befassen.« (vgl. Doku zu Dorados)

Dankbar: Dem Fußball und Gott

In Lateinamerika aufzuwachsen, heißt in der Regel, religiös geprägt zu sein. Wie sich der Glauben äußert: auch daran zeigt sich manches Mal, für oder gegen wen Partei ergriffen wird. Es ist nicht bekannt, dass Maradona je die religiösen Gefühle anderer verletzte oder dass er eine Religion über die andere stellte. Und wenn er Religion mit Politik verband, so nie gegen die Interessen jener, die aus den gleichen Verhältnissen stammen wir er selbst.

Man mag den Gottesbezug wichtig finden oder nicht, fest steht: für Maradona war er von Belang. Seine Autobiografie schloss er – vor einer allerletzten Botschaft – mit diesen Worten: »Ich bin dem Fußball so dankbar für alles, was er mir gegeben hat, und auch Gott, weil diese ganze außerordentliche Geschichte seinetwegen passierte: die Möglichkeit, meiner Familie zu helfen, mein Leben mit unglaublichen Mannschaftskollegen zu teilen und Menschen zu treffen, von denen ich mir in einer Million Jahre nie hätte vorstellen können, sie je zu treffen. Wie auch hätte ich mir das ausmalen können in meinem winzigen, undichten Verschlag in Fiorito.«

Bei einem von mehreren Besuchen im Vatikan hatte Maradona dem Fußballfan Franziskus 2014 als Gastgeschenk ein Argentinien-Trikot mit der Nr. 10 und dem Namen des Papstes mitgebracht. Später bekannte dieser, »Maradona ins Gebet eingeschlossen« zu haben (RP, 26.11.2020). Nach Diegos Tod schickte er dessen Familie einen Kondolenzbrief samt Rosenkranz. Nicht gestört hatte er sich an einer Passage aus Maradonas Autobiografie, in der sich Demut und Stolz paarten: Er wollte »in Wahrheit«, dass »der Papst berühmter«

sein möge als er selber. »Doch ich habe den Vorteil, dass ich ganz gut Fußball gespielt habe. Und Fußball ist eine weltweite Leidenschaft.« (TbG: 105)

D10S: Der den Himmel berührte

Der Heldenstatus reichte nicht. »Heute ist womöglich der Tag, an dem Maradona zum Gott aufsteigen wird«, gibt Oliver Birkner die Stimmung in Neapel 1987 wieder. (2013: 166) Und auch in Argentinien sah man schon in dem jungen Dieguito einen Erlöser heranreifen. Zum Vorteil mochte der Name selbst gereichen. Dessen Herkunft lässt sich gerade mal zwei Generationen zurückverfolgen, die Familie hatte andere Sorgen, als ihren Stammbaum aufzuzeichnen, zumal sich dieser »in außerehelichen Wurzeln« verlief. (Burns 1998: 23) Allemal bleibt ein Nachname, der klanglich sehr nah bei Madonna und Maria ist, gepaart mit einem Vornamen, in dem das »dios« fast schon angelegt war. Man stelle sich vor, er hätte geheißen wie Mario Kempes, Spielführer und Torschützenkönig bei der WM '78, der den Beinamen »El Matador« (»der Vollstrecker«) trug und die »10« an Diego weiterreichte. Dagegen »Diego Armando Maradona«: ein Name, wie gemacht für einen Heiligenstatus, für eine Maradona-Kirche in Argentinien oder für den Maradona-Schrein in Neapel.

Gitarren-Götter hier, Fußball-Götter dort. Neu ist das alles nicht, auch nicht das Wort vom Fußball als Religionsersatz. Bei Diego gingen die Motive für die Ehrerbietung noch weit über seine Ballfertigkeiten hinaus.

Vom Schrein in Neapel …

Gegen die Meisterfeier werde der Karneval in Rio »zum Kindergeburtstag«, war man sich in Neapel sicher. (Birkner 2013: 167) Aufnahmen der Szenen, die sich in den Straßen der Stadt abspielten, mochten das bestätigen. (vgl. arte) Demnach mischten sich religiöse

Momente wie selbstverständlich in das Freudenfest. »Eine Prozession«, so Birkner, »trägt symbolisch 15 Särge der anderen Serie-A-Clubs. Ein fünfstöckiges Haus ist komplett mit einer überdimensionalen Maradona-Figur bemalt – bis auf ein Fensterchen an seinem Herzen. Der Statue des Heiligen Gennaro wurden drei Finger abgemeißelt, er präsentiert jetzt das Victoryzeichen. Etwas weiter hält Dante Alighieri das Napoli-Wappen in der Hand und führt einen Ball am Fuß – eine echt Göttliche Komödie. Ein Tifoso schluchzt unter Tränen, er wolle nun sterben, um seinem verstorbenen Papa von diesem Tag zu berichten. Auf die Friedhofsmauer kritzelt jemand ›Habt *ihr* was verpasst!‹. Sehr bald erscheint darunter: ›Woher wollt ihr das wissen?‹«. (2013: 167)

Die quasireligiöse Verehrung Diegos ist in Neapel von Dauer. Ausdruck davon ist der Maradona-Schrein in der Altstadt. Er »zeigt Maradona im *anno santo*, im Heiligen Jahr 1987, daneben befinden sich ein runder Glasbehälter mit einer Flüssigkeit und ein kleines Haarbüschel. Am Rand ist ein Hinweis angebracht, dass hier eine Träne und das Haar des Heiligen Maradona als Reliquien zur Anbetung dargeboten werden. Das Haar und die Träne sind Absonderungen von Maradonas Körper – sie sind biologisch und magisch«, so der Philosoph Gunter Gebauer über die Wiedergeburt des Stadtheiligen. Eine »volkstümliche« Art der Huldigung sei etwas, was »von der Römischen Kirche immer mit äußerstem Misstrauen betrachtet wird: Heiligenglauben, Wunderglauben, aber auf sehr populärer Ebene.« (zit. n. DLF, 25.12.2016) Allein: dagegen wäre keine Kirche der Welt angekommen. Es sei denn, die »Iglesia Maradoniana«.

… zur Kirche in Argentinien

Weltweit fand Ende der 1990er Jahre eine quasireligiöse Bewegung Beachtung, die sich als »Iglesia Maradoniana – La mano D10S« bezeichnete und bald nach eigenen Angaben rund 40.000 Mitglieder zählte. In Spanien gab es Anfang der 2000er Jahre »9000 Maradonianer« (spiegel.de, 29.10.2003). Wer der Maradona-Kirche beitreten will, muss etwa ein Tor mit der »Hand Gottes« machen. Selbst Trauungen sind möglich, bei denen »der jeweilige Maradona-Priester ein schwungvolles ›D‹ über die Brautleute in die Luft segnet« (ebd.). Vom 29. auf den 30. Oktober findet zum Geburtstag des Erlösers eine Mitternachtsmesse statt, während das »maradonianische Osterfest« auf den 22. Juni fällt – auf den Jahrestag des heiligen WM-Viertelfinals von 1986. Selbstverständlich gibt es auch ein »Diego unser« (»Geheiligt sei deine Linke … erlöse uns von Havelange und Pelé«). Eine Zeile daraus, die es tatsächlich gibt, nutzte *Spiegel online* als Überschrift für einen Giftpfeil in Richtung Havanna: »Diego unser, der du bist in Kuba«. (ebd.) Kaum ein Maradona-Film kommt um die Zeremonien dieser Maradona-Kirche herum, die Bilder offenbaren den parodistischen Charakter dieser Bewegung. Es hat etwas Karnevalartiges, für manche schrammte die Bewegung »am Rand der Blasphemie«, auch wenn »die Amtskirche in Argentinien den Rummel souverän ignoriert« (ebd.).

Doch diese Karikatur der Huldigung erscheint nebensächlich im Vergleich zu der tatsächlichen Verehrung, die Diego während seiner Laufbahn und danach, ja, auch nach seinem Tod noch galt. Das fing in seiner frühen Zeit bei den Argentinos an. 1995, bei seinem Comeback bei den Boca Juniors, zierte ein Transparent die Aufschrift »Die Nr. 10? Gott!« (MLiB, 118) Auch als sich Maradona nach seiner Sperre im Vorfeld der WM ’94 zurückmeldete, wurden biblische Bilder bemüht. Mit einer Fotomontage, die Maradona fußballspielend im Himmel zeigt, titelte die argentinische Tageszeitung *Pagina 12* (29.9.1992) zu seinem Comeback: »Nach eineinhalb Jahren wieder auferstanden« (zit. n. Alabarces 2015: 188). So wurde »permanent die katholische Symbolik bemüht«, er »spielt mit Gott, er ist ein Auserwählter, ein auf die Erde Gesandter (ebd.: 188f.).

Wenn er schon »zu Lebzeiten ein Gott war«, fängt ein Bericht die Stimmung in Argentinien ein, »so ist er nun, ein halbes Jahr nach seinem Tod, unsterblich. Statuen wurden für ihn aufgestellt, Straßen nach ihm benannt, genauso wie Neugeborene. Es gibt Bewunderer, die Maradona an Hauswände malen, andere legen Mosaike mit seinem Konterfei, vielen aber reicht das nicht, sie wollen ihrem Idol noch ein bisschen näher sein. Er käme kaum noch nach vor lauter Anfragen, sagt ein Tätowierer aus Buenos Aires, der sich darauf spezialisiert hat, hyperrealistische Bilder des Stars zu stechen.« (SZ, 27.5.2021)

Der Zauberer

Maradona selbst hatte, wie angeführt, schon sehr früh Vergleiche mit Höherem zurückgewiesen, die Menschen von Fiorito seien die eigentlichen Magier. Und doch ist hier noch einmal ein Eindruck zu geben von den vermeintlich unmöglichen Dingen, die Diego gerne aufführte. Und zwar mit jemandem, dessen Meinung oft etwas zählt: Gary Lineker wusste mit einer Anekdote von einem Spiel einer Weltauswahl gegen ein Premier-League-Allstar-Team aufzuwarten. Zunächst habe Diego in der Kabine im Sitzen fünf Minuten lang mit den Füßen seine Socken jongliert. Als er auf den Platz ging, »tat er etwas Unglaubliches«, so Lineker, etwas, was er »so niemals wieder auf dem Fußballfeld gesehen habe: Er jonglierte den Ball bis zum Mittelkreis, und als er dort ankam, schoss er ihn, so hoch er konnte, in die Luft und wartete. Als der Ball wieder vom Himmel fiel, trat er ihn erneut volley mit voller Wucht. Das gelang ihm unglaubliche 13 Mal in Folge, ohne dass der Ball den Boden auch nur einmal berührte. Diego tänzelte dazu … Wir standen alle da und sagten: ›Das ist unmöglich.‹« Bei Barça hätten Lineker und Kollegen das später alle versucht nachzumachen, doch »beim dritten Schuss mussten wir dem Ball schon nachjagen. Ich habe nie wieder jemanden gesehen, der eine so intensive Liebesbeziehung mit dem Ball hatte, wie Maradona.« (zit. n.: Fg. 12/2020: 74; republicworld.com) Ohnehin liebte er das Aufwärmen, die Show vor der Show. In Barcelona etwa flankte Bernd Schuster Augenzeugenberichten zufolge »Bälle auf den Elfmeterpunkt. Maradona sprang dort aus dem Stand hoch, drehte eine Pirouette und schoss die Bälle mit der Hacke ins Tor. Immer wieder.« (SZ, 28.11.2020)

Nicht von dieser Welt: das scheint die naheliegende Erklärung für das, was Diego anstellte. Doch bei aller Liebe zu Artistik und Show: Diego war keine Zirkusnummer, er war viel mehr als das. »Er gab uns Träume und Visionen«, so der Moderator Arnd Zeigler. »Für die Mannschaft, die Diego Maradona in ihren Reihen hatte, war in besonderen Momenten immer alles möglich. Wer ihn besiegen musste, musste ihn am Zaubern hindern. Die Möglichkeit, seiner Magie mit einer noch tolleren, mächtigeren Magie zu begegnen, gab es nie. Für keinen Gegenspieler der Welt, zu keiner Zeit. Wer Diego besiegen wollte, musste ihm mit einer anderen Sportart begegnen. So wie Guido Buchwald im WM-Finale 1990.« (Zeigler 2021: 9)

Das trifft fast den Punkt. Das Wort von den »Träumen und Visionen« deutet an: Es ging um mehr als nur um eine »Sportart«. Nachzuspüren, worum es ging, heißt aufzusuchen, wo seine Ballfertigkeit auf das dargelegte Bild vom antikolonialen Helden trifft. Oder besser: nach den eingangs genannten Sehnsüchten zu fragen, die er bediente: die von einem *anderen Spiel* und von einer *anderen Welt*. Oder noch anders: Wenn der Ausspruch »Gib mich die Kirsche«, der dem Dortmunder Lothar »Emma« Emmerich (1941-2003) zugeschrieben wird, für die schnöde Ballabgabe stand, so hingen die Früchte bei Diego stets höher. Auch über den Platz hinaus sah man mit ihm die »Zeit der Kirschen« reifen, jene »temps des cerises«, die in dem gleichnamigen französischen Volkslied besungen werden: ein Stück voller Sehnsucht und Trauer, das zur Hymne auf die Pariser Kommune von 1871 wurde, also gleichsam zum Versprechen auf eine andere Zeit. Beides also, ein *anderes Spiel* und eine *andere Welt*, schienen mit Maradona *möglich*. Wenn das jedoch in den Niederungen des Alltags vielen kaum erreichbar vorkam und deshalb Kategorien des Überirdischen, ja: ein D10S, bemüht wurden: nun, sei's drum. Denn Diego war ein »Heiligenschein« jenes »Jammertals« (Marx 1843: 378), zu dessen schärfsten Kritikern er selber wurde. Eduardo Galeano gelang mit dem Satz vom »menschlichsten aller Götter« die Quadratur des Kreises. Um den Bogen zu Óscar Romero, zu Ernesto Cardenal oder zu jenem Luís Espinal Camps zu schließen, dem Papst Franziskus und Evo Morales die Ehre erwiesen hatten, ließe sich ergänzen: Wenn Diego denn überhaupt ein Gott gewesen sein soll, dann einer der Befreiung.

»Ein Messias, über Vereinsfarben erhaben«

»Auf dem Platz war er ein Dichter, ein großer Champion, der Millionen Menschen Freude beschert hat«, trauerte Papst Franziskus in einem Gespräch mit der Zeitung *Gazzetta dello Sport*. Doch er wäre nicht der Heilige Vater, hätte er nicht auch auf Diegos Sünden abgestellt: »Er war auch ein sehr schwacher Mensch.« (AFP, 2.1.2021) Vielleicht dachte er dabei auch an Maradonas Rückfall von 2004 und die Bilder, die sich dabei in Buenos Aires abspielten.

Als Diego 2004 mit lebensbedrohlichen Herz- und Lungenproblemen in eine argentinische Klinik eingeliefert wird, versammeln sich draußen Hunderte. Auf einem ihrer Plakate steht: »Gott, du hast uns schon Jesus genommen, nimm uns nicht auch noch Maradona.« (sport.de, 11) Und wieder hilft Eduardo Galeano bei der Einordnung weiter: »Er ist ein Heiliger des dunklen Lebens, der immer alles verkehrt herum angepackt hat, alles schlecht gemacht hat, der alle Verhaltensregeln der guten Lebensführung verletzt hat, der ein unheilvolles Leben geführt hat – mit aufeinanderfolgenden Katastrophen. Die Menschen erkennen sich in ihm wieder. Und sie verehren ihn deshalb.« (Galeano/Hübener 2006: 213) Wollte man hier den leicht mythischen Begriff der Seele bemühen, so mochten sie spüren: die hatte er nie verkauft.

So oder so: »Maradona zu sein, war nicht leicht«, merkte Jorge Valdano an. »In der Mythologie des argentinischen Volkes kam Diego gleich nach dem Tangosänger Carlos Gardel. Diego war ein Messias, über Vereinsfarben erhaben, es war vollkommen egal, für welche Mannschaft du warst. Denn Diego kam so sehr aus dem Volk, dass er allen gehörte.« (Valdano 2021: 57)

Auch von daher reicht es, auf Sockelhöhe zu bleiben. Und auch wer keine überirdischen Kategorien bemühen wollte, konnte höchsten Respekt bekunden. Die Einstufung als »letzten Helden des 20. Jahrhunderts« (jacobin.de) etwa hielt ein überzeugender Nachruf als Hochachtung bereit. In einem anderen wurde dem vermeintlich Unsterblichen mehr als ein Leben zugestanden, und zwar mit dem Bild einer Katze, mit deren Eleganz er sich »auf dem Platz bewegt« und deren »neun Leben« er »alle zu früh aufgebraucht« hatte. (amerika21, 28.11.2020)

1976 mochte er sich noch im ersten Leben befunden haben. »An diesem Tag habe ich mit den Händen den Himmel berührt«, sagte Diego über sein Erstligadebüt, das er mit 15 Jahren bei den Argentinos hatte. Es waren Worte, die später einmal in Nachrufen bemüht werden sollten. (vgl. jW, 27.11.2020). Apropos Himmel: Es gibt da diesen Cartoon, der kurz nach seinem Tod kursierte: Auf einer Wolke spielt der große Sócrates mit Fidel Castro und Hugo Chávez Fußball, als Diego zu ihnen kommt. Ein Team aus Spielern also, die auf Erden gerne aufsässig waren. Insofern darf bezweifelt werden, ob dereinst auch Pelé zu ihnen stoßen wird, obwohl dieser in seiner Trauerbotschaft erklärt hatte, er wolle mit Diego »eines Tages im Himmel in einer Mannschaft spielen«. Auch wenn Pelé wohl der bessere Fußballer war als Sócrates.

11. Welches Bild wird bleiben?

Oder: Wem galt eigentlich der Stinkefinger?

»Wenn ich Maradona wäre, würde ich genauso leben wie er«, singt Manu Chao in dem Stück »La vida tómbola – Maradona«. Das Leben als Tombola, als Lotterie, bei dem du alles gewinnen, aber auch verlieren kannst. Manu Chao gelang um die Jahrtausendwende mit dem Platinalbum »Clandestino« der internationale Durchbruch. Seine Themen drehen sich etwa um *sans papiers* (Menschen ohne Papiere) oder um die Folgen kolonialer Politik, immer wieder geht es auch um die Bedingungen in den Slums und Favelas Südamerikas, und gerne ist auch mal ein Liebeslied dabei. Der Grundton der Texte, gesungen auf Spanisch, Französisch, Englisch und Portugiesisch, ist antirassistisch, geprägt von internationaler Solidarität. So jemand genoss das Vertrauen von Diego, und das sicherlich nicht nur, weil Manu Chao bereits 1994 mit seiner damaligen Band »Mano Negra« die Single »Santa Maradona« vorlegte.

In dem Videoclip zu »La vida tómbola« sind beide Künstler gemeinsam zu sehen, der mit der Gitarre und der mit dem Ball. Es ist geschnitten mit Bildern des jungen Diego aus seinem Viertel »Villa Fiorito«, mit einigen beeindruckenden Dribblings aus großen Spielen wie dem Viertelfinale gegen England '86 oder aus seiner Zeit bei Barça und natürlich beim SSC Neapel. Es zeigt den Maradona-Schrein ebenso wie Bilder aus schweren Stunden, etwa vom Notarzttransport, zu sehen ist ein wahlweise lachender oder schwermütiger, aber immer ein leidenschaftlicher Maradona. Der eigentliche Plot: Manu Chao zieht mit der Gitarre in der Hand durch einfache

Straßen. An einer Ecke spielt er das Stück, dazu eine tanzende Menschentraube und ein Diego, der mit Kusshand vom Balkon winkt, ebenfalls tanzend, die Hand wahlweise zur Faust geballt. Schnitt, Fußballsequenzen. Dann Manu Chao in anderer Szene, spielt das Stück mit einem Kollegen auf irgendeiner Straße vor einem Garagentor. Diego nähert sich, schaut zu, wippt nachdenklich-bewegt den Kopf. Trotz dunkler Sonnenbrille sieht er sichtlich gerührt aus. Wenn er »Maradona wäre«, so Manu Chao in seinem Ständchen, würde er nicht nur »genauso leben wie er«, er würde auch »vor keinem Tor je einen Fehler machen.« Er würde genauso die »FIFA anschreien, dass sie die eigentlichen Diebe sind.« Das Leben, es sei nun mal eine Tombola, eine Lotterie, »bei Tag und bei Nacht«, es müsse immer weiter, »immer vorwärts gehen«. Manchmal, da bist du auch »verloren an irgendeinem Ort«. Und doch: Leben wie Maradona, »tausend Raketen, tausend Freunde, was auch komme«, weil »die Welt ein Ball ist«, also sei »das Leben leidenschaftlich zu führen« (»el mundo es una bola / que se vive a flor de piel«). Am Ende nähert sich Diego, eine herzliche Umarmung, als wolle er sagen: Junge, du hast mich verstanden.

Wer ihn vielleicht am ehesten verstanden hatte – das zeigte sich noch einmal bei seinem Tod –, das sind jene aus den einfachen Verhältnissen, aus Südamerika, aus Süditalien, ja: aus dem globalen Süden. Sie konnten seine Genialität auf dem Rasen verehren, ohne sich von seiner politischen Haltung oder bisweiligen Abgründen distanzieren zu müssen. Sie hatten gespürt: er ist einer von uns, mit all seinen Widersprüchen – in einer Welt voller Widersprüche. Wie sich diese zusammenfassen lassen? Vielleicht mit dem argentinischen Historiker Tomás Bartoletti, der einst im Kinderzimmer ein Poster von dem jungen Boca-Juniors-Spieler Diego hängen hatte, sich später wegen des »ausufernden Konsums« vom Fußball abwandte und seit 2019 an der Eidgenössischen Technischen Hochschule Zürich lehrt: »Maradona löste von der Antarktis bis Bangladesch, von Syrien bis Japan Begeisterung aus. Vielleicht liegt der Schlüssel zum Verständnis dieser Emotionen in den komplexen Widersprüchen seiner Person. Kuba verteidigen und Ferraris fahren. Seine Töchter Dalma und Giannina lieben und Diego junior bis vor kurzem nicht anerkennen. Sich für die palästinensische Sache einsetzen und in Dubai als Trainer arbeiten. Der beste Fußballspieler sein und stets die FIFA kritisieren. Multimillionär sein und die Ungleichheit sowie die Macht des Establishments kritisieren. Weil Diego von bescheidener Herkunft war und die Scheinheiligkeit des Establishments anprangerte, schieden sich an ihm die Geister. Während ihm die Zuneigung der Massen stets eine Stütze war, verziehen ihm die Moralapostel mit ihren Ressentiments seinen Erfolg und seine mangelnde Ehrerbietung gegenüber dem Imperialismus nie.« (WOZ, 3.12.2020)

Schweres Geschütz. Hätte es nicht gereicht, zu sagen: »gegenüber den feinen Herrschaften« oder »dieser Ordnung dieser Welt«? Doch in Argentinien wie in ganz Lateinamerika treten die historischen wie aktuellen Frontlinien offener hervor. Wie Maradona, so hatte auch Bartoletti noch die Zeit der Militärdiktatur miterlebt, die vom Norden des Doppelkontinents aktiv unterstützt wurde. Maradona war bewusst, wie unerbittlich auch in den 2000er Jahren die Politik der Einmischung von außen war, um auf einen *Regime Change* gegen Linksregierungen zu drängen. Dass er selbst sich – vor allem in Bezug auf Venezuela und Bolivien – als »Soldat der Bolivarischen Revolution« verstand: das versteht, wer die fortgesetzten Interventionen gegen jene Länder vor Augen hat, die sich dagegen verwahren, Hinterhof zu sein. Maradona selbst erklärte mit Blick auf Venezuela noch 2017, bereit zu sein, »gegen den Imperialismus zu kämpfen« (zit. n. t-online.de, 8.8.2017). Eine Begrifflichkeit, die in Lateinamerika Tradition hat, und die mitgemeint war, wenn sich Maradona als Peronist bezeichnete. Ein Zusammenhang, der mitgedacht werden muss, als im November 2020 etwa aus Venezuela eine offizielle Beileidsbekundung mit den Worten »Hasta siempre, Junge Amerikas!« eintraf. Im Süden versteht man unter *América* noch einen (Doppel-)Kontinent anstatt, wie andernorts üblich, ein Land im Norden mit Anspruch auf den Kontinent.

Es ließen sich Kontinuitätslinien aufzeigen: die Herkunft aus Fiorito; ein 18-jähriger Diego, der zu Hochzeiten der Militärjunta einem politischen Gefangenen sein Trikot schenkte; das Viertelfinale gegen England bei der WM '86, das gleichermaßen eine fußballerische Demonstration Maradonas war, wie es aus dem globalen Süden als Vergeltung an der alten Kolonialmacht widerhallte; die Auflehnung gegen die Herrschaften der FIFA; der Auftritt gegen US-Präsident Bush; die Verteidigung Kubas; das Treffen mit Estela de Carlotto von den Großmüttern der Plaza de Mayo bei der WM 2010, um deren Kandidatur zum Friedensnobelpreis zu bekräftigen.

Es mochte ihn auszeichnen, wenn man in den VIP-Logen dieser Welt für den »Jungen Amerikas« nur Hohn übrighatte. Der Filmemacher Emir Kusturica präsentierte Bilder von einem Maradona nach Ende seiner Laufbahn: Irgendwo am Rande eines Stadions zeigt er beide Mittelfinger, eine Geste, die Jahre später skandalisiert wurde, als sie sich vor den Augen der Welt wiederholte. Verstanden als Zeichen »mangelnder Ehrerbietung«, ließ sich diese Haltung noch in seine Spielweise hineinlesen. Verpflichtet war er allein dem Ball.

»Ihr könnt uns mal!«

Köln, Juni 2018: Im Kreis von Kollegen gucken wir das Vorrundenspiel Argentinien–Nigeria bei der WM in Russland. Die Südamerikaner stehen unter Erfolgszwang, um noch das Ticket fürs Achtelfinale zu lösen. In der 14. Minute macht Messi nach einer kaum nachzuahmenden Ballannahme das 1:0, bald darauf setzt er einen Freistoß an den Pfosten. Zu Beginn der zweiten Halbzeit verwandelt Victor Moses für Nigeria einen Elfer. Danach scheint die Zeit zu verrinnen, bis zur 86. Minute: Nach einer maßgeschneiderten Flanke hält Innenverteidiger Gabriel Mercado volley drauf – 2:1 für Argentinien. Doch weniger das Tor selbst sollte es sein, das in Erinnerung blieb, als vielmehr Maradonas Reaktion auf der Tribüne. Er ballte nicht etwa die Hand zur Faust, sondern zeigte aller Welt den Mittelfinger, genauer: gleich alle beide. Zugegeben: Unsere spontane Freude auch darüber war groß, doch wir ahnten in dem Moment nicht, was die Geste nach sich ziehen sollte.

Für uns war es eine, die zu sagen schien: »Wir sind noch da, ihr könnt uns mal!« Gewiss, es hätte sich noch mehr hineininterpretieren lassen. Wer wollte, konnte in dem Spiel gegen Nigeria viel Symbolkraft sehen: Es war das Land, gegen das Maradona – bei der WM ’94 – sein letztes Länderspiel bestritt (2:1), jenes mit der anschließenden Dopingprobe. Die FIFA verhängte seinerzeit eine durchaus zweifelhafte, 15-monatige Sperre gegen ihn, zur Erinnerung: es war, als hätten sie ihm »die Beine abgeschnitten«. Und so mochte man die Finger auch in Richtung Weltverband deuten, der ihm wegen der Gebärde die Botschafterrolle entziehen wird. Nach dem Spiel wurde behauptet, die Geste habe den nigerianischen Fans gegolten – als Beleidigung. Doch wieso er den Gegner hätte missachten sollen, warum ein Land wie Nigeria herabwürdigen: das erklärten sie nicht. Zwar konnte er auch das Publikum verdammen, da musste es aber schon weit kommen – wie etwa im WM-Finale von Rom 1990, als sie den »Neapolitaner« gnadenlos auspfiffen.

Hätte die *Albiceleste* an diesem Juni-Abend 2018 gegen die USA gespielt, nun gut: die Stinkefinger hätte man noch einmal anders interpretieren können, gerichtet gegen ein Land, das ihm wenige Monate zuvor wiederholt die Einreise verweigert hatte – dieses Mal wegen Beleidigung von US-Präsident Donald Trump in der *Telesur*-Sendung »Buenos Días América« (vgl. visahelp.us.com). Und so hätte man das Bild weiterspinnen und darin die Finger des *Südens* sehen können. An diesem Abend riefen wir uns auch jene Proteste von 2005 in Erinnerung, bei denen Maradona auf den Straßen von Buenos Aires George W. Bush als unerwünschten Gast empfing. Zur Begründung hatten ihm wenige Worte gereicht, der US-Präsident würde seinesgleichen »verachten«.

Was auch immer sich in die Geste hineindeuten ließ: der nächste Morgen begann unerfreulich. Im Radio wurde der Vorfall in einer

Art nachbereitet, mit der man hätte rechnen müssen, an die beim ersten Kaffee aber nicht zu denken war: Maradona habe sich nicht unter Kontrolle gehabt, ein »peinlicher Auftritt«. Während manche Medien fair blieben und von »purer Leidenschaft« bei einem »Mittelfinger gen Spielfeld« (spiegel.de, 27.6.2018) sprachen, legten andere nach. Von »Maradonas kranker Show« (laola1.at, 27.6.2018) war die Rede, vom »Mittelfinger-Skandal« und dem »Ausraster« (prosieben.de, 27.6.2018), für andere stand fest: die »Hand Gottes« habe sich »danebenbenommen« (tagesspiegel.de, 27.6.2018).

Hier flackerte ein Journalismus der feinen Manieren auf, dessen Personal am liebsten, wie es mal jemand ausdrückte, über »Menschen aus jener Klasse berichtet, der es selbst entstammt«. Und mehr noch: ein Personal, das mit seiner Berichterstattung in der Regel auch die Interessen einer westlichen Politik flankiert. Das ist kein Gedankensprung, sondern für die Einordnung Maradonas von Belang: Wer eine »kranke Show« abliefert, wer sich »nicht unter Kontrolle« hat, wer immer wieder unter Drogen steht, wie will man dessen Positionen zu Kuba für voll nehmen? Und während Maradona im Fall von Venezuela an Chávez und später an Maduro festhielt, wurde in anderen Breitengraden gerne ein nichtgewählter, selbsternannter Übergangspräsident hofiert. Hier lassen sich Traditionslinien aufzeigen. Nur *ein* Beispiel, springen wir dafür zurück in die Zeit des aufsteigenden Diego, der mit seinen 17 Jahren so bitterlich enttäuscht war, für die WM '78 im eigenen Land nicht nominiert worden zu sein. Die westdeutschen Medien hielten sich damals mit der Kritik an der Militärjunta auffallend zurück. Der Theologe Helmut Frenz hatte die Courage, im *Saarländischen Rundfunk* (SR) im Juni 1977 in einem »Wort zum Sonntag« zu fragen: »Ob einer unserer Fußball-Funktionäre einmal in den Regierungspalast gegangen ist? Ob er den dortigen Militärdiktatoren die Verachtung der Menschenrechte in ihrem Land vorgehalten und die Freilassung der politischen Gefangenen gefordert hat?« Daraufhin nahm sich DFB-Präsident Hermann Neuberger den SR-Intendanten Franz Mai mit der Forderung zur Brust, »dass sich solche Dinge nicht wiederholen«. Frenz durfte »nie wieder ein ›Wort zum Sonntag‹ sprechen.« (taz, 9.7.2014)

Über die Zeiten und Kontinente hinweg wies die Berichterstattung Ähnlichkeiten auf, es spiegelte sich darin »der Herren eigner Geist« (Goethe). Was verleumderische Beiträge über Maradona angeht, so wäre es hier ein Leichtes, aber kaum der Mühe wert gewesen, weiteres Material von der Machart des weiter oben angeführten Artikels aus der *Welt* zusammenzutragen. »Nähe zu Autokraten und Despoten«, lautete eine der Formeln, mit der auch gleich »Irrwege der lateinamerikanischen Linken« behauptet wurden. (NZZ, 26.11.2020) Aus den Schmähungen sprach eine Haltung, wonach man ihm, so er selbst, seine Herkunft »nie verziehen« habe. Die Beiträge glichen einander diesseits und jenseits des Atlantiks. Aus Argentinien traf der wenig bekannte Carlos Malbrán 2010 mit einem offenen Brief an Maradona einen Nerv: »Wenn Maradona eine Schule stiftet oder eine Kollekte für arme gelähmte Kinder anregt, dann wird er auf keine Titelseite einer Zeitung in der Welt kommen, denn das Unverzeihliche sind nicht solche Akte an sich, sondern dass Du dabei sagst, dass Du nur etwas von dem zurückgibst, was die Reichen den Leuten stehlen. Demagoge, Populist, Opportunist, Drogenabhängiger – das sind die von den Herren der [Interamerikanischen Pressegesellschaft] SIP angeratenen Bezeichnungen, die neben Deinem Namen stehen sollen.« (Malbrán, 1.7.2010) Das war einer der Gründe dafür, dass Maradona auf die Medien bisweilen in einer Art reagierte, die den doppelten Mittelfinger noch als freundliche Geste erscheinen lassen konnte. Es waren Reaktionen auf ein Business, dem die Zunft der Paparazzi innewohnt. Man habe ihn »nicht einfach fotografiert, nein, sie haben mein ganzes Leben abgefilmt, sie haben auf alles gelauert. Diego kratzt sich am Ohr, klick... Diego spielt mit seinen Töchtern, klick... Diego hämmert ihn in den Winkel, klick... Diego besucht Fidel, klick... Diego auf dem Laufband, klick... Diego jubelt, klick... Diego weint, klick... Diego atmet, klick... Eine Milliarde Fotos müssen sie geschossen haben.« Und so stolz er auch auf manche davon war, so wenig wollte er laufend umringt sein. Vielleicht hätte es nicht das Luftgewehr sein müssen, mit dem er einmal auf die Belagerung seines Wohnhauses reagierte. Doch wer das kritisiert, möge Ursache und Wirkung auseinanderhalten: Die Ellbogen, die Diego auch schon mal im wörtlichen Sinne gegen einen Ring aus Reportern einsetzte, hielten diesem Business nur den Spiegel vor.

Später gelang es Diego, dieser Branche ein Schnippchen zu schlagen: 2005 interviewte er Fidel Castro ausführlich im Rahmen seiner Show »La noche del 10«, ausgestrahlt zur besten Zeit auf dem großen argentinischen Sender *Canal 13*. Es war, als hätten *Diego y Fidel* ihr Gegenüber in deren eigenen Stadion geschlagen. Solch eine Plattform bietet sich in dieser Medienwelt nicht oft. Und so bestritt er zur WM 2014 in Brasilien mit »De Zurda« eine eigene Sendung auf *Telesur*, dem neu geschaffenen »CNN des Südens«. Hier traf sich Fußball mit Politik, WM-Analyse mit dem Selbstverständnis der bolivarischen Alternative. Auch damit galt es, einer Vorherrschaft des Nordens entgegenzutreten. Dort sah man sich angesprochen, wie die Reaktionen zeigten. Denn dass er sich in der Sendung vor Kuba verneigte und für ein unabhängiges Lateinamerika eintrat: auch das verziehen sie ihm nicht.

Wie auf dem Platz, so ging es ihm auch auf der medialen Bühne darum, das Spiel an sich zu reißen, ihm den Stempel aufzudrücken. Wie nötig das schien, zeigt eine Episode aus dem Italien der 1980er Jahre. Zu den Schauspielen, die die Branche zu bieten hatte, gehörte jenes rund um den eingangs kurz erwähnten Diego junior, Sohn von Cristiana Sinagra und Diego Maradona. Das Spielerprofil von Diego Armando Maradona Sinagra, so der volle Name des späteren Beach-Soccer-Profis, vermerkt den 20. September 1986 als Geburtsdatum. Um diese Zeit führt der öffentlich-rechtliche Fernsehsender RAI noch im Krankenhaus ein Interview mit Sinagra. Ja, sie hätten eine Beziehung gehabt, von Dezember 1985 bis April '86. Um die Aussagen zu erhärten, fängt der Sender Maradona noch im Spielertunnel ab, was er zu den Neuigkeiten zu sagen habe, mit denen er auf den

Titelseiten stehe? Dazu werde sich sein Anwalt äußern, entgegnete dieser, mit RAI rede er nicht, noch nicht mal über das Spiel. Da waren sie wieder, die, die sein »ganzes Leben abgefilmt, auf alles gelauert« hatten. Auch damit mochte zusammengehängt haben, dass Maradona seinen Sohn erst 2016 öffentlich anerkannte. Wohl mehr noch mit dem traditionell christlichen Familienbild, mit dem er aufwuchs. Doch es ist hier weder der Ort, das abzuwägen, noch, es zu vertiefen. Es lenkt nur von dem Medienrummel um die Vaterschaft ab, die in der ersten Meistersaison noch zu klären war. Abgehärtete mag nicht erschüttern, wie sich der Sender RAI der Sache annahm: »Was liegt also näher«, kommentiert eine *arte*-Dokumentation rückblickend, »als unter immensen Kosten auf einer Studio-Bühne einen Lügendetektor aufzubauen und einen CIA-Spezialisten Maradonas *angebliche* Geliebte Cristiana Sinagra befragen zu lassen?« Mit »Befragungen« kennt sich der Dienst aus. »Als das Kind gezeugt wurde, haben Sie Maradona da gesagt, dass Sie einen Eisprung haben könnten.« – »Ja«, antwortet eine ruhige Sinagra, verkabelt mit einer Maschine, um Nervenfrequenzen aufzuzeichnen. »Ist Diego Armando Maradona der Vater Ihres Kindes?« – »Sí«, und am Ende weiß der CIA-Spezialist aufzuklären: »Sie hat die Frage bejaht, und sie hat die Wahrheit gesagt.« Mit leichtem Triumph spricht der Moderator von einem »großen Fußballer«, der »als Mann aber diskussionswürdig« sei. Was er bereits am Abend wusste: »Morgen wird man lesen können: Elend und Edelmut eines Champions.« Über den Stinkefinger hatten wir uns 2018 gefreut. Wirklich verstanden haben wir ihn erst später.

Über die Jahre wurden allerhand Theorien darüber aufgestellt, wer Maradona warum ans Zeug flicken wollte, und der Verweis auf Geheimdienste war oft schnell bei der Hand. Für derartige Theorien spricht, dass das Motiv bisweilen schlüssig klingt; dagegen jedoch, dass die Beweislage mau ist. Wollte man der Versuchung, eine weitere These hinzuzufügen, nicht widerstehen, so ließe sich noch ergänzen: Die Sache mit dem Lügendetektor fiel in eine Zeit, als der öffentlich-rechtliche Sender RAI zunehmend unter Druck gesetzt wurde: zunächst durch private Sender, die vor allem mit dem Namen des Medienmoguls Silvio Berlusconi verbunden waren, bald auch durch eine Regierung, der eben jener »Cavaliere« als Ministerpräsident vorstand. Nur nebenbei, das war der mit den Bunga-Bunga-Partys – nach der Anzahl seiner unehelichen Kinder hatten ihn seine Sender nie gefragt. Berlusconi war der Präsident des AC Milan (1986ff.), doch es braucht sich nicht erst dieser Rolle zu vergegenwärtigen, wer einen Anfangsverdacht haben will. Wer ihm nachgeht, wird auf ein Geflecht stoßen, dem Führungspersonen aus Polizei, Militär, Wirtschaft, Finanzen, Politik, Medien, Geheimdiensten und auch der Mafia angehörten, etwa in der Freimaurerloge »Propaganda Due« (P2). (vgl. u. a. Stille 1997: 48f.) Einem Fernsehsender einen »CIA-Spezialisten« vermitteln? Wäre ein Leichtes gewesen, die Wege waren kurz. Die Republik war erschüttert, als die Organisation 1981 aufflog, im Jahr darauf wurde die Loge zumindest offiziell aufgelöst. An der Seite alter und neuer Faschisten war Berlusconi nur der bekannteste Vertreter dieser Organisation. Es nutzte nichts, dass er seine P2-Mitgliedschaft leugnete, man wies sie ihm nach. Der wohl zweitbekannteste Mann stand der Loge vor: Licio Gelli, der noch unter Mussolini für die faschistischen Schwarzhemden Verbindungsoffizier zum Deutschen Reich war. Als er 2015 96-jährig verstarb, titelte *Euronews* (16.12.2015), er »kontrollierte Italien«, während der *Spiegel* noch einmal an die Verstrickungen Gellis und der P2 erinnerte: Geldwäsche, Vatikanbank, Mafia, Verwischung von Spuren nach dem Bombenanschlag vom Hauptbahnhof in Bologna 1980. Und: »Während einiger Jahre im Exil in Argentinien knüpfte er enge Bande zu den Generälen, die ab 1976 eine Militärdiktatur in dem südamerikanischen Land installierten.« (Der Spiegel, 16.12.2015) Es war an der argentinischen Journalistin Stella Calloni, Dokumente aus einer Zeit auszuwerten, als es noch kein Wikileaks gab. Die Quellen zeigten mit Blick auf Staatsstreiche der 1970er Jahre Verbindungen zwischen lateinamerikanischen und US-Geheimdiensten auf. Zudem war »die Propagandaloge 2«, so Calloni, auch »unlösbar mit der Geschichte der Diktatur in Argentinien verknüpft«. Und »den Tatsachen zufolge, die in den Prozessen um die Verbrechen der Operación Cóndor ans Licht kamen, stand López Rega mit der italienischen faschistischen Bewegung von Stefano Delle Chiaie in Kontakt« (Calloni 2010: 111f.). Rega, einst angesehener Minister, war der erwähnte Gründer der Todesschwadron »Alianza Anticomunista Argentina«. Stefano Delle Chiaie, ein Mann mit zahlreichen internationalen Kontakten, hatte die »Avanguardia Nazionale« gegründet – mit einer hakenkreuzähnlichen Rune als Symbol – und gehörte der »Ordine Nuovo« an, einer Terrororganisation, die einem Dossier der Mailänder Staatsanwaltschaft zufolge »durchsetzt war mit CIA-Mitarbeitern« (Azzellini 1997: 46). Es mochte sich also ein Kreis schließen zwischen einschlägigen Kräften aus Europa und südamerikanischen Militärs. Die sogenannten Ratten- und Klosterlinien, auf denen hochrangige Nazis gegen Ende des Zweiten Weltkrieges mit Hilfe von US-amerikanischen Geheimdiensten bzw. der katholischen Kirche besonders häufig nach Argentinien flohen: sie schienen noch offen. Einem hochdekorierten Wehrmachtsoffizier wie Hans-Ulrich Rudel, der bei der WM 1978 das DFB-Quartier besuchen sollte, folgte ein Gelli. Einen 18-jährigen Maradona hatte die Junta noch versucht zu instrumentalisieren, als dieser sein Land zum Gewinn der Junioren-WM führte. Doch schon damals bekamen sie ihn nicht mehr eingefangen, er wurde nicht ihr Mann. Ihresgleichen tanzte der beste Fußballer seiner Zeit – mindestens: seiner Zeit – zunehmend auf der Nase herum. Einer, den sie geliebt haben im Süden – mindestens: im Süden. Einer, der im Ruf stand, den Süden Italiens – mindestens: Italiens – zu rächen. Das muss nicht heißen – nur weil sie die Mittel dazu hatten –, dass sie gezielt die Mafia auf ihn ansetzten, um einen »Schwarzkopf«, einen Volkshelden, der weithin als »Gott« galt – zu Fall zu bringen. Es muss aber auch nicht heißen, dass ein Narrativ über jemanden, der eine Schwäche für ein exzessives Nachtleben hatte und dem der Druck zu viel wurde, ständig »Gott« sein zu müssen, hinreichend zur Erklärung jenes Dramas ist, das Ende der 80er Jahre seinen Lauf nahm.

Doch halt, verwerfen wir die These. Es mag etwas dran sein, und doch wirkt sie zu steil. Nicht nur, weil Diego schon in Barcelona hin und wieder gekokst hatte; nicht nur, weil die Droge weit verbreitet war – im September 1997 berichtete *El Grafico*, »dass in Argentinien im letzten Jahr mindestens fünfzig Spieler des Kokainmissbrauchs überführt worden sind« (Burns 1998, 287); sondern mehr noch, weil hier die gleiche Falle lauert wie bei jener Mutmaßung über die diskutable Sperre gegen Maradona bei der WM 1994: Da hätten noch andere ihre Finger mit im Spiel gehabt, die verhindern wollten, dass Diego bei einem Triumph in den USA den Sieg hätte Kuba widmen können. Und selbst die These des *kicker*-Korrespondenten Oliver Birkner ist, wenn auch ungleich weniger angegriffen, letztlich nicht zu beweisen: die eigentlich unerklärliche Pleitenserie des SSC Neapel am Ende der Saison 1987/88 sei mit der (Wett-)Mafia und deren drohenden Millionenverlusten zu erklären. Bleiben wir also, selbst wenn die Geschichte nicht auserzählt sein sollte, bei den zugänglichen Fakten. Würde sich indes der Anfangsverdacht, dass noch andere die Hand an den Tabletts hatten, auf denen das Koks gereicht wurde, auch nur teilweise erhärten: er würde wohl zu einem weiteren Finger führen.

Diego selbst hatte die »Schuld« auf sich genommen. Auch das stützt die Version vom Ruhm, der ihm zu Kopfe stieg. Und in der Lesart von dem Lebemann, der es mitunter zu weit trieb, kann sich bestärkt sehen, wer sich den noch jugendlichen Diego vor Augen führt. Er selbst erzählte um die Jahrtausendwende Anekdoten wie die von Ende der 70er Jahre, als er noch frisch mit Claudia Villafañe zusammen war: »Einmal kam ich sehr spät nach Hause, es war fast morgens. Ich hatte nicht geschlafen. Ich duschte und ging zum Training. … In dieser Nacht war ich nicht mit Claudia aus gewesen.« (Dg. 2002: 38) Es sollten noch einige solcher Nächte folgen. Doch wer will sich am Ende darauf festlegen, wie er da »hineingeriet«, wie es zum Absturz kam? Begnügen wir uns mit der Wendung »Halb zog sie ihn, halb sank er hin« (Goethe) – wer auch immer alles an ihm zog.

Auf Verschleiß gespielt

Gezogen wurde früh an ihm. Dazu noch einmal ein Sprung zurück. Der Vater von Diegos Jugendfreund Goyo hatte darauf gedrängt, dass das Wunderkind mal mit zum Training komme. José Trotta, wiederum ein Kumpel von Goyos Vater, erinnerte sich an eine »stämmige, gedrungene, fast zwergenhafte« Gestalt. Auch Francisco Cornejo, Diegos Jugendtrainer bei den *Cebollitas* und von dessen herausragendem Talent ergriffen, wunderte sich ob der Physis des Jungen. »›Stimmt es wirklich, dass du Jahrgang 1960 bist?‹«, wird sich Maradona selbst an die Frage Cornejos erinnern. »›Ja, Don Francis.‹ – ›Mal sehen, zeig mir deinen Ausweis.‹ … Er wollte mir nicht glauben. Einige Zeit später hat er mir gestanden, dass er mich für einen Zwergwüchsigen hielt.« (Dg. 2002: 22) Folgt man dem Biografen Jimmy Burns (2010: 19f.), so geschah bald darauf das Folgende. Der Trainer Cornejo stellte den jungen Diego bei Dr. ›Cacho‹ Paladino vor, einem »Arzt von zweifelhaftem Ruf, der darauf spezialisiert war, die Körper von Boxern mit einer Mischung aus Vitaminen und Medikamenten aufzubauen«, so Burns. »Cacho, sagte ich zu ihm, bring ihn in Ordnung. Dieser Junge wächst zu einem Star heran«, so Cornejo, der einen etwas »dickeren und größeren« Diego wollte. Bald darauf soll der Arzt Cornejo ins Vertrauen gezogen haben: »Hör gut zu. Gib ihn nicht ab, behalte ihn selbst. Und wenn er älter ist, verkaufst du ihn und behältst die Hälfte des Geldes.« Bei der ersten Begegnung habe Paladino gedacht, Diego wäre für sein Alter nicht unbedingt unterentwickelt, ihm hätte aber »ausreichend Gewicht gefehlt«, um »ein Leistungssportler« zu werden – und »um fußballerische Größe zu liefern«, schließt Burns. »Als ich Paladino im Oktober 1995 zur Rücksprache besuchte, zögerte er nicht zu erklären: Als ich mit [Maradona] fertig war, war er wie ein Rennpferd.«

Dass Cornejo Maradona in den 90er Jahren als »Verlierer« bezeichnen wird, der »Argentinien unendlich geschadet hat«, steht auf einem anderen Blatt. (Fg. 10/2020: 78) Was die geschilderte

Episode anbelangt: Man mag Abstriche an ihr machen. Woran jedoch kaum Zweifel besteht: Jene, die ihren Schnitt an ihm machen wollten, haben ihn zeitlebens vollgepumpt, zumindest so lange er spielte. Manchmal auch: damit er spielte bzw. weiterspielte, wenn der Körper eigentlich mal zur Ruhe kommen musste. Doch die war ihm kaum vergönnt, noch in Argentinien gab er im Oktober 1981 der auflagenstarken Zeitung *Clarín* ein Interview, in dem er um eine Pause bat. Er wolle »weiterhin Spaß am Spiel haben und es nicht wie eine quälende Last spüren« (zit. n. Wilson 2017, 321). Es war eine Bitte, »die er in unterschiedlicher Form während seiner gesamten Karriere wiederholte«, so Jonathan Wilson, Chronist des argentinischen Fußballs. (ebd.) Schon vor der WM in Mexiko bekam er wegen seiner Verletzungen regelmäßig Spritzen. Und »selbst, als seine Knöchelentzündung im Verlauf eines Spiels so stark wurde, dass er einen erheblich größeren Schuh tragen musste, musste er weiterspielen«, so Burns. (1998: 180) »Es war wichtig, dass Maradona spielte, dass er auf dem Spielfeld war, egal in welcher körperlichen Verfassung«, meinte selbst sein medizinisch ausgebildeter Trainer Bilardo. »Ich war der Ansicht, dass er dort draußen hingehörte, solange er laufen konnte, solange er den Schmerz ertragen konnte.« (zit. n. ebd.: 181) Ihn auf Verschleiß spielen zu lassen – eine Tendenz, die sich in Zeiten eines »marktkonformen Fußballs« (Bartlau 2019) noch verschärft hat –, das konnte nicht auf Dauer gutgehen. Und wer bemängelt, Maradonas kreative Phase sei kürzer gewesen als etwa die eines Pelé, möge diese Umstände mitbedenken.

Doch es ist nicht bloß die körperliche Dauerbelastung, die auf die emotionale Verfassung schlug. Hinzu kommen ständiger Erwartungsdruck, die ganze Sorge um das Team, Sticheleien von Dritten. »Ich fühlte mich allein, ganz allein. Ich dachte sogar daran, wie schon so oft, alles hinzuschmeißen.« (Dg. 2002: 161) Das war 1986, wenige Monate vor der großen WM, und er fand Trost bei Mama Tota. »Wie schon so oft«, und die Momente würden wiederkommen, vor den Erfolgen, nach den Erfolgen.

Das Koks hingegen tröstete nur kurzzeitig.

Umkämpfte Bilder

»Rebell. Held. Gott« ist der Untertitel des gut gemachten Maradona-Films von Asif Kapadia (2019), der allein in politischer Hinsicht zurückhaltend ist. Manchmal ist das besser so. Und doch gehört die politische Haltung Maradonas zu dessen Erbe. Ein Erbe, das umkämpft bleiben wird. Die zentralen Fragen hatte er selbst vorgegeben, die wohl bedeutendste davon wurde in der Überschrift eines der unzähligen Nachrufe benannt: »Diego Maradona: antikolonialer Rebell« (nd, 1.12.2020)

Gewiss muss niemand die Haltung »unseres« Helden teilen. Man braucht nicht einverstanden sein mit seinen Positionen zu Kuba, Venezuela oder Bolivien, oder mit seinem Bekenntnis zu Papst Franziskus und der Verurteilung von Johannes Paul II. Doch nicht immer scheint es einfach, mit guten Argumenten dagegenzuhalten. Wo solche fehlten, da half oftmals nur Diffamierung weiter.

Denn die Verleumdung des *el negrito*, der sein Haupt erhob, bedeutete zugleich die Verurteilung des *Südens*, für den er stand – gleichermaßen als Ort der Sehnsucht wie der Auflehnung. Auf dem schnöden Rasen zeigte er: Es ist realistisch, das Unmögliche zu versuchen, frei nach dem Verdikt jenes Che Guevara, dessen Tattoo seine Schulter zierte. Spekulationen wie die des Filmemachers Emir Kusturica, Maradona wäre, wenn nicht Fußballer, so »Revolutionär geworden« (EK), sind zwar ebenso müßig, wie am Ende des Tages all die Widersprüche in seiner Person zu gewichten. Doch was sich sich mit dem Fußballautor und Argentinien-Kenner Hardy Grüne allemal sagen lässt: »Er ist mit seinem souveränen Bekenntnis für die Armen und Unterdrückten immer einer aus dem Volk gewesen.« (Grüne 2021: 25) Auch deshalb wurde sein Tod so sehr beweint: weil er einer von ihnen war. Was von dem politischen Maradona bleibt: Er hat die großen Bruchlinien markiert und sich in bedeutenden Fragen positioniert. Was willst du mehr von einem begnadeten Fußballer aus Fiorito?

Und wer mit Diegos Haltung fremdelt: auch ok. Sieh dir einfach noch mal die Bilder an, die bleiben werden. Zweimal, dreimal, hundert Mal, heute leicht abrufbar. Die vielen Sololäufe, die gechippten und gezirkelten Bälle, die Haken und Ösen, die Dribblings und Finten. Das Kopfballtor von der Strafraumgrenze. Oder wie er schon alle ausgespielt hatte, den Ball aber noch nicht einschiebt, sondern wartet, um dann auch noch einen weiteren herbeigeeilten Spieler zu vernaschen. Die Freistoßtore. Oder aus dem Lauf in den Winkel. Die Schlenzer und Bogenlampen, die er scheinbar weder mit dem Vollspann noch mit Innen- oder Außenrist machte, sondern irgendwie anders – wie, das wusste er nur selbst. Magnífico.

Es mag zu früh sein, die Erzählungen künftiger Generationen abzuschätzen. Doch Maradona dürfte das Zeug dazu haben, viele Jahrzehnte, möglicherweise die Jahrhunderte zu überdauern. Bereits zu Lebzeiten Diegos hatte Éric Cantona, französischer Weltmeister von 1998, der seinerseits im Ruf eines Fußballrebellen steht, die historische Dimension erfasst: »Im Laufe der Zeit wird man feststellen, dass Maradona für den Fußball das war, was Rimbaud für die Dichtung und Mozart für die Musik war.« (zit. n. Fg. 10/2020: 118) Wäre Cantona Lateinamerikaner, hätte er womöglich den kubanischen Poeten und Unabhängigkeitskämpfer José Martí (1853-95) oder den nicht weniger berühmten chilenischen Dichter Pablo Neruda (1904-73) herangezogen, der dem Kontinent nicht zuletzt mit dem »Canto General«, dem »Großen Gesang«, ein Denkmal für den Kampf gegen den Kolonialismus setzte.

Vielleicht wäre Maradonas »Schaffenswerk« gar ein Fall für den großen Sozialhistoriker Eric Hobsbawm (1917-2012) gewesen, der als Sohn eines britischen Kolonialbeamten in Alexandria (Ägypten) zur Welt kam, sich aber von der Geschichte seines Landes emanzipierte. Mit dem Band »Sozialrebellen« (1961), dereinst unter dem Titel »Die Banditen« (2007) grundlegend erneuert, folgte er ohne Idealisierung der Spur jener »Außenseiter« und »Aufständischen«, der Outlaws und Volkshelden, der edlen und weniger edlen Banditen, die »als Anwälte der Armen für eine höhere Gerechtigkeit kämpfen« und »einem strengen Ehrenkodex folgen«. Anhand von Liedern, Gedichten und Volksbüchern durchstreifte er die Jahrhunderte und die Kontinente. Unter den zahlreichen Figuren sind die Banditen des Königreichs Neapel, ein Pancho Villa, einstiger Brigant und späterer General der Mexikanischen Revolution, oder die unbekanntere Martina Chapanay aus Argentinien, eine »formidable *montonera* und Landstraßenräuberin« (2007: 162). Den Erzählungen nach waren die meisten von ihnen harte Jungs, die austeilen konnten und auch mal über die Stränge schlugen, die aus dem Volk kamen und den Fürsten und Gebietern die Stirn boten, abseits von feinen Manieren. Den FIFA-Fürsten oder den Herren aus dem Norden getrotzt zu haben, mag sich dagegen ebenso klein ausnehmen wie das Kavaliersdelikt von '86: ein Tor mit der »Hand Gottes« zu machen und später zu bekunden, sich dabei vorgekommen zu sein, als habe er »den Engländern die Brieftasche geklaut« (Dg. 2002: 175). Nicht überliefert ist, ob die Hobsbawm'schen Räuber und Rächer auch so häufig und so offen weinten, wie Diego es konnte. Wie eingangs erwähnt: Überwältigt von Siegen und Niederlagen, von Freude und Schmerz. Tränenüberströmt in den tiefsten Stunden, gefangen zwischen Ruhm und Drogen.

Nur eins noch: Wem es möglich ist, rufe auch noch mal die Szenen aus seinem ersten Spiel mit dem SSC Neapel gegen Lazio Rom auf, deren Fans der Ruf vorauseilt, auch mal faschistische Symbole mitzuführen. Mit 4:0 schickte Diego mit seinen zehn Räubern die »Adler« zurück in die Hauptstadt, drei Tore hatte er selbst gemacht, und was für welche. Das erste: siehe oben. Das zweite: eine unnachahmliche Bogenlampe. Das dritte: Ecke direkt verwandelt. Was hatte der Lazio-Trainer vor dem Spiel gesagt? »Drei Chorknaben« würden »genügen, um Maradona wie eine Kerze auszulöschen« (arte). Nach dem dritten Tor lief Diego in Richtung Lazio-Trainer und zeigte dem den Stinkefinger. Er hatte es allen gezeigt, und es war derselbe Finger wie der von 2018, als sich Diego »danebenbenahm«. Nur wollte daran niemand mehr erinnern.

Fernab vom Fußball wies die US-amerikanische Historikerin Nancy Isenberg einmal in einem Interview auf die Erzählung »Wer die Nachtigall stört« hin: Es gebe eine »Lektion, die man aus ›To Kill a Mickingbird‹ lernen kann: Harper Lee lässt ihren Romanhelden, den Anwalt Atticus Finch, sagen: ›Du kennst einen Menschen nicht, bevor du nicht in seinen Schuhen stehst und darin herumläufst.‹ Es ist einfacher, die Armen zu hassen, als sie zu verstehen.« (M&R 1/2021: 96) Das mit den Schuhen ist bei Maradona schlechterdings nicht möglich: In seine Fußballstiefel passte nach ihm wohl gerade mal ein Messi. Was Maradona selbst nie schwerfiel: »Die Armen zu verstehen«, entstammte er doch aus ihrer Mitte. Und wer auf sie herabsah, bekam es mit ihm zu tun. Es war ihm Auftrag, immer wieder ihre Partei zu ergreifen; und mehr noch: für eine Welt einzutreten, die den Widerspruch zwischen Arm und Reich hinter sich lässt. Und die Nachtigall? Die musste schon vielfach für Bilder herhalten. Derweil brachte Maradona eine neue Melodie in die Welt des Fußballs. Und vielleicht mehr noch: das Versprechen auf einen neuen Tag. Es ist ein Gesang, oh Mamà, der weitergehen wird.

Literatur

Abkürzungsschlüssel

Dg. 2002: Maradona: El Diego, 2002 (dt. Ausg. der Autobiografie)
Dg. 2005: Maradona: El Diego, 2005 (engl. Ausg. der Autobiografie)
EK🎥: Film von Emir Kusturnica: Maradona
JV🎥: Film von Javier M. Vazquez: Amando a Maradona
MLiB: Maradona: Mein Leben in Bildern
Fg.: Fußballgold: 10/2020, 12/2020
TbG: Maradona: Touched by God

Bücher und Buchbeiträge

AfricAvenir International e. V. (2006): Die Ideen sterben nicht! Thomas Sankara – Reden eines aufrechten und revolutionären Staatsmannes, hg. v. Eric van Grasdorff/Thea Kulla/Nicolai Röschert, Berlin

Alabarces, Pablo (2015): Für Messi sterben? Der Fußball und die Erfindung der argentinischen Nation, 2. Aufl., Berlin *(Orig. 2002: »Fútbol y Patria«, dt. Übers. gemäß 4., aktualis. Aufl. 2008; hier teilw. Verweise mit Bezug auf »Anm. d. Übers.«, Bettina Engels u. Karen Genschow)*

Archetti, Eduardo P. (1997): »And Give Joy to my Heart«. Ideology and Emotions in the Argentinian Cult of Maradona, in: Armstrong, Garry/Giulianotti, Richard: Entering the field. New Perspectives on world Football, New York 1997, S. 31-51

Archetti, Eduardo P. (2006): Fußball und Nation in Argentinien. »Kreolischer« Stil und der »goldene Junge« Maradona, in: Kreisky, Eva / Spitaler, Georg: Arena der Männlichkeit. Über das Verhältnis von Fußball und Geschlecht, Frankfurt a. M., S. 314-327 *[Anm.: Autor auch als »Eduardo ›Lali‹ Archetti« bekannt]*

Azzellini, Dario N. (1997): Gladio in Italien, in: Mecklenburg, Jens: Gladio. Die geheime Terrororganisation der NATO, Berlin, S. 23-47

Azzellini, Dario / Thimmel, Stefan (Hg.): Futbolistas: Fußball und Lateinamerika. Hoffnungen, Helden, Politik und Kommerz, Berlin/Hamburg, S. 209-215

Balestrini, Nanni (1995): I Furiosi. Die Wütenden, Berlin

Bartlau, Christian (2019): Ballverlust. Gegen den marktkonformen Fußball, Köln

Bevins, Vincent (2020): The Jakarta-Method. Washington's anticommunist crusade and the mass murder program that shaped our world, New York

Birkner, Oliver (2013): Eines Tages im Mai. Die Geschichte des SSC Neapel, Göttingen

Brandt, Stephen (2020): Boca Juniors. A history and appreciation of Buenos Aires' most successful fútbol team, Herndon (Virginia/USA)

Burns, Jimmy (2010): Maradona. The Hand of God, London. [1. Aufl.: 1996]

Burns, Jimmy (1998): Die Hand Gottes. Das Leben des Diego Armando Maradona, Berlin. *[Anm.: Die dt. Ausg. konnte erst gegen Ende der Manuskripterstellung besorgt werden, manche Zitate sind der engl. Ausg. entnommen (eigene Übers.)]*

Calloni, Stella (2010): Operación Cóndor. Lateinamerika im Griff der Todesschwadronen, Frankfurt a. M.

Castro, Fidel (mit Ignacio Ramonet) (2008): Fidel Castro. Mein Leben, 2. Aufl., Berlin

Dibujos, Diegolan (2021): »Diego erfüllte uns mit Hoffnung«, in: Grüne/Schulze-Marmeling (Hg.), a. a. O., S. 34-43

Dunkhorst, Jan (2006): Linker Fußball? Rechter Fußball? César Luis Menotti als Utopist des Wahren, Guten und Schönen im Fußballsport, in: Azzellini/ Thimmel (Hg.): Futbolistas, a. a. O., S. 86-94

Downie, Andrew (2018): Doctor Sócrates. Footballer – Philosopher – Legend, London *[Das angeführte Gespräch von Sócrates mit der Führung des AC Florenz basiert auf einem Interview mit dem Fußballer Eraldo Pecci.]*

Eisenbürger, Gert (2021): Auf Du mit dem máximo líder, in: Grüne/Schulze-Marmeling (Hg.), a. a. O., S. 130-139

Escher, Tobias / Tank, Lukas (2021): War Maradona wirklich so gut?, in: Grüne/ Schulze-Marmeling (Hg.), a. a. O., S. 76-83

Farid, Hilmar (2015): Was 1965 für die Gegenwart bedeutet, in: Annett Keller (Hg.): Indonesien 1965ff. Die Gegenwart eines Massenmordes. Ein politisches Lesebuch, Berlin, S. 71-82

Fernández, Rodrigo / Nagy, Denise (1994): De las manos de Dios a sus botines, Buenos Aires

Fischer, Thomas (2014): Mythos »Maradona« – Entstehung, und Bedeutung für die argentinische Nation, in: Rinke, Stefan / Peters, Christina (Hg.): Global Play. Football between Region, Nation, and the World in Latin American, African, and European History, Stuttgart, S. 171-205

Galeano, Eduardo (1985): Die offenen Adern Lateinamerikas. Die Geschichte eines Kontinents, 11. Aufl., Wuppertal

Galeano, Eduardo (2000): Der Ball ist rund, Zürich (span.: 1995)

Galeano, Eduardo / Hübener, Karl-Ludolf (2006): »Ich bin in den Fußball vernarrt«. Ein Gespräch mit Eduardo Galeano, in: Azzellini/Thimmel (Hg.): Futbolistas, a. a. O.

Germani, Gino (1969): Mass Immigration and Modernization in Argentina, in: Horowitz, Irving L. / de Castro, Josué / Gerassi, John: Latin American Radicalism. A documentary on left and nationalist movements, London 1969, S. 314-355

Gonzalez, Ana Isabel (1994): Die Frauenbewegung in Argentinien, in: Perez Esquivel, Adolfo / Bayer, Osvaldo / Argentinien-Gruppe Stuttgart (Hg.): Argentinien. Zehn Jahre Demokratie, Stuttgart, S. 144-152

Grüne, Hardy (2021): Enthemmte Leidenschaft, in: Grüne/Schulze-Marmeling (Hg.), a. a. O., S. 10-27

Grüne, Hardy / Schulze-Marmeling, Dietrich (Hg.) (2021): D10S. Maradona – Ein Leben zwischen Himmel und Hölle, Göttingen

Haupt, Florian (2021): Barça brauchte keinen Erlöser, in: Grüne/Schulze-Marmeling (Hg.), a. a. O., S. 108-117

Hell, Jürgen (1968): Argentinien zwischen »Zivilisation« und »Barbarei«, in: Alfredo Bauer: Argentinien, Berlin (Ost), S. 7-32

Hermsdorf, Volker (2015): Die Kubanische Revolution, Köln

Hermsdorf, Volker (2018): Fidel Castro, Köln

Hobsbawm, Eric (1961): Sozialrebellen. Archaische Sozialbewegungen im 19. und 20. Jahrhundert, Neuwied/Berlin (hier n. Sonderausg. 1971)

Hobsbawm, Eric (2007): Die Banditen. Räuber als Sozialrebellen, München

Huhn, Klaus (2008): Massenmord am karibischen Himmel, Böklund

Irnberger, Harald (2000): Cesar Luis Menotti. Ball und Gegner laufen lassen, Wien

Keller, Annett (2015): Vorwort der Herausgeberin, in: dies. (Hg.): Indonesien 1965ff. Die Gegenwart eines Massenmordes. Ein politisches Lesebuch, Berlin, S. 7-16

Kistner, Thomas (2014): FIFA-Mafia. Die schmutzigen Geschäfte mit dem Weltfußball, München

Kistner, Thomas (2017): Schuss. Die geheime Dopinggeschichte des Fußballs, München

Levinsky, Sergio (1996): Maradona, Rebelde con causa, Buenos Aires

Ludden, John (2018): Maradona: Once upon a time in Naples, o. O. (ohne Ort) *[Anm.: Das Buch ist ohne Seitenzahlen zitiert, da es kurioserweise keine gibt.]*

Maradona, Diego Armando (2005): Mein Leben in Bildern [zit. als MLiB], München *(Orig.: Mi vida en fotos, Buenos Aires 2001)*

Maradona, Diego Armando (mit Daniel Arcucci) (2017): Touched by God. How we won the Mexico '86 World Cup [zit. als TbG], New York

El Diego (2002): Maradona, Diego Armando (mit Daniel Arcucci / Ernesto Cherquis Bialo): El Diego. Mein Leben [zit. als Dg. 2002 = dt. Ausg. der Autobiografie], München (Orig.: 2000)

El Diego (2005): Maradona, Diego Armando (mit Daniel Arcucci / Ernesto Cherquis Bialo): El Diego [zit. als Dg. 2005 = engl. Ausg. der Autobiografie], London (Orig.: 2000) *[Anm.: Aus beiden Ausg. wurde zitiert. Bei Zitaten aus der dt. Ausg. wurde auf die drei Punkte (...) verzichtet, die in der engl. nicht verwendet werden. Sie sollen Pausen im Gedankenfluss markieren, wären aber mit Auslassungspunkten zu verwechseln. An die spanischsprachige Ausg. (»Yo soy el Diego de la gente«) war in der ersten Jahreshälfte 2021 nicht heranzukommen.]*

Marx, Karl (1843): Zur Kritik der Hegelschen Rechtsphilosophie. Einleitung, in: Marx Engels Werke (MEW), Berlin/DDR 1976, Bd. 1, S. 378-391

Leukefeld, Karin (2017): Flächenbrand. Syrien, Irak, die Arabische Welt und der Islamische Staat, 3. Aufl., Köln

Niembro, Fernando / Llinás, Julio (1995): Inocente, Barcelona

Pantéon Militär (2010): Panteón Militär, Bibliothek des Widerstands, Bd. 9, hrsg. von Baer, Willi / Dellwo, Karl-Heinz, Hamburg

Pfeiffer, Mara (2021): So einfach geht das nicht, in: Grüne/Schulze-Marmeling (Hg.), a. a. O., S. 104-107

Rein, Raanan (2014): Football, Politics and Protests. The International Campaign against the 1978 World Cup in Argentina, in: Rinke, Stefan / Schiller, Kay: The FIFA World Cup 1930-2010. Politics, Commerce, Spectacle and Identities, Göttingen, S. 240-258

Rudel, Hans-Ulrich (1950): Trotzdem, Göttingen

Saviano, Roberto (2020): ZeroZeroZero. Wie Kokain die Welt beherrscht, 4. Aufl., München

Scheer, André (2013): Venezuela. Reportagen aus der Revolution, Berlin/Böklund

Schulze-Marmeling, Dietrich (1987): Die NATO. Anatomie eines Militärpaktes, Göttingen

Schulze-Marmeling, Dietrich (2021): Der Weltmeister, in: Grüne/Schulze-Marmeling (Hg.), a. a. O., S. 84-103

Siragusa, Diego (2019): Papst Franziskus, ein Marxist? Innovation und Kontinuität in der Soziallehre der Kirche, Frankfurt a. M.

Stille, Alexander (1997): Die Richter. Der Tod, die Mafia und die italienische Republik, München

Valdano, Jorge (2021): »Wenn er an etwas glaubte, glaubten wir es alle«, Interview von Luis Martín, in: Grüne/Schulze-Marmeling (Hg.), a. a. O., S. 44-57

Vriesema, Ingmar (2016): Geschwister berühmter Menschen, Zürich/Berlin

Weber, Gaby (2001): Die Verschwundenen von Mercedes-Benz, Berlin/Hamburg

Weber, Gaby (2004): Daimler-Benz und die Argentinien-Connection. Von Rattenlinien und Nazigeldern, Berlin/Hamburg (hier nach abweichender eBook-Fassung: gabyweber.com (PDF)

Williamson, Daniel (2020): Blue & Gold Passion. A history of Boca Juniors, Worthing (Sussex/UK)

Wilson, Jonathan (2017): Angels with Dirty Faces. The Footballing History of Argentina, London

Weise, Gottfried (2015): Als Maradona 80.000 lockte. Die DDR-Klubs im Europapokal, Göttingen

Winner, David (2006): Briljant Oranje. Het genie van het Nederlandse voetbal, Amsterdam/Antwerpen
Yallop, David A. (1998): Wie das Spiel verlorenging. Die korrupten Geschäfte zwischen FIFA und Medien, München/Düsseldorf
Yurtseven, Kutlu / Pennino, Rossi (2019): Eine ehrenwerte Familie. Die Microphone Mafia – Mehr als nur Musik, Köln
Zeigler, Arnd (2021): Zu gut, um real zu sein, in: Grüne/Schulze-Marmeling (Hg.), a. a. O., S. 6-9

Zeitungs- und Zeitschriftenbeiträge sowie Online-Quellen

11freunde.de (10.1.2010): David Winner: Das perverse Turnier (11freunde.de)
11Freunde.de (25.7.2013): Robin Hartmann: Stellvertreter Gottes (11freunde.de)
11freunde.de (27.10.2013): Alex Raack: Maradonas Entzauberung: Wie entstand das legendäre Diego-vs.-Belgien-Foto?
11freunde.de (25.11.2020): César Luis Menotti: »Gott des Fußballs? Das war sein Schicksal«, aufgez. von Anna Kemper
aerzteblatt.de (2007): Bernd Kubisch: Kuba. Die Medizin bringt Devisen ins Land, Deutsches Ärzteblatt 104/24
ak (19.1.2021): »Unser Recht ist nun Gesetz« In Argentinien wurden Schwangerschaftsabbrüche entkriminalisiert – die Aktivistin Doris Quispe erklärt, wie das gelang (*ak: analyse & kritik*)
Africa Is a Country (2010): Sean Jacobs: El Negrito (africasacountry.com)
Africa Is a Country (2020): John Reynolds: Diego Maradona, anti-imperial symbol (africasacountry.com)
amerika21 (28.1.2010): Steffen Lehnert: Uruguay: Mujica knüpft Kontakte, in: amerika21. Nachrichten und Analysen aus Lateinamerika (amerika21.de)
amerika21 (27.5.2012): Gaby Weber: Das braune Exil in Argentinien. Wie Adolf Eichmann und andere Naziverbrecher sich über die »Rattenlinie« nach Südamerika absetzten
amerika21.de (6.12.2013): Marcel Kunzmann: Trauer in Kuba um Nelson Mandela
amerika21 (15.7.2014): Denis Mainka: UNO bescheinigt Bolivien erfolgreiche Koka-Politik
amerika21 (26.7.2014): Benjamin Beutler: UNESCO erklärt Bolivien frei von Analphabetismus
amerika21 (28.5.2017): Marcel Kinzmann / Vilma Guzmán: Weltgesundheitsorganisation zeichnet kubanische Ärztebrigade aus
amerika21 (29.5.2018): Harald Neuber: Verhaltene Reaktionen auf Tod von Ex-CIA-Mann Posada Carriles
amerika21 (28.11.2020): Gunda Wienke: Diego Maradona, »der menschlichste aller Götter«, mit 60 Jahren verstorben
amerika21 (26.1.2021): Carmen Luisa: Kuba in der Welt: Die Wege der Solidarität

amerika21 (28.1.2021): David X. Noack: Linke-Bundestagsabgeordnete wollen Friedensnobelpreis für Ärztebrigade aus Kuba

amerika21 (9.3.2021): Franklin Frederick: Kubas Beiträge im Kampf gegen die Covid-19-Pandemie

auswaertiges-amt.de (24.9.2020): Deutschland und Belarus: bilaterale Beziehungen

Azzellini, Dario (2006): Bildung und Hochschulbildung für alle. Transformation des Bildungssystems in der Bolivarischen Republik Venezuela, bewegungsdiskurs.de (PDF)

Buenos Aires Times (28.11.2020): Maradona, a Peronist with a high political profile, batimes.com.ar

ballesterer (1/2021a, 57): Domenico Mungo. Hasse den Fußball nicht, Nr. 157, Jänner/Febr. 2021, S. 57

ballesterer (1/2021b, 74): Leichtes Erinnern (Interview mit Oliver Wurm), Nr. 157, Jänner/Febr. 2021, S. 74

blog, 1.12.2020: Dietrich Schulze-Marmeling: Diego und George (Teil 1), Blog v. 1.12.2020 (werkstatt-verlag.de/node/674)

Body Art Guru: bodyartguru.com/diego-maradona-tattoos

Bolten, Michael (2020): WM 1978 (I) Buenas noches, Argentina, online unter: boycott-qatar.de

Börsenblatt – Wochenmagazin für den Deutschen Buchhandel (3.5.2019): Karin Plötz: Ein Mann der klaren Worte, boersenblatt.net

bpa (1/2021): Sport-Planer: Fußball-Legenden, Sonderheft zu Diego Maradona, hg. von bpa media

br.de (17.5.2018): »Die Hand Gottes« – Emir Kusturica trifft Diego Maradona, Bayerischer Rundfunk; dort zit. n. filmreporter.de

Brym, Max (3.12.2020): Warum trauern wir um Diego Armando Maradona?, auf: scharf-links.de

bundestag.de (27.3.2018): EU-Beziehungen zu Weißrussland. Auswärtiges/Antwort (hib 193/2018)

bz-berlin.de (14.10.2019): Axel Lier: Berliner schnupfen 1,7 Tonnen Kokain pro Jahr

cba24n.com.ar (8.9.2019): Ruben di Liddo: La hermana de Cristina Fernández saludó a Maradona: »Sos el más grande«

CL (3/2020): André Scheer: Wenn Neid die Feder führt. Kubas Gesundheitssystem ist weltweit spitze, in: Cuba Libre (CL), Juli-Sept. 2020, S. 46

CL (2/2021): Klaus Piel: Kuba in Coronazeiten – ein Update, in: Cuba Libre (CL), April-Juni 2021, S. 27f

cubamundomedico.com: Seite des kubanischen Gesundheitsprogramms, in dessen Rahmen sich Maradona seiner Suchtbehandlung unterzog

cubanet.org (18.1.2000): Andrew Cawthorne: Maradona in Cuba to kick drugs, thanks Castro

Deriu, Giovanni (19.10.2015): Ein Lebensprojekt: Wer Maradonas Manager war, der hat bereits alles erlebt! Jorge Cyterszpiler prägte das Beratergeschäft wie kein anderer, checkfussballberater.de

DLF (5.10.2012): Karl Hoffmann: Geteiltes Italien, deutschlandfunk.de

DLF (13.8.2013): Francisci Olaso: Gefährlich wohnen in der Villa 31, deutschlandfunkkultur.de

DLF (28.2.2015): Julio Segador: Der ärmste Präsident der Welt tritt ab, deutschlandfunk.de

DLF (25.12.2016): Florian Felix Weyh: Der Glaube spielt immer mit, deutschlandfunkkultur.de

dfb.de: »Die Schmach von Cordoba«, Rubrik »Die Mannschaft/Die WM 1978«

dpa (9.9.2019): Jubel, Tränen, Rosenkranz: Maradona als Trainer umjubelt, rheinische-anzeigenblaetter.de

dw.com (11.12.2009): Victoria Eglau: Auftakt im Mega-Prozess um Juntaverbrechen (*dw: Deutsche Welle*)

dw.com (28.2.2018): Matthias von Hein: Die Waffen des IS

dynamo-brest.by (8.9.2018): Official Statement; der offizielle Link war 2021 (15.4.2021) »aus Sicherheitsgründen« gesperrt, vgl. web.archive.org/web

ecchr.eu: European Center for Constitutional and Human Rights e. V. (PDF), 22.10.2013 (vgl. dort »Fallbeschreibung«: Der ECCHR übersandte 2009 ein Rechtsgutachten an ein argentinisches Gericht: »Die Angehörigen verschwundener Gewerkschafter werfen dem Unternehmen Mercedes Benz vor, dass ein leitender Manager aus dem Werk bei Buenos Aires im Jahr 1977 an dem Verschwinden und der Tötung kritischer Gewerkschafter durch argentinische Sicherheitskräfte beteiligt war.«)

elpais.com (8.8.2017): Maradona se ofrece como »soldado« a Nicolás Maduro

espn.com.ar (25.10.2020): La vida de Diego Maradona, de década en década

ethecon.org: Hintergrund: Schmähung der Vorstände Muhtar Kent und James Quincey sowie der Großaktionär_innen Warren Buffet und Herbert A. Allen von COCA COLA (USA) mit dem Internationalen ethecon Black Planet Award 2016 (PDF)

en.chessbase.com (2.12.2020): Carlos Alberto Colodro: Karpov met with Maradona in 2005; vgl. auch dortigen Videolink zu dem Schachspiel Maradona–Karpow

Euronews (16.12.2015): Kontrollierte Italien: P2-Logenchef Licio Gelli ist tot, euronews.com

Express (26.11.2020): »Fühle mich naiv«. Kölner Sänger trauert um Maradona – dann rudert er zurück, mobil.express.de

FAZ (12.5.2011): Maradona in Grosny, faz.net (*FAZ: Frankfurter Allgemeine Zeitung*)

FAZ (27.11.2016): Diego Maradona trauert um Fidel Castro, mit Kurzvideo von Interview mit Maradona, faz.net

FAZ (28.11.2020): Paul Ingendaay: Himmelfahrt und Höllensturz; faz.net (28.11. = aktualisiertes Datum), hier nach Reprint aus: Fußballgold, 10/2020, Sonderheft: »Descansa en paz, DIEGO«

FAZ (1.5.2021): Gutachter bescheinigen Maradonas Ärzten schwere Versäumnisse, faz.net, AFP

fgbrdkuba.de (12.8.2013): Dieter Ammer: Gedanken und Eindrücke von der Teilnahme an der Brigade José Martí *(Freundschaftsgesellschaft BRD-Kuba)* fgbrdkuba.de (27.5.2020): Kubanische Ärztebrigade in der Lombardei erhält bewegende Ehrung (Bericht der Freundschaftsgesellschaft BRD-Kuba, gestützt auf: Cubainformación, Prensa Latina, Cubadebate, Enrique Ubieta)

fifa.com (22.6.2020): Maradonas unvergesslicher Elf-Sekunden-Sololauf

fifa.com (10.8.2009): Im Gespräch mit Maradona

der Freitag (20/2019): Michael Jäger: Ein Marxist als Papst? Diego Siragusa erkundet, wie marxistisch der Fels ist, auf dem Rom heute steht

der Freitag (22.4.2021): Lutz Herden: Die Leere nach dem Schuss

freitag.de (21.3.2013): George Monbiot: Anwälte der Armen

fussball-kultur.org: César Luis Menotti: Walther-Bensemann-Preisträger 2009 – Begleittext zur Preisverleihung 2009

fussballeuropa.com (31.10.2019): Fabian Biastoch: Newell's Old Boys empfangen Diego Maradona wie einen König

fussballeuropa.com (26.11.2020): Andre Oechsner: Diesen Scouting-Bericht fertigte Barça über Diego Maradona an

Fußballgold (10/2020): Sonderheft: »Felicidades, DIEGO« [zit. als Fg. 10/2020]

Fußballgold (12/2020): Sonderheft: »Descansa en paz, DIEGO« [zit. als Fg. 12/2020]

Granma (26.11.2020): Maradona hat die Massen nicht verraten, er brachte sie in die Nachrichten, redglobe.de

hch-ev.de: Klaus Piel: Das Gesundheitswesen in Kuba

ila (9/1995): Die »1000 Jahre« des Juan Domingo Perón, Nr. 188, S. 58-61. (*ila. Das Lateinamerika-Magazin; ila=Informationsstelle Lateinamerika*)

ila (7/2018): »Ein Armenviertel ist ein extrem fremdes Milieu für mich«, Interview von Patrick Eser mit Ariel Magnus, in: ila, Nr. 417, Juli 2018 (ila-web.de)

imdb.com, Episode 1.12: Listen mit Gästen von Maradonas 13-teiliger Show »La noche del 10« auf Canal 13 (2005)

independent.co.uk (10.11.2010): Hugh O'Shaughnessy: Admiral Emilio Massera: Naval officer who took part in the 1976 coup in Argentina

independent.co.uk (23.10.2011): Hugh O'Shaughnessy: Files reveal Kissinger's role in coup

independent.co.uk (19.7.2013): Robert Chalmers: Susan Bell – A shameful secret history

International (II/2021): Robert Fitzthum: Modis Indien – ein stramm hinduistischer autoritärer Staat im Entstehen?, in: International. Die Zeitschrift für internationale Politik, S. 40-45

ivoox.com: Spanischsprachige Audiofassung des Sololaufs zum 2:0 beim Viertelfinale der WM '86 Argentinien–England. Kommentator: Víctor Hugo Morales

jW (30.10.2004): Rüdiger Göbel: 100.000 Iraker getötet. Medizinerstudie: Sterberate im Irak nach US-Invasion und Besatzung dramatisch angestiegen (*jW: junge Welt*)

jW (14.10.2015): Jörg Kronauer: Befreundete »Führungsmacht«

jW (2.12.2020): André Dahlmeyer: Gute Reise, Kapitän!

jW (27.4.2021): Matthias István Köhler: Hoffnung und Vorbild jacobin.de (28.11.2020): Pedram Shahyar: Diego Maradona: Ein Held seiner Klasse, Online-Seite des Jacobin Magazins

konkret (3/2021): »Der ›schmutziger Krieg‹ hat Tradition«, Interview mit Raul Zelik, S. 3

kubakunde.de (26.11.2020): Kuba trauert um Diego Maradona, mit Link zu youtube-Video: Fidel Castro in Maradonas TV-Show »La noche del 10« (hier gemeinsame Auswertung mit Günter Pohl)

laola1.at (27.6.2018): Mittelfinger-Eklat und Poserei: Maradonas kranke Show

lanacion.com.ar (5.8.2014): La historia del secuestro de Laura Carlotto

LN (Sept. 2002): Knut Henkel: Kubas Gesundheitssystem. Kriselnd und doch auf vorbildlichem Niveau, in: Lateinamerika-Nachrichten (LN), Nr. 339/340 (lateinamerika-nachrichten.de)

lyricstranslate.com: Text des Stücks »Maradó« der Band »Los Piojos«

M&R (1/2021): Das sozialdarwinistische Prinzip. Gespräch mit Nancy Isenberg, S. 95-97 (*M&R: Melodie & Rhythmus*)

mads.de (27.11.2020): Diego Maradona: Daher revidiert Henning May seine Trauerbekundung, gepostet v. Laura Ebeling

Malbrán, Carlos (1.7.2010): Carta abierta al señor Diego Armando Maradona, presidencialismoyparticipacion.blogspot.com, dt. Übers.: Günter Pohl, o. O. 2010 (freundl. Zusendung im April 2021)

metacafe.com: abgewandelter Text des Liedes Maradó, wie ihn Maradona selber darbot (vgl. Kusturica-Film und abrufbare Kurzvideos)

middleeasteye.net (26.11.2020): Yasmina Allouche: »In my heart, I am Palestinian«: How Maradona is mourned in the Middle East

Mitra, Sarbajit/Naha, Souvik (2017): Politics and international fandom in a fringe nation: *La Albiceleste*, Maradona, and Marxist Kolkata, in: Sport in Society. Cultures, Commerce, Media, Politics, Jg. 20, 2017, Nr. 5-6, S. 660-674

New York Times (23.5.2018): Frances Robles: Luis Posada Carriles, Who Waged Quest to Oust Castro, Dies at 90, nytimes.com

nd (8.4.2003): Antje Krüger: Die Rückkehr des Carlos Menem (*nd: neues deutschland*)

nd (1.12.2020): Gerhard Dilger: Antikolonialer Rebell. Die Verdammten dieser Erde in Syrien und Bangladesch, in Osttimor und Südafrika verehren Diego Maradona als einen der ihren, neues-deutschland.de

nd (11.1.2021): Christoph Ruf: Cavani und das Heilbutt-Syndrom

nd (30.1.2021): Niklas Franzen: Auf Blut gebaut. Der indonesische Massenmord, die Geopolitik und das Gedächtnis des Westens

nordkurier.de (3.12.2019): Thomas Krause: Für 2500 DDR-Mark zu Diego Maradona

novinite.com (12.10.2017): Bulgaria Withdraws Stoichkov as Honorary Consul in Barcelona

ntv.de (21.9.2004): Maradona zurück auf Kuba

Nuestra Propuesta (26.11.2020): »Diego, en la eternidad«, Redaktioneller Beitrag, nuestrapropuesta.org.ar (Hinweis u. Übersetzung des Zitats dankend von: Günter Pohl)

NYT (8.11.2005): John Tierney: The idiots abroad (*NYT: New York Times*)

NZZ (25.11.2020): Peter Hartmann: Diego Maradona war mit dem Ball der Verführer der Massen und ohne Ball der Verführte durch die Kehrseiten des Ruhms – ein Nachruf, nzz.ch (*NZZ: Neue Zürcher Zeitung*)

NZZ (26.11.2020): Thomas Milz: Diego Maradona wäre gern ein zweiter Che Guevara geworden, doch er suchte lieber die Nähe zu Autokraten und Despoten, nzz.ch

onefootball.com (25.10.2020): Die besten Sprüche von Diego Maradona

Pagina12 (5.11.2005): Sandra Russo: El tren del Alba, pagina12.com.ar

Persönlicher Mailwechsel (Juli 2021) mit einer Person von der GegenBuchMasse, einem Alternativprogramm zur Frankfurter Buchmesse

prosieben.de (27.6.2018): Mittelfinger-Skandal: Maradona dreht bei Argentinien-Spiel durch

republicworld.com (26.11.2020): Wasiq Agha: Gary Lineker Shares Lovely Diego Maradona Story To Sum Up Argentine Legend's Enthusiasm

rnd.de (18.10.2019): Sohn von Drogenboss »El Chapo«. Wirbel um Festnahme *(RND: Redaktionsnetzwerk Deutschland)*

roarmag.org (5.12.2020): Graciela Monteagudo: Argentina's feminist movement confronts Diego Maradona, Online-Ausgabe von »ROAR – Reflections on a Revolution«

RP (26.11.2020): Selbst der Papst betet für Maradona, rp-online.de (*RP: Rheinische Post*)

schulze-marmeling.com (18.5.2020): Arne Sudfeldt: Der DFB: Niersbach, Grindel, Keller – es wird nicht besser

Shaw, Danny / Camacaro, William (27.11.2020): Maradona. The Bolivarian Soccer Genius, counterpunch.org

sid (12.11.2019): Meldung der Agentur »Sportinformationsdienst« (sid), hier nach: kickwelt.de; vgl. auch Agenturbericht (APA) unter derstandard.de (12.11.2019): Maradona beklagt »Putsch« gegen bolivianischen Präsidenten Morales

Der Spiegel (24.5.1992): Rolf Kunkel: »Du glaubst, gegen eine Zementwand zu laufen« (Archiv: spiegel.de)

Der Spiegel (13.11.2000): Personalien: Diego Maradona (Archiv: spiegel.de)

Der Spiegel (20.9.2006): Chavez beschimpft Bush als Teufel (Archiv: spiegel.de; nach: als/dpa/Reuters)

Der Spiegel (16.12.2015): Ex-Großmeister von Freimaurer-Loge: Faschistischer Geheimbündler Gelli ist tot (Archiv: spiegel.de)

spiegel.de (19.1.2000): »Ich bin auch ein Rebell in dieser Welt« *(Spiegel online)*

spiegel.de (12.12.2000): Eklat um Maradona

spiegel.de (27.2.2003): Bernd Kubisch: Gesundheitstourismus in Kuba: Nasenkorrektur all inclusive

spiegel.de (29.10.2003): Matthias Matussek: Maradona-Kirche. »Diego unser, der du bist in Kuba …«

spiegel.de (28.10.2005): Maradona nennt Bush einen Mörder

spiegel.de (6.7.2010): Ein Jahrhundertspiel und ein Jahrhundertskandal

spiegel.de (28.5.2014): Peter Maxwill: WM 1978 in Südamerika Argentiniens skandalöser Triumph
spiegel.de (5.6.2014): Christian Buß: ARD-Doku über Argentiniens Junta. Fußball und Verbrechen
spiegel.de (27.6.2018): Nadin Rabaa: Maradona zeigt den Mittelfinger – und wird zum traurigen Meme
sport.de, 6, 8, 11: sport.de/diashow/sl5339/diego-maradona-die-besten-sprueche/#slide=6; (auch: -8, -11)
sport1.de (19.11.2019): Maradona tritt bei La Plata zurück
sport1.de (5.9.2019): Maradona wird Trainer der 1. Liga
sportingnews.com (21.6.2018): Daniel Edwards: The dark story of the murderous dictatorship behind Argentina's 1978 World Cup win
sportskeeda.com (29.4.2014): 10 facts about Lionel Messi that you didn't know (modifiz.: 16.2.2017)
srf.ch (26.4.2020): Maradona-Trikot bringt 55.000 Euro für Corona-Hilfe ein
SWP (2/2020): Guido Steinberg: Regionalmacht Vereinigte Arabische Emirate, SWP-Studie Feb. 2020 (SWP: Stiftung Wissenschaft und Politik), swp-berlin.org
SZ (7.10.2005): Christian Zaschke: Gruß aus Kuba *(SZ: Süddeutsche Zeitung)*
SZ (24.8.2012): Deutsche Polizei schulte Lukaschenkos Sicherheitskräfte
SZ (28.11.2020): »Diego hat mein Herz gewonnen«, Javier Cáceres im Interview mit Bernd Schuster
SZ (28.11.2020): Olivier Guez: Der heilige Diegito
SZ (7.1.2021): Javier Cáceres: Wir sind alle Cavani
SZ (16.2.2021): Christoph Gurk: Ende einer Ära. Carlos Menem verordnete Argentinien eine Radikalkur
SZ (17.2.2021): Javier Cáceres: Der »ewige Held« mit dem Schnäuzer. Argentinien trauert um seinen Fußball-Weltmeister Leopoldo Luque, der sich als Stürmer alles hart erkämpfen musste
SZ (12.3.2021): Christoph Gurk: Gottes Fans sind wütend. Seit etwas mehr als hundert Tagen diskutiert Argentinien, woran sein Volksheld starb
SZ (6.5.2021): Christoph Gurk: Bei Ankunft: Impfung
SZ (27.5.2021): Christoph Gurk: Das einsame Sterben des Diego Maradona
SZ (5.6.2021): »Im Strafraum denkt man nicht«. Interview von Javier Cácares mit Marco van Basten
tagesspiegel.de (12.7.2014): Dominik Bardow: TV-Show »De Zurda«. Der Expertenrunde: Diego Maradona erklärt die Welt
tagesspiegel.de (22.6.2015): UN-Bericht zum Gaza-Krieg 2014 (dpa)
tagesspiegel.de (27.6.2018): Die Mittelfinger der Hand Gottes
taz (20.9.1995): Maradona wird Gewerkschafter, taz.de (*taz: die tageszeitung*)
taz (9.7.2014): Bernd Pickert: Fußball-WM 1978 in Argentinien – Manifest der Verantwortungslosigkeit, taz.de
taz (26.11.2020): Andreas Rüttenauer: Himmelfahrt des Größten, taz.de
taz (27.11.2020): Bernd Pickert: Flexibler Rebell, taz.de
The Guardian (24.6.2014): Jorge Valdano: Does Diego still have the touch of a leader?, theguardian.com, dt. Übers. nach: wikipedia: Diego Maradona

The Guardian (26.11.2020): Jorge Valdano: Maradona the footballer had no flaws, Maradona the man was a victim, theguardian.com

The Guardian (27.11.2020): Joan Smith: Tributes to Diego Maradona show how easily violence against women is ignored

thenation.com (25.11.2020): Dave Zirin: Diego Maradona: Comrade of the Global South (Wochenzeitschrift: *The Nation*)

The Siasat Daily (26.11.2020): Diego Maradona: Kolkata remembers ›God of Football‹, siasat.com

t-online.de (8.8.2017): Diego Maradona will in den Krieg ziehen; dort nach Agenturbericht (AFP)

t-online.de (13.7.2020): Jonas Mueller-Töwe: Operation »Föhrenwald«: Der Genozid und Deutschlands heimliche Hilfe

transfermarkt.de (22.11.2019): Rücktritt vom Rücktritt. Maradona bleibt doch Trainer in la Plata

travelbook.de (13.10.2017): Die Protzgräber der mexikanischen Drogenbosse

tz (16.6.2010): Maradonas Konter: Pelé ins Museum, tz.de

tz (11.1.2013): Schweini: »Ich hatte meine Eier verloren« (tz.de; 11.1.2013 = aktualis. Datum, urspr. wohl 26.4.2012)

UZ (24.9.2020): Soli-Info: Solidarität mit Kuba (unsere-zeit.de)

UZ (4.12.2020): Günter Pohl: D10S. Zum Tod von Diego Maradona (*UZ: Unsere Zeit*) [*Anm.: Vermutlich ist dies der bisher einzige deutschspr. Hinweis auf das Trikot, das Maradona nach der Junioren-WM 1979 der Schwester eines politischen Gefangenen übergab. Auf Nachfrage v. Febr. 2021 verwies Günter Pohl freundlicherweise auf die argent. Quelle: »Diego, en la eternidad«; redaktioneller Beitrag in: Nuestra Propuesta, 26.11.2020, nuestrapropuesta.org.ar*

vincentbevins.com: Zitat von Paulo Coelho unter Stimmen zu dem Buch »Bevins (2020): The Jakarta-Method«

visahelp.us.com (2.2.2018): Nach Beleidigung Trumps: Einreiseverbot in die USA für Fußballlegende Maradona

Walsh, Rodolfo (1977): Offener Brief eines Schriftstellers an die Militärjunta, 24.3.1977, dokumentiert v. Rotpunktverlag: web.archive.org (PDF)

welt.de (30.3.1998): Hero Buss: Aus dem Unfall wird der Mordfall Menem. Drei Jahre nach dem Hubschrauberabsturz wandelt sich ein Fall

welt.de (12.12.2000): Zwei »Fußballer des Jahrhunderts« geehrt

welt.de (15.11.2009): Schimpftirade – Maradona für zwei Monate gesperrt; vgl. auch Pressekonferenz unter: youtube.com/watch?v=UfaxalgNCJ0

welt.de (29.10.2016): Oettinger weist nach umstrittener Rede Vorwurf der Fremdenfeindlichkeit zurück

welt.de (17.6.2018): Kaum in Russland, wird Maradona wieder zur Skandalnudel

Weltwoche (7.4.2016): Jürgen Roth: Rechtsstaat? Lieber nicht! (weltwoche.ch)

WOZ (3.12.2020): Tomás Bartoletti: Wie Diego das Empire vernaschte, 49/2020

zdf.de, 18.10.2019: Übermächtige Drogen-Bande: ›El Chapo‹-Sohn entgeht Festnahme (dpa-Bericht)

Zeit online (15.12.2015): Kosovo-Regierungschef soll Mafiaboss gewesen sein

Filme

arte (F. 2006): Maradona, der Goldjunge, dt. Fassung in Mediathek von 25.11.2000 bis 1.6.2021, arte.tv/de

Doku zu Dorados: Maradona in Mexiko, sechsteilige Netflix-Serie über die Zeit als Trainer bei den »Dorados« (dt. 2019)

Kusturica, Emir (dt. 2008): Hand Gottes, (zit. als: EK📹)

Vazquez, Javier M. (2005): Amando a Maradona. Ein Film über den Mythos Maradona« (zit. als: JV📹)

Videoclips online

Online abrufbar sind zahlreiche Kurzvideos. Zudem ist zu erwähnen:

11freunde.de (12.2.2017): Oh Mama, ich habe Maradona gesehen. Der beste Kabinengesang aller Zeiten (mit Videolink)

Kabinentänzchen als Trainer von Gimnasia y Esgrima: youtube.com/watch?v=szNUMeg6pmw, sport1.de (19.11.2019)

Manu Chao: La vida tómbola, manuchao.net; weitere Clips zu dem Stück vgl. youtube.com

Maradona in Kalkutta (1): Maradona in Kalkutta: youtube.com/watch?v=ESv0de76gx0

Maradona in Kalkutta (2): youtube.com/watch?v=QLrtdIoVfl4

Maradona mit Chávez bei der Demonstration von 2005: youtube.com/watch?v=KQEetiTy-jY (vgl. Text von André Scheer)

Maradonas 60. Geburtstag: youtube.com/watch?v=Z3uA3Uz6aZw

Maradonas TV-Show »La noche del 10« mit Fidel Castro: Videolink unter kubakunde.de/neues/kuba-trauert-um-diego-maradonna-video

Maradonas TV-Show »La noche del 10«: diverse Folgen, online abrufbar (2021)

»Los Piojos« spielt »Maradó«, Maradona auf der Bühne: youtube.com/watch?v=uq-pguPQe0M

Clip zu »Maradó« von »Los Piojos«, der einige der schönsten Spielzüge zeigt: youtube.com/watch?v=hXH94I8gKL0

Visión Siete (15.6.2010): vgl. youtube.com/watch?v=dBTYjtaRdzA, tvpublica.com.ar

»De Zurda« (2.12.2020): Dokumentation zu Maradonas Sendung »De Zurda«, während der WM 2014 täglich auf *Telesur* ausgestrahlt: youtube.com/watch?v=nzBXRpS_YTg

Anmerkungen

Fremdsprachige Quellen: eigene Übers.

Alle Online-Quellen wurden im ersten Halbjahr 2021 abgerufen. Die vollständigen URLs liegen Autor und Verlag vor.